AF536085

Rainer Schmidt

Das große Teebuch

Rainer Schmidt

Das große Teebuch

Mit Fotografien
von Michael Rathmayer und
Kurt-Michael Westermann

braumüller

Bibliografische Information der Deutschen Nationalbibliothek
Die Deutsche Nationalbibliothek verzeichnet diese Publikation in der Deutschen Nationalbibliografie; detaillierte bibliografische Daten sind im Internet über http: / / dnb.d-nb.de abrufbar.

3. Auflage 2022

Servitengasse 5, A-1090 Wien
www.braumueller.at

Fotos: Michael Rathmayer: S. VIII unten, S. IX, 32, 33, 35–39, 42, 44, 45, 51, 54, 55, 76, 144–149, 151, 153, 156–206, 208, 209, 212–221, 232–240, 242–244, 246–249, 253–261, 263, 266, 267, 269–277, 279–281, 283–290, 293–295, 297, 300, 301, 302/303–310, 313–327, 329–335, 337–339, 341–343, 345, 347
Inge & Rainer Schmidt: S. VI links & rechts unten, S. 14–19, 24, 27, 28, 31, 36/37 Mitte, 46, 63 oben, 81, 83, 97, 99, 101, 142, 154, 207, 211, 241, 268, 298,

Kurt-Michael Westermann: S. VI Mitte unten, S. VII, S. VIII oben, S. 10, 52, 53, 63 unten, 64, 65 oben, 86, 89, 91, 94, 96, 98, 100, 137–139, 311, 351

Andere Bezugsquellen: S.: 13 © Alexandra Schepelmann mit Bildmaterial von rimglow/iStockphoto, S. 21: Michael Rathmayer, bearbeitet von Elisabeth Baumgartner, S. 56 oben: mirageart/Shutterstock, S. 56 unten: Frédérique Voisin-Demery/flickr (CC), S. 57 oben: winterling/iStockphoto, S. 57 unten: Coprid/Shutterstock, S. 60, 65 unten, 95, 119: Archiv Braumüller Verlag, S. 66 oben: Garry518/iStockphoto, S. 66 unten: Chubykin Arkady/Shutterstock, S. 67: adamant/Shutterstock, S. 69: aspenrock/iStockphoto, S. 92: wikicommons/Spellcast (CC BY-SA 3.0), Künstler: Tinqua, S. 93: wikicommons/Hohum (CC BY-SA 3.0), Urheber: Nathaniel Currier, S. 102–106, 108–111: © Ulrich Haas, S. 107: Lainea/Shutterstock, S. 112: Sandratsky Dmitriy/Shutterstock, S. 113: Roman Gurov/Shutterstock, S. 114/115: Anna Berdnik/Shutterstock, S. 117: Ingus Kruklitis/Shutterstock, S. 118 oben: mamahoohooba/Shutterstock, S. 118 unten: D. Pimborough/Shutterstock, S. 121: Marc Venema/Shutterstock, S. 122: taknote/Shutterstock, S. 125: Geo-grafika/Shutterstock, S. 133: Juliya_Ka/Shutterstock, S. 265: Kiwisoul/Shutterstock, S. 278: Rachli Photos/Shutterstock, S. 282, 291: voyata/Shutterstock, S. 336: © mono GmbH, S. 344: Roberto Tetsuo Okamura/Shutterstock, S. 346: Phant/Shutterstock

Karten: Openstreetmap.org | © OpenStreetMap-Mitwirkende (CC BY-SA 2.0): S. 144–149, 164–206, 212– 221, 232–240, 242, 243, 246–249, 253–261, 263, 266, 267, 270–277, 279 unten, 280, 281, 284– 290, 293, 295, 300, 301, 317–326

S. 143: wikicommons, bearbeitet von Braumüller Grafik, S. 150, 151: Rainer Lesniewski/Shutterstock, 152/153, 208/209, 244/245, 251, 264, 269, 279 oben, 283, 292, 294: Elisabeth Baumgartner, S. 262: Intrepix/Shutterstock, 296 oben, 297, 299, 341–343, 345, 347: wikicommons, 296 unten: Peter Hermes Furian/Shutterstock, S. 230/231: © Darjeeling Tea Association, Kalkutta

Druck: EuroPB, Dělostřelecká 344, CZ 261 01 Příbram
ISBN 978-3-99100-225-3

Inhalt

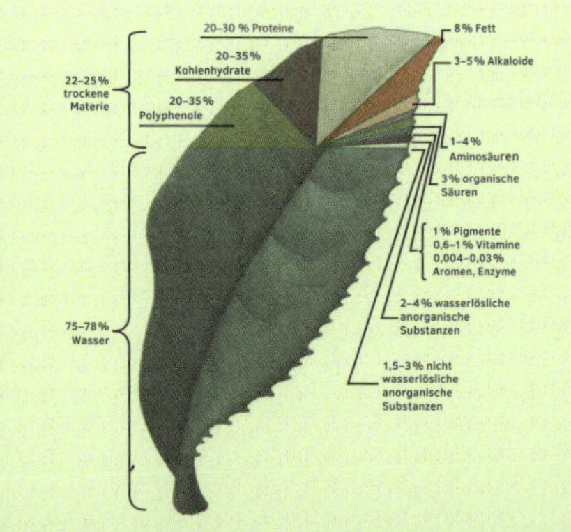

20–30 % Proteine
20–35 % Kohlenhydrate
20–35 % Polyphenole
22–25 % trockene Materie
8 % Fett
3–5 % Alkaloide
1–4 % Aminosäuren
3 % organische Säuren
1 % Pigmente
0,6–1 % Vitamine
0,004–0,03 % Aromen, Enzyme
2–4 % wasserlösliche anorganische Substanzen
1,5–3 % nicht wasserlösliche anorganische Substanzen
75–78 % Wasser

Tee nach Regionen 140

Weitere Tees

Vorwort

Tee – ein Produkt, das mich immer noch begeistert und überzeugt

Nach Wasser ist Tee das am meisten getrunkene Produkt weltweit. Tee gibt es in unterschiedlichsten Geschmacksrichtungen – kräftig würzig, dezent blumig, angenehm fruchtig, mild, nussig, zurückhaltend süßlich und sogar herb-aromatisch. Tee wird in circa 50 tropischen und subtropischen Gebieten rund um den Erdball angebaut und hergestellt.

Ein faszinierendes Getränk, von dem allerdings meist nur einige Schlagworte bekannt sind. Gut, man muss nicht beim Genuss eines jeden Produkts die gesamte Hintergrundgeschichte kennen. Tee hat sich allerdings mit seinen gesunden Eigenschaften und der angenehm beruhigenden Wirkung über den gesamten Globus verbreitet und reicht historisch tausende Jahre zurück; kaum ein anderes Getränk hat den Menschen in seiner Evolution so lange begleitet wie der Tee, sodass es sich meiner Meinung nach lohnt, diesen genauer unter die Lupe zu nehmen.

Obwohl bestimmt mehr als 95 Prozent der Texte dieses Buches aus meinem eigenen Wissen und jahrzehntelangen Erfahrungen stammen, recherchierte ich natürlich auch im Internet – das gehört heutzutage wohl dazu. Was ich da aber teilweise lesen und erfahren musste, trübte nicht nur meine gerade frisch zubereitete Tasse Tee erheblich. Verbreitete Unkenntnis, persönliche Empfindungen, dagegen aber kaum fachliches Wissen stehen im World Wide Web im Vordergrund. Früher war dies noch anders und Informationen zum Tee ein rares Gut. Vor vielen, vielen Jahren gab ich als junger Mann einem Journalisten ein Interview. Stolz informierte ich meinen damaligen Chef darüber, besonders, weil derartige PR zu dieser Zeit ungewöhnlich war. Mein Chef meinte dazu aber nur: „Warum sollen wir all diese Journalisten klug machen? Warum sollen wir unser Wissen außer Haus geben?" Nun, obwohl ich seine Meinung diesbezüglich bis heute nicht teilen kann, war er dennoch ein von mir hoch geschätzter, ehrwürdiger Hamburger Kaufmann.

Ein hervorragendes Beispiel für die Verbreitung falscher Information ist die Darstellung der Teepflanze und das Gerücht über ihre Verarbeitung: Die *Tabak*pflanze wurde bis weit in die Achtzigerjahre hinein als *Tee*pflanze dargestellt – selbst in offiziellen Abbildungen. Es wurde propagiert, dass der Blatt-Tee vom frischsten, letzten Blatt, der Broken von den darunter wachsenden, der Fannings und Dust von den Blättern, die an den Zweigen in Erdnähe wachsen, hergestellt wird. Selbst diese Aussagen, so falsch sie auch sein mögen, sind noch heute in einigen Veröffentlichungen zu lesen. Hieran sieht man: Informationen verbreiten sich (besonders zu Zeiten digitaler Datenübertragung) schneller denn je, was nicht bedeutet, dass sie wahr sind.

In diesem Buch informiere ich Sie nach bestem Wissen und Gewissen umfassend über die verschiedenen Teesorten, ihre besonderen Merkmale, darüber, wie sie schmecken und woher sie kommen. Sie werden etwas über ihre Zubereitungsmöglichkeiten erfahren, aber auch, wie der Tee anderswo verarbeitet und getrunken wird. Weitere Kapitel widmen sich dem Teeanbau, der Herstellung, dem Unterschied zwischen Bio-Tees und konventionell hergestellten, der Lagerung und der Dosierung.

Dem Teehandel wünsche ich, dass mehr und besser ausgebildete Fachkräfte beratend zur Verfügung stehen. Ihnen wünsche ich viele interessante neue Aspekte rund um das Getränk der Thea sinensis und Thea assamica – hoffentlich bei einer guten Tasse Tee.

Herzlich, Ihr
Rainer Schmidt

Die Teepflanze

Die immergrünen Teepflanzen gehören zur Gattung der Kamelien und besitzen Pfahlwurzeln, die mehrere Meter in den Boden hineinwachsen. Die Büsche tragen eine fast unscheinbare Blüte; sie ist verhältnismäßig klein, die Blütenblätter weiß und die Staubgefäße gelb. Im Aussehen ist sie vergleichbar mit der Jasminblüte. Die wachsende Saat ist kugelig rund, grün und im Durchmesser etwa einen Zentimeter groß, wird aber kaum noch zur Vermehrung eingesetzt. Man gebraucht jetzt Stecklinge, vorrangig aus den Pflanzen, die recht schnell wachsen und somit einen hohen Ertrag bringen. Aus Saaten gewachsene Teebüsche melden ihre Erntebereitschaft für kurze Zeit durch das Verströmen eines fruchtig-süßlichen Dufts, Stecklingspflanzen nicht. Aus Saaten gewachsene Teebüsche werden zudem sehr alt. In China gibt es Exemplare, die nachweislich älter als 500 Jahre sind und in jedem Frühjahr nach wie vor frische Blätter sprießen lassen, aber nicht mehr abgeerntet werden. Stecklingspflanzen werden dagegen nach spätestens 25 Jahren entfernt und durch neue Pflanzen ersetzt.

Die Blätter der Teepflanze sind farblich dunkelgrün. Nur die frisch gewachsenen, wenige Tage alten Blätter können zu Tee verarbeitet werden. Sie sind länglich-oval, an den Rändern meist etwas gezackt und laufen spitz zu. Frisch geschossene, noch nicht aufgegangene Blattspitzen sind von silbrigem Flaum umhüllt, der nach dem Entfalten der Blätter abfällt. Diese zarten, sanften Blattspitzen, sogenannte Buds, sind im umsichtig verarbeiteten schwarzen Tee später als goldene Tips sichtbar. Im grünen und weißen Tee findet man sie als silbrige, teilweise sogar weiße Buds wieder.

In Japan wurden Teepflanzen gezüchtet, die die typische spitz zulaufende Form nicht mehr besitzen, die Mehrzahl der Teeblätter ist hier oval. Der Grund liegt in der vorwiegend maschinellen Pflückung – ovalförmige Blätter werden kaum von den Messern der Maschinen beschädigt. Bei einem bereits bei der Ernte durchtrennten Blatt würde umgehend die Oxidation der Zellsäfte beginnen – bei schwarzen Tees weniger ein Problem, bei grünen und weißen allerdings ein hohes Qualitätsmanko.

Eine Informationsschrift aus der Provinz Anhui in Zentralchina veröffentlichte nachstehend aufgeführte Bestandteile. Untersucht wurden sowohl Blätter für die Herstellung zum chinesischen schwarzen Keemuntee als auch jene für die Herstellung unterschiedlicher grüner Tees.

Bestandteile des Teeblatts

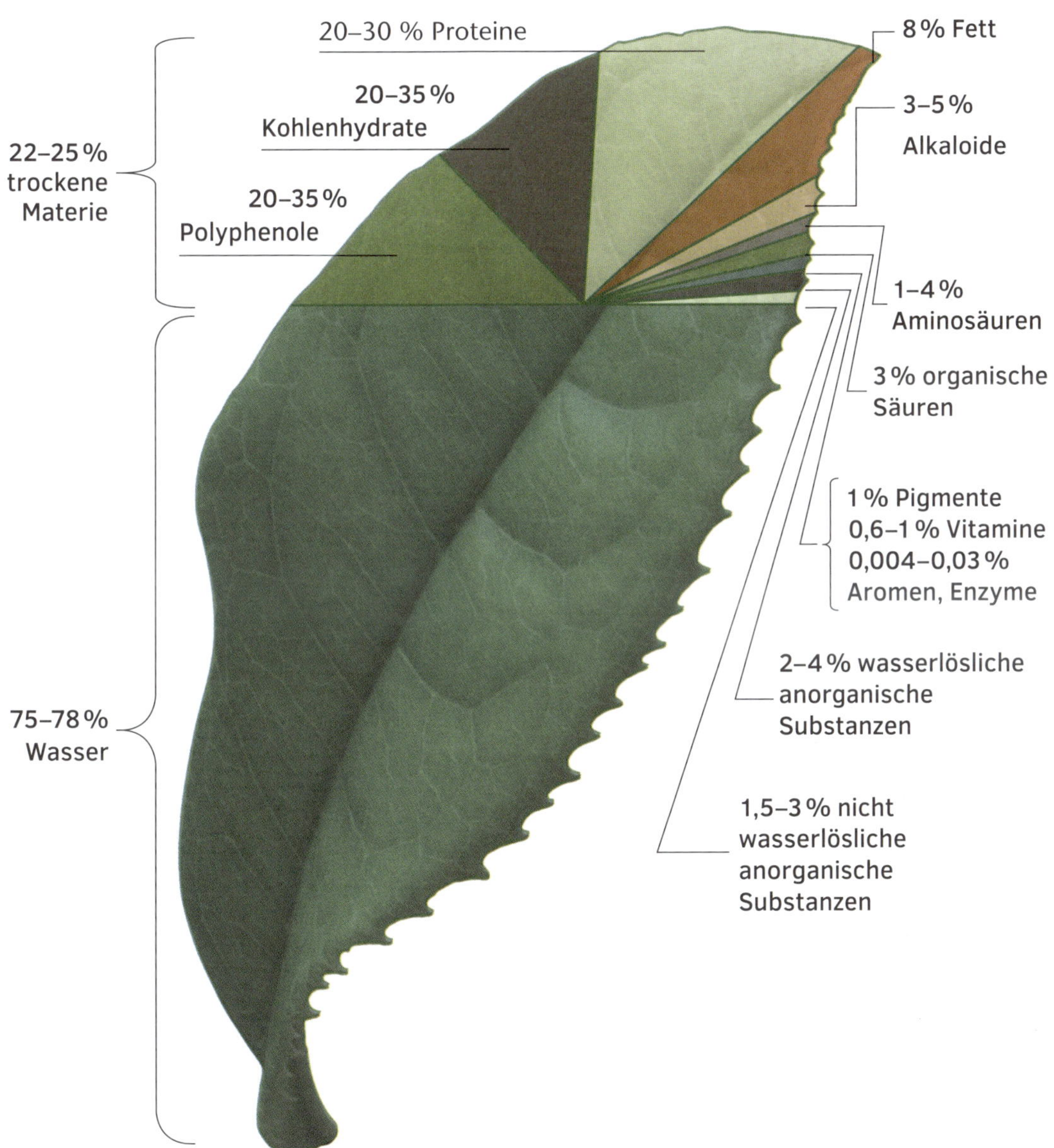

Thea assamica – die Assamsaatpflanze

Pfahlwurzel der Teepflanze

Es wird grundsätzlich zwischen zwei Teepflanzen unterschieden, aus denen sämtliche Kreuzungen hervorgegangen sind. Diese sind je nach Anbaugebiet unterschiedlich.

Der Ursprung der Thea assamica ist nicht völlig geklärt. Man nimmt aber an, dass sie aus dem Länderdreieck Indien-Myanmar-Bangladesch kommt. Die Assamsaatpflanze wächst nur in tropischen Ebenen oder im Sumpfland, benötigt sehr viel Niederschlag und gedeiht bestens bei schwülwarmen Temperaturen. Ihre Blätter sind in der Größe recht unterschiedlich und werden teilweise sogar handtellergroß. Die Teepflanze wird zum besseren Ernten immer hüfthoch heruntergeschnitten, sonst würde sie baumartig zwischen 16 und 18 Meter hoch wachsen. Der Ernteertrag ist drei bis viermal höher als bei der Chinasaatpflanze. Für die Herstellung von fertigem Tee ist es entscheidend, dass die Blätter jung und geschmeidig sind. Dass sie reif für die Ernte sind, ist an ihrer Farbe zu erkennen, die jedoch je nach Alter der Pflanze variieren kann. Die Farbskala reicht von braungelb bis dunkelgrün.

Teeblüte und Samen

Vorrangig wird aus der Thea assamica schwarzer Tees hergestellt. Verbreitet ist diese Pflanze besonders, wie der Name schon vermuten lässt, in Assam, aber auch in den niedrig gelegenen Anbauflächen Darjeelings, sowie Sylhet, Dooars, Terai (jenen Anbauflächen in Nordindien vor dem Himalajagebirge bis nach Assam), weiters in den niedrigeren Anbaugebieten Südindiens und den Lowgrown-Flächen Ceylons. Die Tassenfarbe ist meist recht dunkel, der Geschmack kräftig und würzig. Mit seiner kräftigen, dunklen Tassenfarbe und seinem intensiven, teilweise malzig-würzigen Geschmack ein idealer Tee für die Aufgussbeutelproduktion. Es lassen sich auch grüne und weiße Tees aus dieser Pflanze gewinnen, was jedoch großes Können und fachliches Wissen voraussetzt.

Thea sinensis – die Chinasaatpflanze

Diese wächst bis in die allerhöchsten Höhen. In den hochgelegenen Plantagen Darjeelings, im Gebirge Tansanias oder an den höchsten Stellen Ceylons wird dieser Tee angebaut, aber auch in den Höhenlagen Chinas bedient man sich dieser Pflanzenart. Die Thea sinensis kann leichten Frost für eine kurze Zeit vertragen.

Aufgebrüht zeichnet sich dieser Tee durch eine helle Tassenfarbe und häufig einen zarten, fruchtigen Duft sowie Geschmack aus. Die Blätter der Thea sinensis sind kaum für Aufgussbeutel geeignet. Das dezente, weiche Flavour und die helle Tassenfarbe dringen fast gar nicht durch das Filterpapier. Der Strauch der Thea sinensis wird, wenn nicht zurückgeschnitten, buschartig sechs bis acht Meter hoch. Die Blätter sind länglich-oval, am Rand gezackt und relativ klein, meist nur daumengroß. Frisch geöffnete Teeblätter sind farblich blassgelb bis braun und verändern bis zum Zeitpunkt der Pflückung ihre Farbe in grünlich-gelb.

Two leaves and a bud

Abhängig von der Anbauhöhe werden die Büsche in dreiwöchigem Intervall geerntet – je höher der Teegarten liegt, desto geringer der quantitative Ertrag, desto seltener auch die Pflückintervalle. Geerntet werden nur die frisch geöffneten Blätter sowie die Blattknospen, also das noch nicht geöffnete Blatt (fachsprachlich „two leaves and a bud"). In Yunnan auf 3.200 Metern Höhe können die Büsche zum Beispiel nur alle acht bis zwölf Wochen geerntet werden. Die Mehrzahl der grünen und weißen Tees wird aus der Thea sinensis gewonnen, selbstverständlich kann aus dieser Pflanze aber auch schwarzer Tee hergestellt werden, indem man die Blätter fermentiert.

Ernte

Maschinelle Tee-Ernte in Japan

In vielen Gebieten, hauptsächlich aber in bergigen Regionen, wird vorrangig mit der Hand geerntet. In Äquatornähe gelegenen Teegebieten erfolgt die Lese der frisch gewachsenen Teeblätter turnusmäßig alle zwei bis drei Wochen, in weiter entfernten Anbauflächen ist dies erst alle drei bis sechs Wochen möglich. In bergigen Höhen, also oberhalb von 2.500 Metern, gibt es überhaupt nur zwei bis drei Ernten pro Saison.

Gepflückt werden immer „two leaves and a bud", also zwei bereits aufgegangene Blätter und eine Blattknospe. Die händische Teeernte ist traditionsgemäß eine Angelegenheit von Frauen, die diese Tätigkeit mit Schnelligkeit und Geschick zu erledigen wissen. Entsprechend der Region sammelt man die geernteten Blätter entweder in auf dem Rücken getragenen Körben, in um den Körper gewickelten Leinentüchern oder in großen, runden, bastgeflochtenen Schalen. Deutlich sind die zu erntenden Blätter erkennbar – sie heben sich farblich von den alten, nicht zu erntenden ab und sind gelblich-grün, zart und geschmeidig, während die am Strauch verbleibenden, älteren Blätter hart und fest sowie dunkelgrün sind.

Mittlerweile werden in unterschiedlichen Teeanbaugebieten bereits maschinelle Pflückungen durchgeführt. In Japan, bestimmten Gebieten Chinas, Assam und Afrika (hier besonders in Kenia und Malawi) pflückt man die Teeblätter mittels einer heckenscherenähnlichen Maschine, die von zwei Männern getragen wird. Ein Luftstrom bläst die Blätter in einen anhängenden Sack. In einigen Gebieten, beispielsweise in Südindien, kommen auch halbautomatische Geräte zum Einsatz. An der Front einer Kehrschaufel ist eine zackenartige Vorrichtung angebracht, in die die Blätter geschoben und danach mittels einer integrierten Schere abgeschnitten werden. Man setzt dieses Verfahren besonders während der Haupterntezeiten ein, wenn sehr viel Blattgut zur Verfügung ist.

Bei der Pflückung per Hand können die Pflückerinnen sofort zwischen guten, brauchbaren und schlechten, nutzlosen Blättern unterscheiden und diese sortieren. Bei der maschinellen oder halbautomatischen Pflückung dagegen kommen nicht nur unbrauchbare Anteile mit in die Produktion, die Blätter werden auch noch größtenteils beim Pflücken angeschnitten, was eine umgehende Fermentation mit extremem Qualitätsverlust, gerade bei grünem und weißem Tee, zur Folge hat.

Händische Pflückung in Kenia

In Georgien, einigen Gebieten Chinas und Kenia werden mittlerweile auch Teepflückmaschinen eingesetzt. Man fährt mit dem sogenannten Harvester, der Mähmaschine, über die Sträucher, schneidet diese ab und wirft sie mittels eines Gebläses in dahinterhängende Leinensäcke. Der Vorteil dieser Methode liegt auf der Hand – wenig Arbeitskräfte und eine hohe quantitative Ertragsmenge. Zur Herstellung von Aufgussbeuteltees ist gegen diese Methode wenig einzuwenden, da die Blätter ohnehin im Laufe des Verarbeitungsprozesses zerkleinert werden. Allerdings sollten bei der Herstellung von guten Blatt- und Broken-Tees keine Pflückmaschinen eingesetzt werden. Das Blattgut würde unkontrolliert zur weiteren Verarbeitung gelangen, die Blätter wären zum Teil stark beschädigt und es würden unerwünschte Wildkräuter in den Tee kommen.

An Sammelstellen, die dann auch meist die Plätze der Essensausgabe darstellen, werden die geernteten Blätter mittags und abends abgegeben und gewogen, um den entsprechenden Lohn zu errechnen, aber auch, um die Qualität des Blattguts zu beurteilen. Von der Sammelstelle werden die Blätter in Säcken verpackt sofort zur Fabrik gefahren und in großen Welktrögen ausgelegt. Diese Trocknungsgeräte sind bis zu 20 Meter lang, eineinhalb bis zwei Meter breit und innen mit einem Drahtgitter ausgelegt. Von einer Seite wird frische Luft mittels eines Ventilators in den Trog geblasen. Die etwa zehn Zentimeter hoch geschichteten Teeblätter werden mehrfach per Hand gewendet. Wichtig dabei ist, dass diese nicht aneinanderkleben und gleichmäßig trocknen. In den Welktrögen verbleiben die Blätter entsprechend der Witterung bis zu 24 Stunden, bevor sie zur weiteren Verarbeitung freigegeben werden.

Die Teeblätter zur Grünteeherstellung in China, Japan, Taiwan und bedingt auch in Vietnam werden innerhalb einer Stunde nach dem Pflücken bereits in kleinen Mengen zur Fabrik gebracht und dort häufig erst einmal auf bastartigen Horden zum Trocknen ausgelegt.

Jetzt unterscheidet man grob zwischen zwei Methoden: einerseits zwischen der orthodoxen Teeherstellung, andererseits der maschinellen, der sogenannten CTC-Produktion. Für beide Herstellungsarten ist es wichtig, dass die Blätter außen trocken, innen aber immer noch feucht und geschmeidig und dabei nur leicht angewelkt sind.

Teepflückmaschine in Kenia

Teeherstellung

Herstellung von schwarzem Tee: orthodoxe Methode

Sobald die voluminösen Teeblätter angewelkt sind und sich das Blatt ledrig und etwas lasch anfühlt, beginnt ein umfangreicher maschineller Prozess. Zunächst werden die Blätter dünn geschichtet in die Rollmaschine gefüllt. Auf einer großen, runden, metallischen Fläche mit einigen fest installierten Unebenheiten kreist ein schwerer Zylinder und durchwalkt die Blätter. Dabei brechen diese und somit auch die Blattzellen auf. Die Zellsäfte werden frei und beginnen unter Einwirkung der Luft (oder besser: des Sauerstoffs in der Luft) zu oxidieren. Der Druck auf die Blätter wird durch einen kreisenden Zylinder geregelt.

Um später einen guten und haltbaren Tee zu produzieren, dürfen die Blätter aber nicht warm oder gar heiß werden. Die beste Bearbeitungszeit der Blätter ist nachts ab zwei Uhr bis zum frühen Morgen. Am Tag werden kaum oder selten Blätter gerollt, da die Tageswärme das Blattgut zusätzlich qualitativ negativ beeinträchtigen würde. Nach etwa zwölf- bis fünfzehnminütigem Rollen wird das Blattgut in einen Ballbreaker gegeben; einer Maschine, die vorsichtig die feuchte und klebrige Teemasse von Klumpen befreit, diese aufbricht und ein homogenes, gleichmäßiges Blattgut für die Fermentation aufbereitet. Anschließend wird in einer Siebung der bereits zum Fermentieren fertige Tee von dem separiert, der nochmals in die Rollmaschine muss. Man spricht dabei von dem ersten, beziehungsweise zweiten (dritten, vierten, ...) Dhoole.

In Ceylon setzt man beispielsweise bereits nach dem ersten Rollen eine Maschine ein, die das unfertige Blattgut egalisiert, also langsam in gleichgroße Stücke schneidet. Man bezeichnet diese Maschine als Rotorvane. Allerdings kann man beim Einsatz dieser anschließend keine Blattgrade, sondern nur Broken-, Fannings- und Dustgrade erzielen. Schon durch den richtigen Einsatz des ersten Rollens kann bestimmt werden, welche Grade man später gewinnt – je stärker und länger das Rollen durchgeführt wird, desto mehr werden die Blätter zerkleinert, desto höher ist der Anteil an Broken- und Aufgussbeuteltees.

Die fertig gerollte Blattmasse wird danach in einem kühlen Raum für ein bis zwei Stunden dünn ausgelegt, sodass der Sauerstoff gleichmäßig zu allen Blättern gelangt. Die Temperatur des Blattguts und der Geruch werden ständig überprüft. Je länger dieser Fermentationsprozess anhält, desto dunkler und kräftiger ist später die Tassenfarbe des aufgebrühten Tees. Die Blattfarbe wechselt dabei von grün zu kupferbraun – ein optisches Ergebnis der Fermentation.

Nach maximal zwei Stunden wird dieser Vorgang abgebrochen. Das Blattgut wird in einen großen Ofen gegeben und durchläuft dort in hintereinanderliegenden, kleinen Kästen mehrere Hitzezonen, wodurch der Tee getrocknet wird.

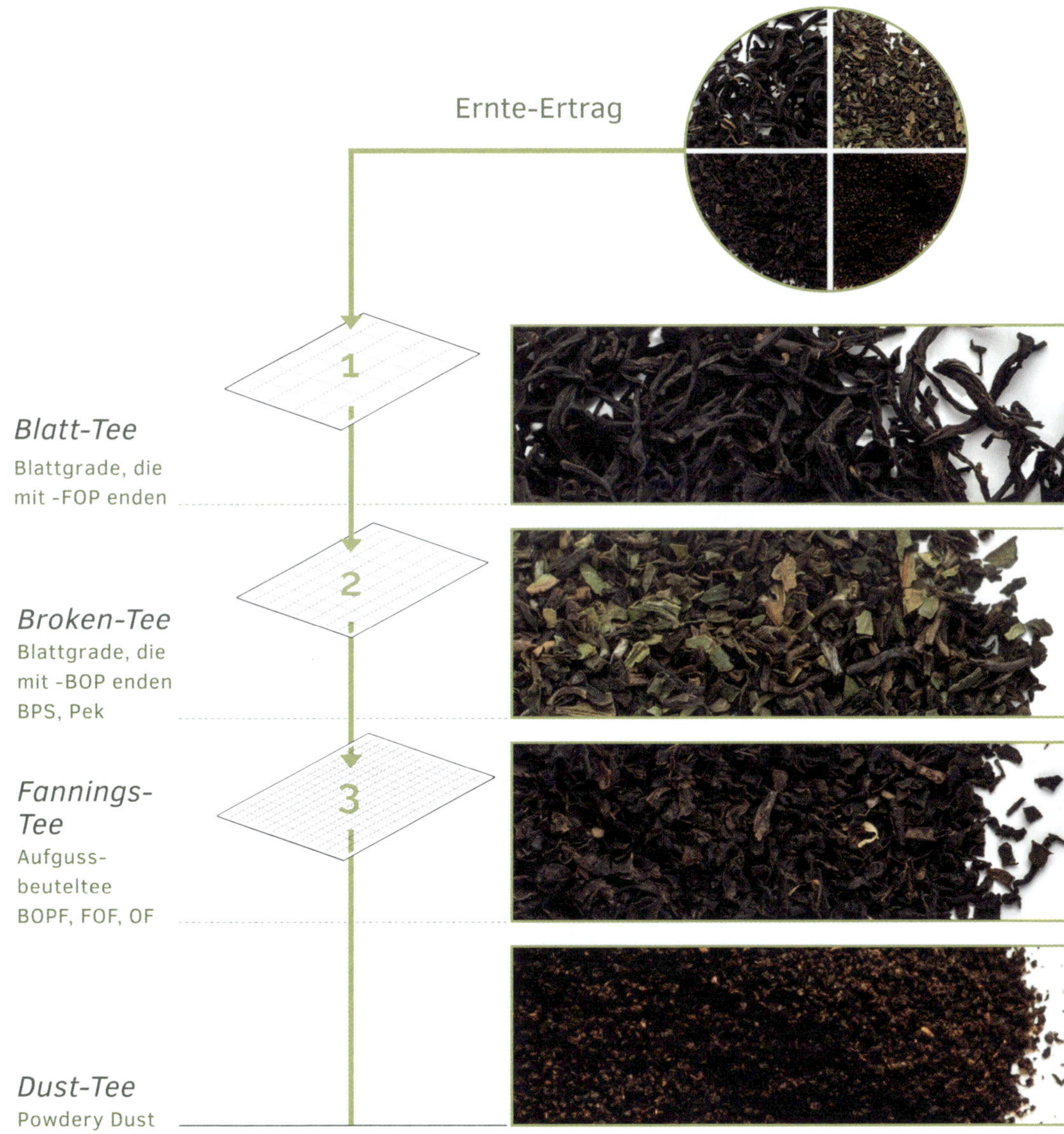

18 Minuten dauert es, bis erstmalig der fertige schwarze Tee zum Vorschein kommt und aus der Maschine geworfen wird. Die Trocknung bewirkt, dass sich die während der Fermentation gebildeten Farb-, Geschmacks- und Geruchsstoffe an die Blätter angedockt haben. Dieser sogenannte „Dryer-Mouth-Tee" ist keineswegs fertig, er duftet kaum. Man lässt die Blätter abkühlen, bevor ein umfangreicher Siebungsprozess durchgeführt wird. Bis zu 21 unterschiedliche Siebungen können notwendig sein, um alle Blattgrade, vom Blatt-Tee bis zum Dust, zu sortieren. Die sich immer noch in den Blättern befindlichen Stalks, also Blattrippen oder Stängel, werden jetzt mittels elektrostatisch aufgeladener Sortiermaschinen herausgefiltert. In China und Südindien separieren Frauen in mühevoller Handarbeit die groben Stängel vom Tee. Der fertige schwarze Tee entfaltet seinen typischen Duft und Geruch erst nach einigen Tagen, wenn die Hitze des Trockners vollständig abgezogen ist.

In den Teefabriken werden die einzelnen Blattgrade in entsprechende Sammelbehälter gefüllt und verbleiben dort so lange, bis eine Partie – man spricht hier von einer Invoice – bereit ist. Außerhalb Chinas umfasst eine Partie meist mindestens 100 Kilogramm, selten aber mehr als zehn Tonnen. In Darjeeling und Assam versteht man unter einer Partie dagegen meist die Ernte eines Tages und eines bestimmten Felds oder Gebiets. Diesen Partien wird dann eine laufende Nummer, die sogenannte Invoicenummer, zugeteilt, womit der Tee unverwechselbar wird.

Herstellung von schwarzem Tee: maschinelle Methode

Im Gegensatz zur orthodoxen Teeherstellung werden bei der maschinellen Produktion nur wenige Blattgrade erzielt, vorrangig kleinblättrige Tees, geeignet für die Teebeutelproduktion. Die bekannteste und geläufigste Methode ist die CTC-Herstellung; CTC steht für „crushing, tearing, curling". Die gut gewelkten Teeblätter fallen in zwei gegeneinander laufende Metallwalzen, auf denen sich ein scharfkantiges Wabengeflecht befindet. Beim Eintreten in diese Walzen werden die Blätter zerdrückt (crushing), direkt zwischen diesen werden die Blätter vom Wabengeflecht zerrissen (tearing) und beim Heraustreten aus den Walzen bekommen die jetzt zerkleinerten Blattteile durch die runde Walzenform eine leichte Drehung (curling).

Das verwendete Blattgut für diese Methode kann ohne Weiteres maschinell gepflückt worden sein, es können auch größere und bedingt sogar ältere Blätter oder Blattstängel verwendet werden – unter dem hohen Druck wird alles schnell und homogen zerkleinert. Um ein gleichmäßig gutes Resultat zu erreichen, schaltet man drei bis vier dieser schnell laufenden Maschinen hintereinander, bevor das Blattgut dann eine fast einheitliche Größe erhält. Danach wird der sogenannte Ballbreaker zum Entfernen der Klumpen, die sich immer wieder bilden, eingesetzt. Zur Beschleunigung der Fermentation wird häufig frische, kühle Luft in das Blattgut geblasen. Dennoch gibt man die Blätter anschließend nochmals in einen Fermentationsraum, bevor die Feuchtigkeit aus den Blättern durch das Trocknen in einem Ofen gezogen wird.

Das Ergebnis dieser schnellen Produktionsart sind zwei bis maximal drei unterschiedliche Blattgrößen, meist 80 Prozent Pekoe Fannings für die Aufgussbeutelproduktion und 20 Prozent Dustgrade. Da einerseits weltweit bereits 70 bis 80 Prozent der Tees in Aufgussbeuteln konsumiert werden und andererseits gerade während der Monate des Monsunregens große Erntemengen schnell verarbeitet werden müssen, wird diese Produktionsart besonders in Indien und Bangladesch, aber auch in Kenia und Tansania immer häufiger durchgeführt.

In den englischsprachigen Nationen wird der Tee fast immer mit Zucker und Milch getrunken. Dafür eignet sich der CTC-Tee besonders, denn dieser besitzt durch seine Herstellungsmethode kaum noch ein feines Flavour, meist nur einen kräftigen, würzigen Geschmack und zeichnet sich durch seine dunkle Tassenfarbe aus.

Aus einem Kilogramm Dusttee der CTC-Herstellung bekommt man gut 1.000 bis 1.300 Tassen fertiges Teegetränk, aus einem Kilogramm orthodox hergestelltem Blatt-Tee dagegen nur knapp 600, beim Broken um die 700. Obendrein färbt der CTC-Tee, in Aufgussbeuteln zubereitet, das Wasser deutlich kräftiger und dunkler als der orthodox hergestellte.

Es gibt immer wieder neue Methoden, Tee maschinell zuzubereiten. Beispielsweise hatte man einige Jahre eine LTP-Produktion durchgeführt; LTP steht für „Lawrie Tea Prozessor“ – eine Maschine, die die Teeblätter wie ein Zerkleinerer für Kräuter zerstückelt oder der gar auch als Kaffeemühle eingesetzt wird. Mittels eines schnell laufenden, rotierenden Messers wurden die Teeblätter zerkleinert, an den Wandungen der Maschine wieder nach oben getrieben und danach durch Trombenbildung immer wieder mit dem Messer zerschnitten. Der Nachteil dieser Methode ist, dass die Blätter schnell warm bis heiß werden und der fertige Tee sein Aroma kaum länger als sechs Monate zu halten vermag. Auch setzte man in einigen Gebieten Tabakschneidemaschinen, sogenannte „Legg-cut“-Maschinen, ein. Der Tee begann sehr früh zu fermentieren und wurde anschließend etwas säuerlich im Geschmack. Aus diesen Gründen kehrte man immer wieder zu den mittlerweile traditionellen CTC-Maschinen zurück.

Ernte
Wiegen
Transport
Einbringer
in Welktröge
Ablauf schwarzer Tee
Verpacken
Sortieren
Stalk-
extraktor

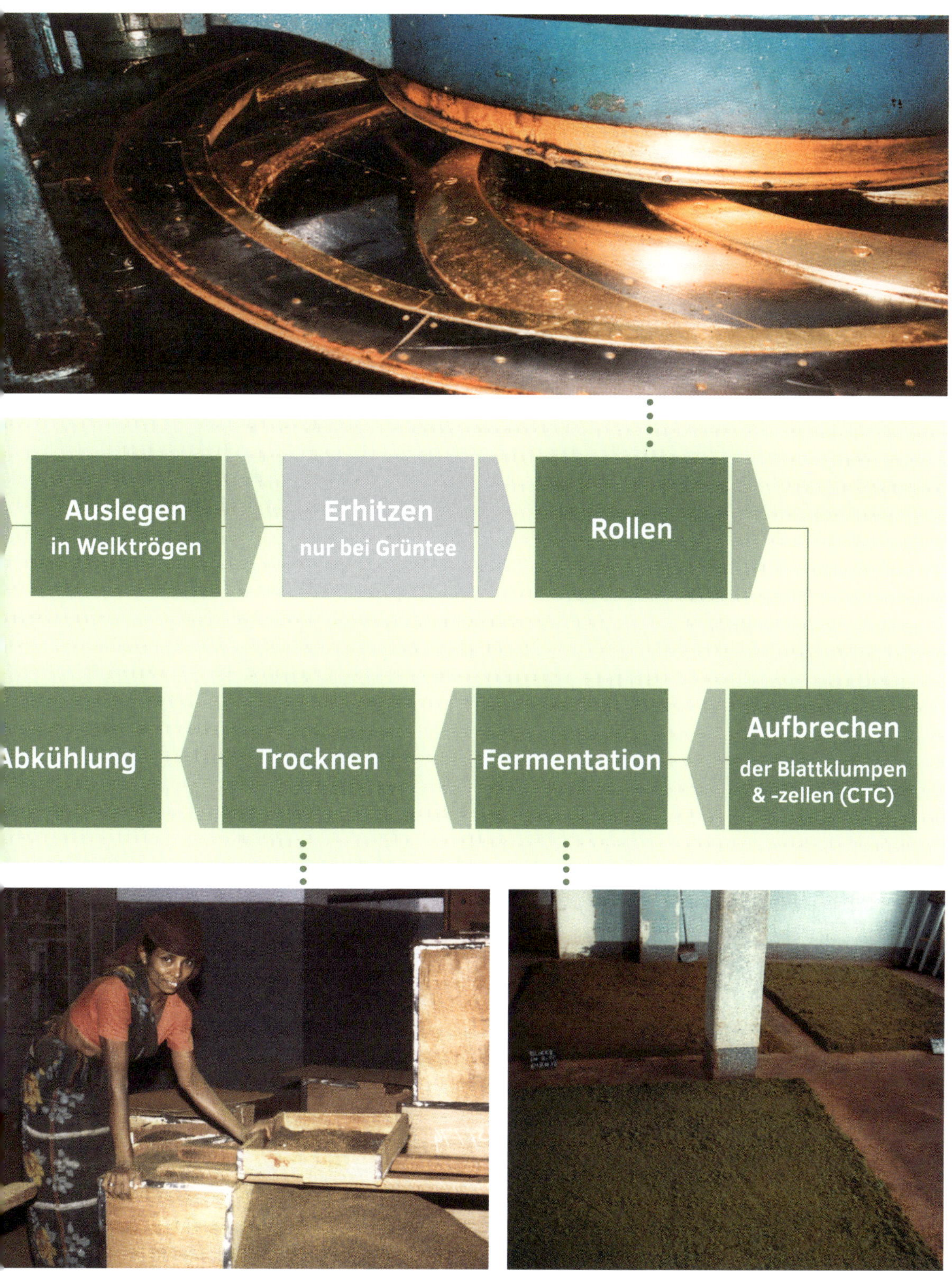
Auslegen
in Welktrögen
Erhitzen
nur bei Grüntee
Rollen
Aufbrechen
der Blattklumpen
& -zellen (CTC)
Fermentation
Trocknen
Abkühlung

Herstellung von grünem Tee

Blätter für die Herstellung des grünen Tees werden vorrangig per Hand gepflückt. Lediglich in Japan, einigen Gebieten Formosas, Vietnam und bei preiswerten Sorten auch in Südindien werden maschinelle Pflückungen durchgeführt. Das Blattgut stammt vorrangig von der Thea sinensis, der Chinasaatpflanze. Handernte ist insofern notwendig, da nur ausgesuchte und gleichmäßig groß gewachsene Blätter Verwendung finden.

Für einen qualitativ guten grünen Tee müssen die Blätter möglichst innerhalb einer Stunde nach dem Ernten blanchiert werden. In Japan geschieht dies mit heißem Wasserdampf, dabei rieseln die Blätter etwa 20 bis 22 Sekunden durch eine Dampfwolke. Dadurch werden die Enzyme, die ein Abgleiten zum schwarzen Tee einleiten, eliminiert.

In China wird dieser Vorgang häufig noch manuell durchgeführt. Es werden heiße Feuer entfacht, auf die man einen gusseisernen Topf oder eine große Pfanne stellt. Diese Geräte erhitzen sich sehr schnell. Man füllt dann die frischen grünen Blätter hinein und lässt sie einen Augenblick im eigenen Saft schmoren, mit dem gleichen Effekt – die Enzyme, die das Abdriften zum schwarzen Tee verursachen, werden eliminiert. Mittlerweile gibt es aber auch schon entsprechende Maschinen, in denen dieser Vorgang durchgeführt wird. Vergleichbar ist dieser Vorgang mit dem Blanchieren von Gemüse im Spätsommer, bevor es für den Winter in der Tiefkühltruhe eingefroren wird.

Der Vorteil dieser Methode besteht darin, dass nahezu alle Vitamine und Spurenelemente im Tee erhalten bleiben. Beim schwarzen Tee bauen sich diese schon durch die lange Trocknungszeit erheblich ab. Allerdings bleibt auch das Koffein nahezu voll erhalten. Grüner und weißer Tee beinhalten bis zu viermal so viel Koffein wie schwarzer. Zwar relativiert sich dies wieder etwas durch die Zubereitung und Dosierung, aber grüner Tee hat im Schnitt deutlich mehr Koffein.

Nachdem der Tee blanchiert wurde, wird er entsprechend den Anforderungen weiterverarbeitet. Bestimmte Sorten werden gepresst und gelangen als Sencha, Lung Ching oder Ding Gu Da Fang in den Handel. In Japan werden die Teeblätter durch langsam rotierende, mit Leder überzogene, schuhartige Formen an die runden und warmen Wandungen des Trockners gedrückt, wobei die sorgsame Trocknung und Pressung zum typischen Senchablatt zugleich erledigt wird.

Zur Herstellung von Gunpowder, der vorrangig in China produziert wird, füllt man die Blätter in metallische Schüsseln, die einseitig mit knopfgroßen Unebenheiten ausgelegt sind und erwärmt werden. Ein Klöppel rollt durch die Schüssel und drückt die Blätter über die Unebenheiten. Dadurch bekommen die Blätter eine kleine Drehung. Durch das gleichzeitige Trocknen ziehen sich die Blätter zusammen und erhalten so ihre kugelige Form. In Nordvietnam setzt man diese schüsselartigen Maschinen ein, um das Blatt geschmeidig zu machen und es etwas zu rollen, bevor man es auf großen Leinenhorden an der frischen Luft – niemals aber im Sonnenschein – trocknet. In Familienbetrieben werden diese Rollmaschinen noch mit der Hand betrieben, in größeren Fabriken allerdings mit elektrischen Motoren.

Teeplantage in China

Zum endgültigen Trocknen breitet man die grünen Blätter auf Bast- oder Bambushorden aus, die übereinandergestellt in Regalen gelagert werden. Bei sehr feuchter Witterung bedient man sich auf den Teeplantagen in China auch eines Trocknungsofens. Bei der Herstellung guter grüner Tees für den lokalen Konsum werden die geernteten Blätter mit größter Sorgfalt behandelt. Es wird peinlichst genau darauf geachtet, dass das Blanchieren umgehend nach dem Pflücken erledigt wird und dass die Blätter sehr vorsichtig bearbeitet werden. Werden die Blätter zu stark gequetscht oder gedrückt, wird das Rollen zu lange oder zu intensiv durchgeführt, entstehen Broken- oder gar Aufgussbeutelqualitäten. Solche Sortierungen sind in China, Japan, Taiwan und auch Vietnam vollkommen unerwünscht und erzielen keine guten Preise am heimischen Teemarkt. In Japan wird der Tee nach jedem Mischen nochmals neu gesiebt, meist mit elektronischen Siebvorkehrungen. Teeblatt für Teeblatt fällt in ein kleines Labyrinth von Fotozellen. Dabei werden die Blätter zunächst nach der farblichen Beschaffenheit sortiert. Anschließend erfolgt die automatische Auswahl nach Länge und Größe der Blätter, danach werden Stängel und untypische Blätter heraussortiert und zum Schluss eventuell aufgetretene Staubteile separiert. Die kleinsten Blattteile mahlt man zu einem puderartigen Brei, gibt ein Bindemittel hinzu und presst diese Masse durch stecknadelgroße Düsen zu kleinen Teeblättern, die als sogenannter „Kokeicha" in den Verkauf gelangen.

Ernte
Wiegen
Transport
Einbringe
in Welktrög
Ablauf grüner Tee
Verpacken
Sortieren
Stalk-
extraktor

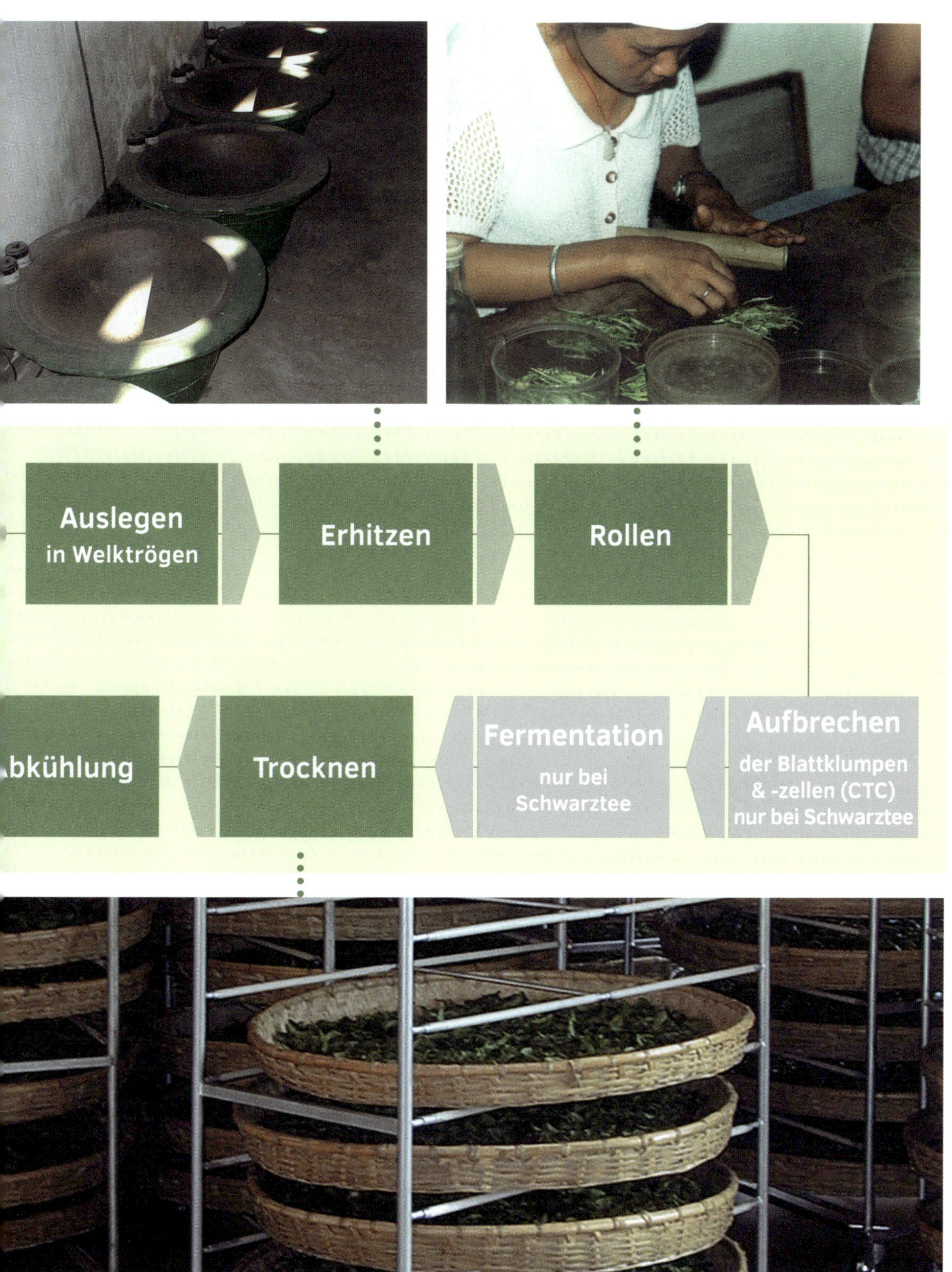
Auslegen
in Welktrögen
Erhitzen
Rollen
Aufbrechen
der Blattklumpen
& -zellen (CTC)
nur bei Schwarztee
Fermentation
nur bei
Schwarztee
Trocknen
bkühlung

Teeplantagen und Teefabriken

Eine festgelegte Größe für eine Teeplantage gibt es nicht. In Darjeeling umfasst die Fläche im Durchschnitt 200 bis 400 Hektar, mit einem Jahresertrag von 70 bis 450 Tonnen. Im Flachland Assams ist der Umfang bereits deutlich größer mit bis zu 800 Hektar und einem Ertrag von bis zu 800 Tonnen. Kenia oder Tansania können sogar bis zu 4000 Hektar aufweisen, mit einem Jahresergebnis von knapp 4.000 Tonnen fertigem Tee.

Es gibt zudem unzählige kleine, bäuerliche Familienbetriebe, besonders in China und Vietnam, aber auch in Kenia und Tansania, die die Teepflanzen zum Teil in abenteuerlicher Weise anbauen, pflegen und beernten. Ich habe in Kenia Teebäume gesehen, die vier bis sechs Meter hoch gewachsen waren und die Krone dann rund wie eine Kugelakazie geschnitten wurde. Die Stufen der Leitern, um diese Gebilde beernten zu können, waren lediglich mit einem grasartigen Bast an die krummen Holme gebunden. In Nordvietnam dünnt man die Zweige der hochgewachsenen Teebäume aus, sodass man beim Pflücken der Blätter jeden Meter einen dicken Ast zum Stehen zur Verfügung hat.

Normalerweise gehört zu einer Teeplantage ein Dorf mit etwa 1.000 bis 2.000 Bewohnern, die dann mehr oder minder von der Plantage abhängig sind. Fest beschäftigt ist davon dann meist die Hälfte der Einwohner, die andere Hälfte nur indirekt als lokale Kaufleute, Fuhrunternehmer, Handwerker oder als Familienmitglied. Viele Teegärten haben in den vergangenen Jahren neben einer Schule auch eine gut funktionierende Krankenstation oder sogar ein Hospital erbaut. In China und Afrika habe ich auch gut eingerichtete und offensichtlich funktionierende Kindergärten auf den Plantagen besichtigen können.

Die Mehrzahl der Arbeitskräfte ist mittlerweile fest angestellt. In Gegenden, wo allerdings der Tee nur einen gewissen Zeitraum hindurch wächst, wie zum Beispiel in Japan, Taiwan, China oder Darjeeling, werden die Menschen nur saisonal während ihrer Tätigkeit, also solange der Tee wächst und geerntet wird, bezahlt. In Südindien und Tansania stellt man den Familien der Plantagenarbeiter kleine Gärten zur Verfügung, in denen sie für den eigenen Bedarf Gemüse und Ackerbau betreiben dürfen. Besonders in Afrika ist die Fluktuation der Arbeitskräfte sehr groß. Auf einen festen Stamm an Angestellten kann sich fast keine Plantagengesellschaft verlassen, da in vielen Gebieten die Menschen nur solange arbeiten, bis sie ein bestimmtes Ziel, zum Beispiel ein Fahrrad, ein Radio oder Ähnliches, erreicht haben. Dann kehren sie in ihr Dorf zurück und sind für die nächsten Wochen nicht mehr verfügbar.

Die Pflückerinnen werden nach der Leistung, also nach dem Gewicht der abgelieferten Teeblätter bezahlt. Abstriche gibt es für schlecht gepflückte Blattqualitäten. Meist gibt es mindestens ein warmes Essen während der Arbeitszeit, welches dann auf den Feldern direkt zubereitet wird und an dem dann auch die Kinder teilnehmen. Kinderarbeit beim Pflücken oder bei der Teeherstellung in den Fabriken habe ich nirgendwo auf der Welt gesehen oder bemerkt.

Ebenso wie es Fabriken mit nahezu tausend Mitarbeitern gibt, habe ich andere in Indonesien besichtigt, bei denen alles vollautomatisch vonstattengeht. Die Teeblätter werden nach dem Trocknen gewogen und gerollt, danach beginnt die große Förderstraße mit den Stationen Ballbreaker, Siebung, Fermentation, Trocknung, Gradierung durch Siebung und Abfluss in die Behältnisse der entsprechenden Blattgradkategorien – alles auf einem langsam laufenden Förderband. Die Mehrzahl der japanischen Fabriken wird nur noch von Computern gesteuert. Eine Arbeitskraft prüft die Qualität der angelieferten Blätter und wiegt diese, eine andere prüft das fertige Produkt und wiegt die Säcke, bevor diese im Kälteraum eingelagert werden. Dazwischen werden die Teeblätter lediglich mit Kameras und computergesteuerten Sensoren überwacht und geprüft. Es stimmt doch etwas nachdenklich, wenn man gerade einige Tage zuvor miterlebte, wie arbeitskraftintensiv die Teeproduktion im Gegensatz dazu doch sein kann ...

Teefabrik in Sri Lanka

Teearten

Schwarzer Tee

Durchfermentierter Tee wird allgemein als schwarzer Tee bezeichnet. In China allerdings heißt er „roter Tee“, bedingt durch die rötliche Tassenfarbe. Schwarzer Tee wird vorrangig aus der Thea assamica oder Hybriden dieser Art hergestellt. Tees der Assamsaatpflanze besitzen meist eine deutlich dunklere Tassenfarbe und sind kräftiger im Geschmack. Zusätzlich sorgen Tannine und andere Gerbstoffe für eine adstringierende Wirkung in den Mundschleimhäuten.

Auch für den schwarzen Tee werden meist „two leaves and a bud“ geerntet. Entscheidend für den schwarzen Tee ist allerdings die weitere Behandlung nach der Ernte: Zunächst werden die Blätter für mehrere Stunden – abhängig von der Witterung teilweise sogar bis zu einem Tag – zum Welken ausgelegt, bevor ein umfangreicher maschineller Prozess zum Aufbrechen der Blattzellen und damit zum Freilegen der Zellsäfte eingeleitet wird. Durch das intensive Bearbeiten der Teeblätter entstehen auch letzten Endes die unterschiedlichen Blattgrade, so zum Beispiel der Aufgussbeuteltee.

Anschließend an die eben beschriebenen Prozesse werden die spätere Tassenfarbe und der Geschmack sowie der Duft bestimmt. Im Fermentationsraum liegen die kleingewalzten Blattteile offen und dünn geschichtet auf, damit der Sauerstoff in der Luft die Zellsäfte zum Oxidieren oder Angären bringt. Bei einer kurzen Oxidationszeit erzielt man meist heller abgießende Tassenfarben und ein feines Aroma. Bei längeren Fermentationszeiten dagegen gestaltet sich die Tassenfarbe des Tees später meist deutlich dunkler und der kräftige Geschmack überdeckt die zarten, natürlichen, im Blattgut befindlichen Aromen. Dieser Oxidations- beziehungsweise Fermentationsprozess sollte spätestens nach zweieinhalb Stunden abgeschlossen sein, da der Tee sonst unnatürlich bitter wird.

Grüner Tee

Grünen Tee kennt man schon seit mehreren tausend Jahren. Ursprünglich wurden wohl in Japan und China die frischen, unbearbeiteten Teeblätter in heißes Wasser gegeben und das sich daraus entwickelnde Getränk konsumiert. So etwas kann man natürlich nur machen, wenn man die Büsche auch „next door“ zur Verfügung hat.

Hauptsächlich verwendet man für die Herstellung dieser Teeart die kleineren und aromatischeren Teeblätter der Thea sinensis, aber auch hier werden mittlerweile Hybriden eingesetzt, die den Anforderungen des Anbaugebiets gerecht werden. Es sollten möglichst immer „two leaves and a bud" geerntet werden, allerdings werden vorrangig in Japan bereits seit längerer Zeit Pflückmaschinen eingesetzt – eine Gewährleistung dafür, dass nur die oberste Blattknospe und die gleich darauffolgenden zwei Blätter geerntet werden, ist somit leider nicht mehr gegeben. Man ist in Japan zudem den anderen Weg gegangen und hat die Teepflanze den neuen Gegebenheiten angepasst. Es wurden Hybriden gezüchtet, deren Blätter nicht spitz sondern rund sind – ideal für eine maschinelle Ernte.

Wichtig für die Herstellung der grünen Tees ist, dass die frisch geernteten Blätter möglichst innerhalb einer Stunde nach dem Pflücken blanchiert werden. Es gibt dazu verschiedene Methoden – in Japan verwendet man meist kochenden Wasserdampf, in China hingegen stark erhitzte Gefäße wie Pfannen, Töpfe oder Trommeln. Durch das kurzzeitige Erhitzen der Blätter werden die Enzyme, die den Oxidationsprozess zum schwarzen Tee bewirken, vernichtet. Anschließend werden die Blätter geschmeidig gerollt, getrocknet und gesiebt. Der große Vorteil dieser Methode: Die Inhaltsstoffe bleiben nahezu völlig in den Blättern erhalten. Grüner Tee besitzt deutlich mehr Vitamine, Geschmacks- und Aromastoffe als schwarzer Tee. Allerdings enthält er aufgrund dieser raschen Verarbeitung auch deutlich mehr Koffein!

Regeln zum Aufbrühen eines grünen Tees gibt es kaum – mit einer wichtigen Ausnahme: Bitte kein frisch kochendes Wasser auf die Blätter gießen! Ob die Blätter mehrfach aufgebrüht werden können oder ob man den ersten Aufguss sofort wegkippt – das sollte jeder für sich ausprobieren und entscheiden. Ich brühe grünen Tee immer so auf: Blättermenge, die zwischen Daumen und Zeigefinger passt, pro Tasse verwenden, Wasser abkochen, danach ungefähr fünf Minuten offen stehen lassen, damit es auf etwa 80° C erkaltet, dann auf die Blätter gießen. Sobald diese auf den Sieb- oder Tassenboden sinken, ist der Tee trinkbereit – meist nach etwa drei Minuten. Qualitativ gute grüne Tees bittern nicht – bitter werden Chun Mee, Gunpowder, Bancha und Sencha. Eventuell gebe ich etwas Zucker oder auch einen Spritzer Zitrone dazu – aber niemals Milch. Und ein zweiter Aufguss der Blätter ist für mich meist genau das, wonach er benannt wurde – nämlich ein zweiter Aufguss – und der schmeckt selten wie der erste ...

Selbstverständlich gibt es besondere Tees, die kürzer ziehen dürfen, zum Beispiel Japan Gyokuro. Mehr Informationen zu den einzelnen Teesorten finden Sie im Kapitel „Tee nach Regionen".

Gelber Tee

HUANG SHAN MAO FENG

Eine chinesische Rarität aus Hunan, von der Insel Junshan im Dongting-See. Im Prinzip ist es ein leicht anfermentierter weißer Tee, der allerdings in einem äußerst aufwendigen Verfahren hergestellt wird. Die Blattspitzen werden sehr sorgfältig ausgesucht und zunächst kühl gelagert, anschließend folgt die erste Trocknung. Danach werden die Blattspitzen beim Erhitzen wieder etwas angefeuchtet, ehe die zweite Trocknungsphase folgt. Nach dem darauffolgenden Erkalten der Blätter werden diese abermals angefeuchtet und erhitzt und schlussendlich noch geröstet.

Das Verfahren wurde erst kürzlich bekannt gegeben – diese Teeart war sehr lange Zeit nur dem kaiserlichen Hof Chinas vorbehalten. Eine Besonderheit, von der jährlich nur wenige Kilogramm verfügbar sind. Bekannteste Sorten sind der Mengding, der auch zu den 10 berühmtesten Teesorten Chinas gehört, und der Jun Shan Yin Zhen. Aber auch der Huang Shan Mao Feng wird nach diesem Verfahren produziert. Gelber Tee wird auch bei langer Ziehzeit nicht bitter. Bewundernswert ist zudem das Verhalten der Blattknospen im heißen Wasser. Anfangs liegen sie waagerecht an der Wasseroberfläche, nach etwa fünf Minuten drehen sie sich und sinken auf den Grund des Zubereitungsgefäßes. Dort bleiben sie senkrecht stehen.

Halbfermentierter Tee

Ursprünglich wurden die halbfermentierten Tees nur in Fujian hergestellt. Nachdem jedoch viele Chinesen nach Formosa zogen (beziehungsweise flüchten mussten), hat man sich auch auf der Insel diesen Teesorten angenommen.

Halbfermentierte Tees gibt es in zwei Kategorien – handgepflückt und maschinengeerntet. Die maschinell hergestellten Sorten sind sehr einfach zu erkennen, denn sie weisen eine fast gleichmäßige Blattstruktur auf, sind dunkelbraun bis fast schwarz und verströmen einen sehr intensiven, nahezu stechenden Röstduft. Aufgebrüht erkennt man sie an der fast schwarzen Infusion. Die handgepflückten Sorten zeichnen sich durch ein leicht buntes Blatt aus,

FORMOSA OOLONG

das mit silbrigen Tips und zartem Flaum durchsetzt ist. Sie strahlen einen dezent brotigen, angenehm süßlichen, blütenreichen Duft aus, was sich auch im Geschmack wiederholt. Gute halbfermentierte Sorten können sehr lange ziehen, ohne dass der Tee bitter wird.

Die Blätter werden nach der Pflückung auf Horden unter freiem Himmel zum Trocknen ausgelegt, wobei Sonneneinstrahlung vermieden werden muss. Durch mehrfaches Walken in Rollmaschinen wird dann die Fermentation eingeleitet. Gute Sorten sind an der äußeren Blattkante braun, also bereits anfermentiert, und nach innen hin immer grünlicher – also tatsächlich nur zur Hälfte fermentiert. Dieser Prozess wird abgebrochen, indem man die Blätter in Spezialöfen kurz und sehr heiß (bis zu 220° C) trocknet. Dadurch erhält der Tee seinen dezent brotigen Geschmack.

Bei uns werden die Begriffe „Oolong“ und „halbfermentiert“ oft synonym verwendet. In Kontinentalchina wurde aber einst aus der ursprünglichen Teepflanze eine Unterart abgezüchtet, aus der vorrangig die Oolongtees hergestellt werden, die auch in schwierigstem Wasser Geschmack entwickeln, was mit den feinen Hochlandtees zuvor nicht möglich gewesen ist. Unter den Oolongs unterscheidet man zwischen länger und kürzer fermentierten Sorten. Sogenannte grüne Oolongtees fermentieren, wenn überhaupt, nur eine äußerst kurze Zeit, die Infusion ist dabei grün. Spricht man dagegen von fermentiertem Oolong, ist die Infusion immer braun, die Fermentationszeit des Tees war also eine deutlich längere. Qualitativ lässt sich anhand der Infusionsfarbe somit erkennen, welchen Tee man gewählt hat. Ist die Infusion fast schwarz – egal, ob bei einem grünen oder fermentierten –, ist der Tee von minderer Qualität. Ist sie bei (halb)fermentierten Sorten bräunlich mit leicht kupferfarbenem Stich, ist es ein guter und haltbarer Tee. Wenn man eine Infusion mit grünem Touch erwischt, deutet auch das auf einen qualitativ besseren Tee hin.

Roter Tee

PU ERH

Schwarzer Tee wird in China eigentlich „roter Tee“ genannt, da man Tees nicht nach dem Aussehen des Blattes, sondern nach der Tassenfarbe benennt. Allerdings gibt es in China einen besonderen roten Tee – den Pu Erh. Guter Pu Erh kommt dabei aus der gleichnamigen Stadt in der Provinz Yunnan. Er ist entweder in gepresster Form oder auch lose bei uns im Handel erhältlich. Ursprünglich presste man die Teeblätter mit Ochsenblut zu Ziegeln. Diese wurden besonders gern von durch Russland ziehenden Karawanen gekauft. Beim abendlichen Lagerfeuer hing ein großer Topf mit Wasser über den Flammen, in den dann ein Ziegel Tee geworfen wurde – ein somit recht nahrhaftes Getränk für alle Mitreisenden. Mittlerweile werden diese Ziegel zu unterschiedlichsten Formen, besonders für Touristen als Souvenir, gepresst.

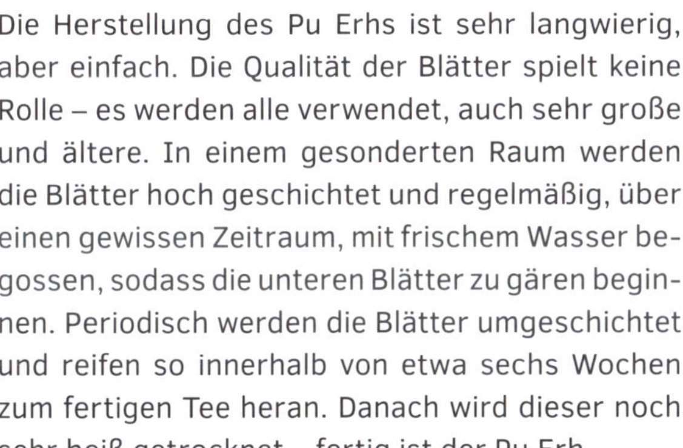

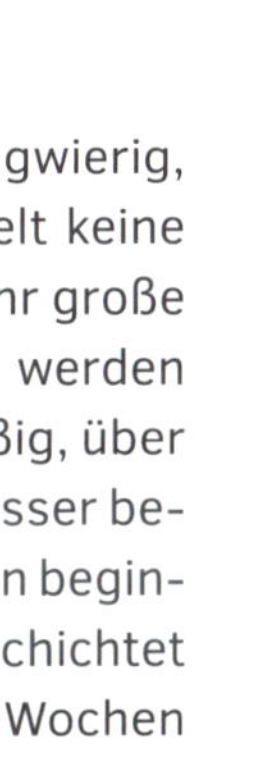

Die Herstellung des Pu Erhs ist sehr langwierig, aber einfach. Die Qualität der Blätter spielt keine Rolle – es werden alle verwendet, auch sehr große und ältere. In einem gesonderten Raum werden die Blätter hoch geschichtet und regelmäßig, über einen gewissen Zeitraum, mit frischem Wasser begossen, sodass die unteren Blätter zu gären beginnen. Periodisch werden die Blätter umgeschichtet und reifen so innerhalb von etwa sechs Wochen zum fertigen Tee heran. Danach wird dieser noch sehr heiß getrocknet – fertig ist der Pu Erh.

Geschmacklich ist der Pu-Erh-Tee sehr erdig, teilweise sogar etwas „schimmelig“. Die Blätter können mehrfach aufgebrüht werden – bis zu fünf Aufgüsse sind problemlos möglich. Je rötlicher die Farbe des Aufgusses, desto hochwertiger ist der Tee. Pu Erhs sollten lange liegen, bis sie zum Verkauf gelangen. Für wirklich alte Sorten – sie werden nach Jahrgängen gehandelt – bezahlt man in Hongkong, Macao, Japan und San Francisco Preise bis zu 1.000 Euro pro 300-Gramm-Ziegel.

Dem Pu-Erh-Tee werden umfangreiche gesundheitsfördernde Wirkungen zugeschrieben.

Pu-Erh-Teesäulen

Weißer Tee

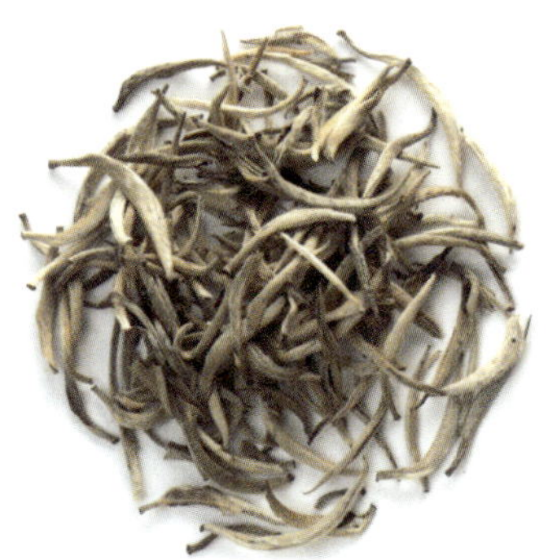

SILVER TIPS (YIN ZHEN)

Wie beim roten Tee bereits angesprochen, werden in China die Teesorten nicht nach dem Aussehen des Blattes, sondern nach der Tassenfarbe bezeichnet. Weißer Tee sollte das Wasser kaum färben, daher die Bezeichnung. Gute weiße Tees werden vorrangig ab Mitte/Ende Februar bis Ende April geerntet, denn dann schießt der erste, während der Wintermonate angesammelte Saft aus den Wurzeln in die Zweige und es bilden sich neue Blätter. Besonders in den Knospen und Blättern finden sich die für uns wichtigen Inhaltsstoffe wie Vitamine, Spurenelemente, Geschmacks- und Duftstoffe. Man bemüht sich nach wie vor, die „two leaves and a bud" zu pflücken und trennt nachher in der Fabrik die nicht aufgegangenen Blattspitzen/Knospen von den Blättern – per Hand! Ein gewaltiger Aufwand, denn um nur einen Kilogramm weißen Tee zu bekommen, benötigt man im Schnitt 22.000 bis 25.000 Blattspitzen. Diese werden luftgetrocknet, man separiert sie also von dem übrigen Tee und legt sie auf, häufig unter freiem Himmel. Allerdings dürfen die Blätter nicht dem direkten Sonnenlicht ausgesetzt werden, denn dieses würde die wichtigen Inhaltsstoffe zerstören.

Eine andere Art des weißen Tees ist der Pai Mu Tan, eine Teepflanze, die vor langer Zeit von der ursprünglichen Sorte abgezüchtet wurde. Pai Mu Tan kann ebenso ein wunderbares Geschmackserlebnis sein. Allerdings ist anzumerken, dass mittlerweile auch diese Teebüsche fast ganzjährig beerntet werden. Je später im Jahr die Ernte stattfindet, desto geringer sind die Inhaltsstoffe und desto weniger erinnert der Geschmack an richtige weiße Tees.

Weiße Tees sind typische „Wellness-Tees", die man immer nebenbei trinken kann, die leicht, unaufdringlich und trotzdem schmackhaft sind. Diese Teesorte kann recht hoch dosiert werden, das Wasser sollte wieder auf mindestens 80° C erkaltet sein und die Ziehzeit kann bis zu zehn Minuten betragen. Wenn notwendig, darf auch etwas Zucker hinzugegeben werden, obwohl gute weiße Tees bereits eine eigene Süße besitzen. Absolut vermeiden sollte man beim Genuss dieser Tees Milch!

Teemischungen

RUSSISCHE MISCHUNG

Es gibt viele unterschiedliche Gründe für das Mischen der einzelnen Teesorten, beispielsweise um eine einheitliche Geschmacksrichtung zu erzielen: Eine ostfriesische Teemischung ist meist abgestimmt auf die geschmacklichen Wünsche der Bewohner Ostfrieslands, allerdings auch auf die Gegebenheiten der Wasserverhältnisse vor Ort. Früher sammelte man dort das Wasser in Zisternen oder bediente sich am vorhandenen Moorwasser – man benötigte also deftige Teesorten. Ursprünglich kamen diese aus den Kolonien der benachbarten Niederlande sowie aus Java und Sumatra, später dann aus Assam in Nordindien. Noch heute sollte eine gute ostfriesische Mischung zu 80 Prozent aus Assamtee bestehen. Die restlichen 20 Prozent dürften aus Indonesien oder Ceylon kommen.

Der English Breakfast Blend ist bedauerlicherweise bei uns inzwischen zu einem Synonym für die preiswertesten Teesorten geworden. Unter diesem wohlklingenden Namen gelangen mittlerweile billigste, dunkel abgießende Teesorten in den Handel. In England bestand diese Mischung ursprünglich zu zwei Drittel aus Ceylon-Hochlandtee und einem Drittel Assam. Der Hochlandtee gab das Aroma und die Frische, der Assam die kräftige und dunkle Tassenfarbe. Man verwendete bestenfalls Broken, meist aber Pekoe-Tees. Auch hier ist das qualitative Niveau auf mittlerweile einfachste Dustgrade herabgesunken.

Eine russische Mischung bestand ursprünglich aus feinen Darjeelingtees und etwas Rauchtee aus China. In Russland waren leichte und blumige Darjeelings seit eh und je sehr beliebt. Karawanen brachten diese auf dem Rücken der Kamele oder Pferde nach Russland. Auf dem Heimweg rastete man abends zur Nachtruhe, entfachte ein großes Feuer, über dem der Kessel für Teewasser hing. Der Rauch des Feuers bewirkte allmählich einen zusätzlichen rauchigen Geschmack beim Tee.

Ein weiterer Grund zum Mischen der verschiedenen Teesorten bestand darin, dem Kunden über Jahre hinweg den gleichen Geschmack zu garantieren. Beim Mischen kann man mit dem einen Tee einen anderen auf- oder abwerten, kann aber auch dafür sorgen, dass der Geschmack und das Aussehen des trockenen Blattes gleich oder zumindest sehr ähnlich bleiben.

Gemischt wird der Tee vorrangig bei überregionalen Großpackern. Einerseits ist für das maschinelle Abpacken ein gleiches, nicht schwankendes Volumen der Tees notwendig, andererseits würden kleine Teepartien von wenigen hundert Kilogramm – wie in der Regel aus Darjeeling oder Ceylon – eine vollautomatische Abpackanlage nur für einen Bruchteil einer Stunde auslasten; dann müsste weiterer Tee nachkommen.

Saisonale Qualitätsschwankungen können auch durch das Mischen überbrückt beziehungsweise überdeckt werden. In diesem Jahr (wir sprechen von 2017) regnet es viel, es gibt also vermehrt Teeblätter, die etwas voluminöser sind; im vergangenen Jahr gab es hingegen sehr viele „trockene Tees" – das heißt, dass das Volumen deutlich kleiner war. Nun versucht man, aus beiden Qualitäten eine einheitliche zu mischen.

Natürlich werden auch immer wieder Mischungen aus preislichen Gründen hergestellt. Der Einkaufspreis einer Provenienz mag zum Beispiel deutlich höher liegen als der einer vergleichbaren anderen; einheitlich wird der Preis dann, wenn beide Komponenten zusammengemischt werden. Dennoch ist der Geschmackssinn des Konsumenten nicht zu unterschätzen. Als die Assampreise vor einigen Jahren unnatürlich schnell und deutlich in die Höhe schnellten, mischte ein großer Packer chinesische Sorten unter; diese haben eigentlich überhaupt nichts in einer guten ostfriesischen Teemischung zu suchen. Mit Erklärungen und Informationen über das Weltmarktpreisgefüge konnte man viele Kunden allerdings überzeugen und besänftigen. Als sich dann aber zwei Jahre später die Preise zurück auf ein normales Niveau einpendelten, verzichtete man auf die preiswerten Untermischer aus China. Da hagelte es aber heftigste Proteste – der Geschmack hatte sich deutlich verändert und das wollten viele Kunden so nicht akzeptieren.

Mischungen kann der Konsument meist selbst gut erkennen, einerseits an der Infusion, aber auch an den aufgebrühten Teeblättern. Ist die Farbe nicht einheitlich, sind verschiedene deutliche Farbunterschiede zu erkennen, ist die Blattstruktur nicht homogen, dürfte es sich um Mischungen handeln. Auch kann man diese bedingt am schwarzen beziehungsweise grünen Blatt erkennen. Befinden sich darin zu viele Kleinteile, ist die Blattstruktur nicht einheitlich und nicht deutlich zu erkennen, fallen viele Broken- oder gar Fanningsteile beim Schütteln des Blattguts in die unterste Lage, dürfte es sich um eine vielleicht nicht so gut gelungene Mischung handeln.

Wenig begeistert bin ich von aromatisierten Teemischungen, die in Aufgussbeuteln angeboten werden. Die Tees dafür können nicht mit frischen Aromen besprüht werden, weil der feinblättrige Tee sonst zu klumpen beginnen und die sehr schnell abfüllenden Aufgussbeutelmaschinen zum Stocken bringen würde. Obendrein würde das Aroma ins Aufgussbeutelpapier ziehen. Also verwendet man abgekapselte Aromaperlen, die dem Tee beigemischt werden. Geschmacklich entfernen sich diese Teebeutel deutlich und in großen Schritten von den losen, fachmännisch aromatisierten Teesorten und sind meines Erachtens überhaupt nicht empfehlenswert.

Der Rauchtee Tarry Lapsang Souchong wird in China und Taiwan hergestellt. In Taiwan verwendet man bereits häufiger Aromen, die in den Tee gespritzt werden und diesem den rauchigen Geschmack geben – diese gelangen selten zu uns, weil sie einerseits intensiv bitter und rauchig im Geschmack sind und andererseits die Aromen dem Deutschen Lebensmittelrecht nicht entsprechen. In Kontinentalchina erhält der Tarry Lapsang Souchong durch Räuchern über Holzkohle aus Zedernholzwurzeln seinen Duft und Geschmack. Zedernholzwurzeln und Holz wird zu Holzkohle verbrannt, der Tee wird in großen Netzen darüber gehängt und für einen bestimmten Zeitraum möglichst dicht abgeschlossen, bis der Rauch der Holzkohle die Teeblätter intensiv aromatisiert hat. Es gibt Tarry Lapsang Souchong in unterschiedlichsten Qualitäten. Auch hier ist es durchaus empfehlenswert, eine qualitativ bessere zu wählen, da der Tee milder und der Rauch nicht ganz so intensiv und aufdringlich ist.

Rauchtee kann eine geschmackliche Bereicherung darstellen, wenn er richtig gemischt und eingesetzt wird. Pur ist er sehr gewöhnungsbedürftig – aber gelegentlich einige wenige Blätter in einen Second-Flush-Darjeeling oder einen Earl Grey gemischt können eine recht interessante Geschmacksvariation sein.

Aber wie kam es überhaupt zum Tarry Lapsang Souchong? Als die Tees noch die lange Reise von China nach Europa in den Segelschiffen antraten, wurden die Kisten mit guten bis sehr feinen, qualitativ hochwertigen Sorten mit Blei ummantelt, verlötet und dann im Frachtraum des Segelschiffs verstaut. Bei einfacheren Teesorten machte man sich diese Mühe nicht – man verpackte den Tee in Kisten, die zwar innen mit Papier ausgelegt waren, aber sonst wenig Geruchsschutz boten. Auch diese Kisten gelangten in den Frachtraum. Segelschiffe wurden regelmäßig innen ausgeteert, damit kein Wasser eindringen konnte. Natürlich nahm die Ware auch diesen starken Geruch während der Reise auf. Die schlecht verschlossenen Tees gelangten also alle mit einem mehr oder weniger starken Rauchgeruch nach Europa und Amerika. Als die ersten Stahlschiffe, deren Frachtraum nicht mehr ausgeteert werden musste, Tees aufnahmen und nach Europa brachten, fehlte dieser Geruch. Heftige Proteste der europäischen Importeure veranlassten dann die chinesischen Teehändler, schließlich Rauchtee herzustellen.

Mischungen sind also notwendig für das industrielle Abfüllen und Abpacken der Tees, und um bestimmte Geschmacksrichtungen konstant zu gewährleisten. Aber es wird auch sehr viel Tee gemischt, um einen günstigeren Einstandspreis zu erzielen. Eigentlich habe ich es noch nie erlebt, dass durch Mischen die Qualität verbessert wurde. Zugegeben, das ist natürlich auch eine Frage des Stand- oder Ausgangspunktes, sowie des Geschmacks, aber: Betrachtet man es logisch, so liegt wenig Sinn darin, einen schlechten Tee zu verbessern, wenn man einen ähnlichen und besseren bereits zur Verfügung hat.

JAPAN GYOKURO

CHINA GUNPOWDER

Blattbezeichnungen

Blattbezeichnungen bei grünem Tee

Die Blattbezeichnungen von grünen Tees unterscheiden sich völlig von denen der schwarzen. Vorwiegend sind bei uns folgende Bezeichnungen im Handel gebräuchlich:

Sencha	langes, gerades, hell- bis dunkelgrünes, flach gepresstes Blatt, Tee aus der Sommerernte
Gunpowder	kugeliges, grünes Blatt in verschiedenen Größen: Pinhead Gunpowder = nadelkopffeine, zarte, kleine Kügelchen Halfgunpowder = grobes, teilweise noch offenes, kugeliges Blatt, Spätsommerernte
Young Hyson	intensiv grün, gleichmäßig kugelig, Frühjahrsernte
Chun Mee	zartes bis grobes, kurzes, grünes Blatt, hellere und gröbere/dickere Blätter sind meist aus der Spätsommerernte
Sow Mee	unregelmäßig grobes, grünes Blatt, Spätsommer-/Herbsternte
Gyokuro	zartes, nadelförmiges, tiefgrünes Blatt, erste Frühlingsernte
Bancha	sehr grobes, langes Blatt mit Stalks, Rückschnitt der Teebüsche zur Winterruhe, Herbsternte
Kukicha	aussortierte Blattrippen und Blattstängel, teilweise hervorragende Qualitäten, Frühlingsernte
Kokeicha	maschinell aus Dust und Fannings hergestellter Blatt-Tee
Genmaicha	mit geröstetem und gepufftem Reis gemischter Grüntee
Matcha	pulverisierte Grünteeblätter der ersten Pflückung, Aprilernte

Die weiteren Blattbezeichnungen lehnen sich an die jeweiligen Anbaugebiete an, wie beispielsweise beim Lung Ching, der immer ein langes, flach gepresstes Blatt aufweist, oder wie beim Lu An Gua Pian, der ein fleischiges, olivfarbenes, langes Blatt hat. Auch der Tai Ping Hou Kui ist nach seinem Anbaugebiet benannt und weist ein zwei bis drei Zentimeter langes, jadegrünes Blatt auf.

Blattbezeichnungen bei schwarzem Tee

Die vorgewelkten grünen Teeblätter durchlaufen bei der Zubereitung zum schwarzen Tee unterschiedliche maschinelle Prozesse, die zum Teil die Blätter geradezu malträtieren. Dabei werden sie gequetscht, gebrochen, zerrissen und zerdrückt. Dies wird mit unterschiedlichen Maschinen durchgeführt: der Rollmaschine, der Rotorvanemaschine und dem Ballbreaker. Dabei entstehen die unterschiedlichen Blattgrade, die nach einem aufwendigen Verfahren und der anschließenden Trocknung entsprechend ihrer Beschaffenheit ausgesiebt werden.

Im Prinzip entstehen dabei vier unterschiedliche Sortierungsgrade: Blatt-Tee, Broken-Tee, Fannings- beziehungsweise Aufgussbeuteltee und Dust-Tee. Eine kurze Bearbeitungszeit ergibt viel Blatt-Tee, bei Einsatz von Rotorvanerollern entstehen vorwiegend Broken-, Fannings- und Dustgrade.

Blatt

Blatt-Tees sind meist recht aromatisch und zeichnen sich durch eine hellere Tassenfarbe aus. Der Geschmack darf als mild und zart beschrieben werden. Richtige Blatt-Tees können später maschinell kaum abgefüllt werden, man erhält sie daher vorwiegend in Fachgeschäften als losen Tee. Sie bittern deutlich weniger als alle anderen Sortierungen, müssen allerdings auch höher dosiert werden. Meist reicht ein leicht gehäufter Teelöffel Blätter pro Tasse aber bereits aus. Die Ziehzeit sollte möglichst nicht mehr als drei Minuten betragen. Aus einem Kilogramm Blatt-Tee erhält man im Durchschnitt etwa 600 Tassen.

Broken

Broken-Tees sind merklich kleiner als Blatt-Tees. Das Wasser kann diese bereits deutlich besser auslaugen, mit der Folge, dass diese in der Tasse schnell dunkeln. Die Gerbstoffe und das Koffein werden rascher und intensiver ausgelaugt; die Gerbstoffe sind jedoch gleichzeitig die Bitterstoffe und überdecken häufig das zarte, milde Aroma. Broken-Tees sollten daher möglichst nicht länger als zwei Minuten ziehen – eine Minute reicht sogar meist vollkommen aus. Ein gestrichener Teelöffel Blätter pro Tasse als Dosierung genügt. Zu dieser Sortierung passen Milch und Zucker hervorragend. Vorwiegend werden diese Sorten maschinell in 100-, 250- oder 500-Gramm-Pakete (beispielsweise für Supermärkte) abgepackt. Aus einem Kilogramm Broken-Tee erhält man im Durchschnitt 800 Tassen.

Fannings

Sogenannte Fannings-Tees sind die dritte, mittlerweile aber wichtigste Blattgröße am Markt. Vorrangig verwendet man diese Sortierung für Aufgussbeutel – das sehr kleine Blattkorn kann schnell vom Wasser ausgelaugt werden, gibt daher rasch Farbe in das Getränk ab und die Gerbstoffe lösen sich sofort. Das milde Aroma, der zarte Duft und Geschmack – das alles geht dabei leider nahezu völlig verloren. In den Aufgussbeuteln ist der Tee bereits tassenfertig portioniert, als losen Tee gibt es diese Blattgröße bei uns kaum im Handel. Aus einem Kilogramm Fannings-Tee erhält man im Durchschnitt 1000 Tassen.

Dust

Dust-Tees sind bei uns nicht handelsüblich, da sie selbst für gebräuchliches Aufgussbeutelpapier zu klein sind und durch die feinen Poren dann aus den Beuteln rieseln. Aus einem Kilogramm Dust-Tee erhält man im Durchschnitt 1.200 bis 1.300 Tassen.

Generell zu beachten ist: Je kleiner das Teeblatt, desto geringer die Menge pro Tasse. Kleinblättriger Tee bittert schnell, färbt das Wasser dunkel und besitzt sehr selten ein feines Aroma. Aufgussbeutel gehören zum Fast Food unter den Tees – im Büro, der Praxis sind sie schnell und problemlos zubereitet, der Geschmack kommt meist nur durch Hinzugabe von Zucker, Milch oder Zitrone.

Definition der Blattgrade

In vielen Teegeschäften, wie auch auf den Packungen im Supermarkt, wird der Kunde mit Kürzeln wie **SFTGFOP1, TGBOP** oder **Pek** konfrontiert. Je mehr Buchstaben, desto besser und teurer der Tee – oder? Jedes Anbaugebiet nutzt eigene Kürzel oder Buchstabenkombinationen, daraus lässt sich für den Teetrinker aber kaum etwas ableiten. Vielmehr möchte ich eher behaupten, dass diese vorrangig zur Kundenverwirrung und zur Aufwertung eines einfachen Tees genutzt werden.

S	**Super oder silver** Werden von den Teegärtnern oft in eigener Regie hinzugeschrieben.
F	**Finest** Jeder Teegartenbesitzer kann gerade diesen Tee als feinsten bezeichnen.
T	**Tippy** Deutet ursprünglich auf goldene Blattspitzen hin – mittlerweile scheint es egal, ob diese im Tee vorhanden sind oder nicht.
G	**Golden** Sollten die Blattspitzen der Sommerproduktionen Assams und Darjeelings sein.
F	**Flowery – blumig** Auch hier ist die Fantasie der Plantagenmanager häufig riesig.
O	**Orange** Hat nichts mit Orangen zu tun. In Holland benannte man Mitte des 18. Jahrhunderts eine Teesorte aus der Kolonie Indonesien nach dem Königshaus als „Oranje Pekoe“. Oranje verwandelten die Engländer, die diesen Tee auch liebten, in „Orange“.
P	**Pekoe**, also Blatt
1	Steht für die erste und beste Aussiebung oder Sortierung. Eine zweite Aussiebung gibt es schon seit über 50 Jahren nicht mehr.

Findet man ein B mittendrin, ist es ein Broken-Tee; steht am Ende ein F, ist es ein Fannings-/Aufgussbeuteltee.

Blattgrade schwarzer Tees

GT – **Golden Tips**
Eine Seltenheit und Besonderheit zugleich. In Südindien und China werden die goldenen Blattspitzen per Hand aus dem Tee gelesen, in Assam hingegen wirft man den Blatt-Tee gegen aufgespannte Leinentücher, in denen sich dann die goldenen Blattspitzen mit ihren winzigen Haaren verfangen. Geschmacklich ein zarter, weicher und milder Tee, der nicht bittert und das Gegenstück zum weißen Silvery Needle/Buds darstellt.

SFTGFOP1 – **Special/Super Finest Tippy Golden Flowery Orange Pekoe 1**
Beste Aussiebung mit relativ gleichmäßigem Blatt. Ein leichter, blumiger Tee aus Darjeeling, Assam, Terai, Dooars, Nilgiri und Nepal. Teilweise haben auch afrikanische Plantagen, die orthodoxe Tees herstellen, diese Bezeichnung übernommen.

TGFOP1 – **Tippy Golden Flowery Orange Pekoe**
Bezeichnung einiger Teesorten in Assam, Terai, Nepal und Südindien. Auch aus Darjeeling gibt es gelegentlich diesen Blattgrad.

GFOP – **Golden Flowery Orange Pekoe**
Vorrangig erhalten Blatt-Tees aus Assam, Bangladesch, Kenia, Ruanda, Tansania und Nepal diese Bezeichnung.

FOP – **Flowery Orange Pekoe**
So bezeichnet man in Assam, Bangladesch, Südindien, Nepal, Vietnam, China, Indonesien, Kenia, Tansania, Ruanda und teilweise auch in Ceylon die Blatt-Tees.

OPsup – **Orange Pekoe superior**
feines, zartes Blatt mit vielen goldenen Tips – vorwiegend aus Indonesien

OP – **Orange Pekoe**
So werden Blatt-Tees ohne viele Stalks in Ceylon, Südindien, Türkei, Brasilien, Argentinien, Indonesien, Georgien und Afrika bezeichnet.

Blattgrade der Broken-Tees

BOP1 **Broken Orange Pekoe 1**
spezielle Blattgröße der Lowgrown Ceylons – auch als „Semi Leaf" bekannt

Pek **Pekoe**
in Ceylon eine gröbere Aussiebung als Broken-Tees, in einigen traditionellen Anbaugebieten auch als OP mit unregelmäßigem Blatt bekannt

BOPgrof **Broken Orange Pekoe grob**
indonesische Bezeichnung für einen Pekoe

BPS **Broken Pekoe Souchong**
grobe, leicht kugelige Blätter aus Assam und Darjeeling

FTGBOP1 **Finest Tippy Golden Broken Orange Pekoe 1**
Bezeichnung für die hochwertigsten Aussiebungen in Assam, Darjeeling, Terai, Dooars und Nepal

TGBOP1 **Tippy Golden Broken Orange Pekoe 1**
vorrangig aus Assam, Dooars und Terai, kleinblättriger Broken

GFBOP **Golden Flowery Broken Orange Pekoe**
Hauptblattgrade in Assam und der orthodoxen Teeproduktion in Kenia

GBOP **Golden Broken Orange Pekoe**
sehr kleinblättriger Broken aus Assam, Dooars, Terai und China

BOP **Broken Orange Pekoe**
vorwiegend aus Ceylon, Südindien, Indonesien, Türkei, Argentinien und China

BP **Broken Pekoe**
kommt meist aus Indonesien – ein kleiner, aber sehr schwerer Blatt-Tee

BT **Broken Tea**
Offgrade aus Indonesien

Blattgrade der Fannings-Tees

FBOPF1	**Flowery Broken Orange Pekoe Fannings 1** Spezialauszeichnung besonderer Lowgrown Ceylon-Tees mit unregelmäßigem Blatt und vielen goldenen Tips
BOPF	**Broken Orange Pekoe Fannings** Hauptblattgrade orthodoxer Produktion in Indonesien, Ceylon, Südindien, China, Argentinien, Brasilien und der Türkei
TGOF	**Tippy Golden Orange Fannings** meist aus Nordindien – Darjeeling, Assam und auch Nepal
FOF	**Flowery Orange Fannings** Bezeichnung der orthodoxen Tees aus Assam und Terai
OF	**Orange Fannings** kleinblättrige Fannings aus Darjeeling, Südamerika, Afrika und Assam
PF	**Pekoe Fannings** orthodoxe Teesortierung für Aufgussbeutel in Indonesien
Offgrades	Absiebungen, die nicht den normalen Standards entsprechen, mit vielen Stalks (Blattrippen)

Blattgrade der Dust-Tees

PD	**Pekoe Dust** Topgrad, einheitliches Korn
Dust 1	**Pekoe Dust 1** weitere Aussiebung, etwas kleiner
Dust 2/3	**Dust 2** 2. oder 3. Aussiebung, sehr klein und staubig
OF	**Pekoe Dust** 2. Aussiebung
RD	**Residue Dust** Fluff, Sammlung der Dustreste

Blattgrade bei CTC-Tees

BP1	**Broken Pekoe 1** gleichmäßig großer, maschinell hergestellter Broken
BP	**Broken Pekoe** unregelmäßiger, maschinell hergestellter, meist grober Broken
BOP	**Broken Orange Pekoe** kleinerer, maschinell hergestellter Broken mit kleinem Unterblatt
BT/BP2	kleinerer, maschinell hergestellter Broken mit kleinem Unterblatt
PF/PF1	**Pekoe Fannings** Fluff, Sammlung der Dustreste
BMF	**Broken Mixed Fannings** Offgrade mit Fasern

ASSAM ORTHODOX BROKEN

ASSAM ORTHODOX FTGFOP1

LONGVIEW
A SIGN OF

Einkauf

Teegeschäft in Hamburg

Gute und feine Tees sollte man in einem Fachgeschäft einkaufen oder einen kompetenten Versand mit der Lieferung beauftragen. Bei ersterem lassen Sie sich gerne beraten, denn beim Gespräch kann man meist schon erkennen, ob Fachwissen beim Verkäufer vorhanden ist. Der eingekaufte Tee sollte möglichst frisch sein – je frischer, desto besser schmeckt er. Das trifft besonders bei grünem Tee zu, aber auch beim First-Flush-Darjeeling. Ein Second Flush hält sein Aroma über mehrere Jahre, ein First Flush dagegen meist nur zwölf bis 18 Monate. Unterschiede dieser zwei Sorten kann man bereits optisch an der Blattfarbe erkennen.

Ältere Tees erkennt man auch an einem hohen Anteil von Staub und Broken-Teilen, da die Teeblätter mit zunehmendem Alter zerbröckeln. Älteres Blattgut schwimmt beim Aufbrühen zudem lange Zeit an der Wasseroberfläche, besonders bei grünen Tees. Auch deutet eine große Anzahl aromatisierter Teesorten im Teegeschäft nicht unbedingt auf fachliches Wissen hin.

Empfehlenswert ist Anschaffung eines Vorrats an Tee für einen überschaubaren Zeitraum, denn es macht wenig Sinn, für die nächsten ein bis zwei Jahre Tee zu hamstern, wenn man diesen nicht in absehbarer Zeit trinken kann. Der Tee ist dann nicht mehr frisch, eventuelle Aromen verflüchtigen sich und fremde Gerüche können den Geschmack oder Duft stark beeinflussen und beeinträchtigen.

Tipps für grünen Tee

Je feiner der japanische Tee ist, desto dunkler ist seine Blattfarbe. Er hat ein nadelfeines, zartes Blatt von neonfarbener, dunkelgrüner Farbe – dies kennzeichnet meist eine hervorragende Qualität.

Gute grüne Tees aus China sollten auch tatsächlich grün sein – eine bräunliche oder gelblich-grüne Farbe deutet auf ältere Sorten hin.

Tipps für schwarzen Tee

Highgrown-Ceylontees sind immer braun und Ceylon Lowgrown-Tees (jene für den Samowar) sind grobfleischig, unregelmäßig groß, voluminös und beinahe schwarz.

First-Flush-Darjeeling ist gräulich mit einem Hauch grün, sowie grün-weißen Spitzen.

Assam ist gekennzeichnet durch leuchtend goldene Tips, die Teeblätter sind dunkelbraun bis fast schwarz.

Second-Flush-Darjeeling ist dunkelbraun mit goldenen Tips.

Lagerung im Haushalt

Die Teeblätter sollten umgehend aus ihren Tüten und Verpackungen in möglichst gut schließende Behälter umgeschüttet werden, da das Papier im Laufe der Zeit, besonders wenn die Tüte leerer wird, geschmacklich negativ auf den Tee wirkt. Solche Behälter sind zum Beispiel Gläser oder Dosen mit festem Verschluss. Auf die zwar recht dekorativen, meist aber aus äußerst billigem Blech hergestellten, leichten Dosen sollte man verzichten – sie sind meist in China oder Indien hergestellt worden und beginnen entweder im Frühling oder Herbst zu rosten. Tritt dieser Effekt nicht ein, sind sie mit entsprechenden Mitteln bespritzt – und auf beide Varianten kann man getrost verzichten.

Keramikgefäße sind hervorragend geeignet, wie auch feine Gefäße aus rostfreiem Stahl, Silber oder aus Porzellan. Achten Sie aber bitte bei der Auswahl des Gefäßes auf die Größe der Öffnung. Es gibt dekorative Tee-Urnen aus Porzellan, häufig aus China. Optisch ein Traum – in der praktischen Handhabung aber ein Albtraum. Man sieht den Tee nicht und bekommt die Blätter kaum wieder aus dem Gefäß heraus. Schüttet man die Blätter gleich in das Teesieb, gelangt meist viel zu viel in die Kanne. Auch Plastikgefäße können zur Lagerung von Tee eingesetzt werden: So eignet sich Tupperware recht gut dafür – vorausgesetzt, das Gefäß wird ausschließlich für Tee eingesetzt.

Der Standort des Behältnisses sollte gut ausgewählt werden und sich möglichst nicht in der prallen Sonne oder unter Halogenlichtern befinden. Auch sollte der Tee nicht mit Kaffee, Gewürzen oder Backmitteln zusammen gelagert werden – fremde Gerüche übertragen sich auf die Teeblätter rasch. Ideal ist zum Beispiel der Platz, an dem auch das Geschirr aufbewahrt wird. Dort ist es trocken und meist völlig geruchsneutral.

Aufgussbeutel

Ein Convenience-Produkt, welches heute nicht mehr wegzudenken ist. Immerhin wird Tee weltweit zu 60 bis 70 Prozent nur in Aufgussbeuteln konsumiert. Auch auf uns, den deutschsprachigen Raum, trifft diese Rate großteils zu, selbst wenn sich die genaue Prozentzahl der Konsumation nicht so leicht ermitteln lässt. Aufgussbeutel gibt es mittlerweile in verschiedenen Variationen: als einfachen Einkammer- oder Doppelkammerbeutel, als Kannen-/Portionsbeutel, als rundes Pad für die Teemaschine, aber auch als Pyramidenbeutel, als Alu-Stange, Kantinenbeutel und Kettenbeutel.

Häufig ist es wünschenswert und erforderlich, dass sofort Farbe aus dem Teebeutel ins heiße Wasser übergeht. Zu erreichen ist das sehr gut mit kleinblättrigen Tees, also Fannings- oder Dustgraden. Je kleiner das vom Wasser auszulaugende Blatt ist, desto schneller erfolgt auch die Färbung des Teewassers. Sortentypische Geschmacksrichtungen sind bei so kleinen Graden aber kaum oder nur sehr selten zu erkennen; eine Ausnahme mag der Assamtee sein. Bei Verwendung guter Qualitäten kann man diese geschmacklich sofort erkennen, auch im Aufgussbeutel. Bei Ceylontee wird es schon etwas schwieriger, da die aromatischen Hochlandtees aus Dimbula, Nurelia und Uva heller abgießen. Oft werden daher Ceylonmischungen in die Beutel verpackt. Sehr problematisch gestaltet es sich beim Darjeeling, da dieser ohnehin recht hell abgießt und der zarte, feine Charakter durch das Filterpapier des Beutels stark zurückgehalten wird.

In den Pyramidenbeuteln, die allerdings aus kunststoffartigem, durchsichtigem Material bestehen, werden bereits gröbere Blattsortierungen eingesetzt. Dies trifft ebenso auf Kännchenbeutel (sogenannte Caddies) zu. Dennoch überwiegt bei diesen Verpackungsformen im Allgemeinen der Broken-Tee, an ganze Blätter ist bei Aufgussbeuteln nicht zu denken.

Im Grunde hat es sehr lange Zeit keine Dusts in den hiesigen Teebeuteln gegeben, aber im Zuge der Kostenreduzierung werden diese – für unseren Geschmack eher ungewöhnlichen – Gradierungen mehr und mehr eingesetzt. Notwendig zu wissen ist, dass kleinblättrige Teesorten vom Wasser zwar deutlich besser und schneller ausgelaugt werden können, dabei dann aber auch sehr viel mehr Gerbstoffe ins Getränk gelangen. Und diese sind zeitgleich auch jene Bitterstoffe, die das Aroma, den feinen Duft und den besonderen Eigengeschmack sehr schnell überdecken. Weiterhin gibt das Papier Geschmack in den fertigen Tee ab, obwohl die Hersteller versprechen, dass das Papier geschmacksneutral ist. Legt man also Wert auf einen schönen Duft und einen angenehmen Geschmack, sollte man Aufgussbeutel besser völlig meiden. Aufgussbeutel sind das Fast Food der Teewelt!

Wenn man dennoch zu diesen greift, dann sollten die Teeblätter im Beutel zumindest ausreichend Platz zum Aufquellen haben, sonst können sie gar keinen Geschmack an das Getränk abgeben. Teebeutel sind meist schon nach einer bis eineinhalb Minuten trinkbereit. Sie sollten möglichst nicht ausgedrückt werden, da sonst noch erheblich mehr Bitterstoffe in die Tasse gelangen.

Mittlerweile werden mehr und mehr aromatisierte Teesorten als Aufgussbeutel angeboten, ebenso wie verschiedene Kräuter- und Früchtetees. Die unterschiedlichen Aromen werden verkapselt in den Tee gemischt und lösen sich im heißen Wasser auf; so entwickelt sich das Aroma in der Tasse.

Einige Anmerkungen über Aufgussbeutel und die Umwelt: Es ist beängstigend zu sehen, welche Papiermassen für das Abfüllen von Tee in Aufgussbeuteln verwendet und verschwendet werden: Man denke nur an das Beutelpapier, das möglichst zu Doppelkammerbeuteln verarbeitet wird, den Faden, das Etikett. Daran, dass jeder Beutel in eine Plastikverpackung verschweißt wird, die wiederum in Kartons für 25 bis 30 Beutel verkauft wird, cellophaniert mit einem bunten Aufreißstreifen. Die Kartonschachteln lagern in einem größeren Karton, diese in einem Versandkarton – und das alles für eineinhalb bis drei Gramm, oder anders ausgedrückt – für nur eine Tasse Tee! Wenn Sie Aufgussbeutel verwenden, entscheiden Sie sich bitte für eine gute Qualität, damit der Tee wenigstens schmeckt und sich der ganze Aufwand der Verpackung lohnt.

Teezubereitung

Auf den im Handel üblichen Teepackungen findet man häufig die Angabe: „Ein gehäufter Teelöffel Blätter pro Tasse und einen zusätzlichen Löffel Blätter für die Kanne“. Es tritt dabei zwangsläufig die Frage auf, warum nicht vielleicht noch einen Teelöffel Blätter für den Importeur und einen für den Großhändler ... Fazit: Überdosieren Sie den Tee bitte nicht! Je größer die Kanne ist, desto geringer darf im Verhältnis die Menge an Teeblättern sein. Für eine Kanne mit einem Volumen von eineinhalb Liter (das sind in etwa acht Tassen) reichen meist vier bis maximal fünf gehäufte Teelöffel Blätter vollkommen aus! Selbstverständlich sollte die Dosierung auch etwas Rücksicht auf die Wasserhärte nehmen – je härter das Wasser ist, desto mehr Teeblätter sollten Sie verwenden.

Im Handel sind Messlöffel erhältlich – meist aber völlig überflüssig. Sie haben bereits einen Messlöffel für Ihre Teeblätter im Hause – man nennt ihn „Teelöffel“, und dieser reicht vollkommen aus. Bestimmen Sie einen Löffel als ihren persönlichen Teedosierungslöffel und verwenden Sie nicht heute einen Mokka- und morgen einen Zuckerlöffel; und schon haben Sie eine einheitliche Messangabe für Ihre Zubereitung.

Schwarzer Tee

Verwenden Sie möglichst immer frisches, kaltes Wasser aus der Leitung – altes aus dem Wasserkocher bitte wegschütten. Lassen Sie für den schwarzen Tee das Wasser immer frisch aufkochen und geben sie es sofort auf die Blätter. Schwarzer Tee sollte möglichst nicht länger als drei Minuten ziehen. Bestimmte Sorten diverser Anbaugebiete können dann eine leicht anregende Wirkung entwickeln – das Koffein löst sich ebenso wie die Geschmacksstoffe. Nach den drei Minuten kommen die beruhigenden Stoffe aus den Teeblättern – die Gerbstoffe. Diese sind aber zugleich auch die Bitterstoffe, die dann rasch den feinen Geschmack überdecken.

Meist ist ein länger gezogener Tee ein bitterer Tee. In den Aufgussbeuteln findet sich eine sehr kleine Blattqualität, aus der die Gerbstoffe sogar noch schneller heraustreten können; ähnlich ist es auch bei Broken-Tees. Grundsätzlich ist schwarzer Tee trinkbereit, sobald die Blätter auf den Siebboden gesunken sind und nicht mehr an der Oberfläche schwimmen. Dennoch: Nutzen Sie einen Kurzzeitmesser. Gefühlte drei Minuten können häufig fünf oder gar acht sein – der Tee ist dann bitter und schmeckt nicht mehr.

Wenn der Tee nicht absinkt, handelt es sich um bereits ältere Blätter.

Danach sollte man die Blätter sofort von dem fertigen Getränk trennen. Hervorragend eignet sich die Zubereitung in zwei Kannen – in der einen zieht der Tee und wird anschließend durch ein Sieb in eine zweite Kanne umgeschenkt. Allerdings sind dann auch zwei Kannen zu säubern. Ideal sind daher große Glaskannen mit einem Edelstahlsieb, welches man mit den aufgequollenen Blättern aus der Kanne herausnehmen kann. Wichtig ist, dass die Blätter frei schwimmen können. Je größer das Sieb oder die Kanne, desto besser schmeckt der Tee!

Gut verwenden kann man auch die Baumwollnetze, die häufig ungerechterweise in der hintersten Ecke des Küchenschranks aufbewahrt werden, da sie nach mehrmaligem Einsatz bereits recht unansehnlich sind. Diese Netze sind aber zur Zubereitung wunderbar geeignet. Die Teeblätter können sich darin hervorragend entfalten und ihren Geschmack abgeben. Wenn Sie unterschiedliche Teesorten trinken, verwenden Sie bitte ein Netz für schwarze, eines für grüne, eines für Früchte- und Rooibostee sowie ein weiteres für Kräutertees. Verwenden Sie bitte zudem möglichst große Netze, auch wenn Sie sich nur eine Tasse zubereiten. Wenn dieses nach mehrmaligem Gebrauch unansehnlich und steif geworden ist, bitte auswechseln und ein neues kaufen; zum Glück sind sie recht günstig zu erwerben.

Die großen Papierbeutel sind zwar praktisch, aber ich stelle immer wieder fest, dass sie einerseits den Geschmack des Tees zurückhalten und andererseits dann auch noch Papiergeschmack im Getränk entwickeln. Nichts gegen diese einzuwenden ist bei Früchte-, Rooibos- sowie Kräutertees und bei aromatisierten Sorten. Beim Genuss feiner schwarzer und grüner Tees empfehle ich jedoch, auf die Papierbeutel zu verzichten.

Das Tee-Ei gehört ins nächste Museum! Bitte meiden Sie deren Verwendung und verzichten sie wenn möglich auch auf Teezangen – die Blätter können sich darin nicht gut entfalten und geben deutlich weniger Geschmack ab.

Ansonsten sind lediglich diese vier Zubereitungstipps bei schwarzem Tee zu beachten, möchte man diesen richtig zubereiten:

1. frisch kochendes Wasser
2. Dosierung übersichtlich und nicht zu hoch halten
3. Ziehzeit maximal drei Minuten
4. Teeblätter gleich danach vom Getränk trennen

Zusätze zum schwarzen Tee

Natürlich Zucker – ob Sie sich dabei für Kandis oder üblichen Haushaltszucker entscheiden, ist dabei eine Geschmacksfrage. Wenn Kandis, dann bitte möglichst weißen verwenden, denn brauner kann den Geschmack und die Tassenfarbe feiner Tees beeinträchtigen. Natürlicher Rohrohrzucker eignet sich hervorragend – ist aber deutlich süßer als Rübenzucker und sollte daher zurückhaltender dosiert werden.

Milch oder Sahne? Beides gern, sofern es zum Tee passt! In einen First-Flush-Darjeeling bitte keine Milch hineingeben, in einem Assam oder Second-Flush-Darjeeling macht sich diese aber geradezu ideal.

Zitrone passt nicht zu Assamtee – ist aber empfehlenswert für den Early Morning Ceylontee oder eventuell auch für einen First Flush.

Honig ist sicherlich sehr gesund, überdeckt geschmacklich aber bei feinen Tees das Aroma vollkommen!

Tee mit Rum ist natürlich erlaubt, wenn man nach einem schönen Spaziergang im Winter den würzigen Assamtee mit einem Schuss Rum etwas aufpeppen will – ein tolles Erlebnis. Alkoholische Zusätze eignen sich aber nicht für zarte, blumige Tees wie zum Beispiel den First-Flush-Darjeeling.

Grüner Tee

Die Zubereitung von grünem Tee unterscheidet sich maßgeblich von jener der schwarzen Sorten. Kaum ein grüner Tee verträgt kochendes Wasser, daher gilt in der Regel: frisches, kaltes Wasser aufkochen und danach ungefähr fünf Minuten offen stehen lassen, damit es wieder auf etwa 80° C erkaltet. Das Wasser sollte möglichst immer abgekocht sein. Die Dosierung der grünen Tees kann sehr zurückhaltend durchgeführt werden. Meist reichen zehn bis zwölf Blätter – also die Menge, die man zwischen Daumen und Zeigefinger fassen kann – pro Tasse vollkommen aus.

Trinkbereit ist der grüne Tee nach etwa zwei bis drei Minuten, sobald die Blätter auf den Sieb- oder Kannenboden herabgesunken sind. Guter grüner Tee zeichnet sich dadurch aus, dass er auch bei längeren Ziehzeiten nicht bitter wird. Je feiner, je qualitativ hochwertiger der grüne Tee ist, desto kälter darf das Wasser sein – zum Beispiel genügen bei einem vorzüglichen Japan Gyokuro etwa 65° C. Bitter werden hingegen Gunpowder, Chun Mee sowie einfache Sencha- und Bancha-Sorten. Beim Bancha handelt es sich meist um die Reste der zum Herbst zurückgeschnittenen Teebüsche, bei den anderen drei um Qualitäten, die hauptsächlich für Algerien, Tunesien, Marokko und Libyen hergestellt werden. Dort trinkt man die Tees mit Pfefferminzblättern und sehr viel Zucker und mag den herben, bitteren Geschmack. Die meisten Menschen in Zentraleuropa können darauf eigentlich ganz gut verzichten. Schmeckt ein grüner Tee nach Algen, Fisch oder Spinat, ist er entweder zu hoch dosiert worden oder es handelt sich um eine sehr preiswerte Sorte.

Zusätze zum grünen Tee

Möglichst keine verwenden – eventuell etwas Zucker, vielleicht ein kleiner Spritzer Zitrone. Milch eignet sich zum grünen Tee überhaupt nicht!

Weißer Tee

Auch weißer Tee verträgt kein kochendes Wasser, daher die Temperatur wie beim grünen Tee regulieren. Einen sehr gut gehäuften Teelöffel Blätter pro Tasse verwenden, sowie auf 80° C erkaltetes, abgekochtes Wasser. Weiße Tees sind nach etwa acht bis zehn Minuten trinkbereit, sobald die Blätter auf den Gefäßboden herabgesunken sind.

Teekanne und Teegeschirr

Eine Teekanne sollte vor dem erneuten Gebrauch immer mit etwas heißem Wasser ausgespült werden, so können eventuell noch vorhandene Reste des vorherigen Getränks entfernt werden und beeinträchtigen nicht den Geschmack der neu zubereiteten Sorte. Teekannen dürfen und sollen gern auch von innen gesäubert werden. Nur bei Ton- und Eisenkannen sollte man auf das innere Säubern verzichten, da sich sonst Spülmittel in den Poren festsetzen könnte – alle anderen Kannen können Sie ruhig auch innen auswaschen. Die berühmte und häufig missverständlich hoch geschätzte Patina kann sonst störend beim Wechsel der Teesorte sein.

Monokanne aus Glas

Ein Stövchen zusammen mit einer Teekanne erzeugt sicherlich eine wunderbare Atmosphäre, es ist stilvoll und schön anzusehen – für die meisten Sorten nur leider nicht sehr empfehlenswert. Tees mit einem starken Eigengeschmack, Earl Grey oder andere aromatisierte Sorten sowie Assam kann man sicherlich auf ein Stövchen zum Warmhalten stellen. Bei Tees mit einem zarten Flavour, beispielsweise einem First- oder Second-Flush-Darjeeling, feinsten Keemun-Tees, qualitativen Formosa Oolong, sowie fast allen grünen Tees und aromatischen, hell abgießenden Ceylons sollte man besser darauf verzichten. Die Kerze im Stövchen erhitzt den Tee wieder – nochmals erwärmter Tee verliert sein Aroma völlig, häufig flockt er sogar aus und die Gefahr besteht, dass man sich die Lippen verbrennt, weil man so heißen Tee nicht mehr erwartet. Wichtig zu wissen ist also: Die Kerze im Stövchen kann den Tee kurzfristig warm halten – nach längerer Zeit verändern sich Geschmack und Aussehen des Tees aber erheblich.

Stövchen

Für welche Kanne Sie sich entscheiden, sollte Ihrem persönlichen Geschmack überlassen bleiben. Für Anfänger ist häufig eine kleine, preiswerte Tonkanne schon vollkommen ausreichend. Diese gibt es in unterschiedlichen Preisgruppen, meist zusammen mit kleinen Tonschälchen zum Trinken, manchmal ist auch besagtes Stövchen dabei. Die Schälchen sollten aber mindestens lasiert sein, am besten in einer hellen Farbe. Die Tonkanne von innen nur mit heißem Wasser ausspülen – bei einem porösen Material wie Ton sollten keine Spülmittel verwendet werden.

Teekanne aus Porzellan

Hervorragend ist natürlich ein Teeservice aus Porzellan. Die Kanne kann von innen gereinigt werden, was zum Beispiel notwendig ist, wenn man die Teesorte wechseln möchte. Die Tassen sind bestenfalls möglichst flach und weit geöffnet, das Porzellan fällt dabei nicht zu dick und nicht zu dünn aus. Wenn die Tassen zu dünn sind, verbrennt man sich leicht die Lippen beim Trinken, aus zu dicken Tassen schmeckt der Tee einfach nicht. Eine weit geöffnete Trinkschale hat den Vorteil, dass der Tee schneller erkaltet; zu eng und sie lässt den eingeschenkten Tee immer dunkel erscheinen, womit viele ein eher kräftigeres Getränk assoziieren.

Teekannen aus Steingut finden seltener Verwendung, da sie sehr schwer und die Tassen meist recht dickwandig sind.

Teekanne aus Silber

Teekannen aus Edelstahl oder gar Silber geben optisch zwar sehr viel her, allerdings werden gerade Silberkannen kaum noch eingesetzt, da das Material immer unter Einsatz eines Putzmittels gesäubert werden muss – und wenn davon auch nur ein Hauch in die Kanne gerät, schmeckt das Getränk fürchterlich. Edelstahlkannen werden oft in England oder Indien gebraucht, finden sich aber gelegentlich auch im deutschsprachigen Raum.

Gusseisenkanne

Wunderbar sind die sehr schweren Gusseisenkannen aus Japan, für die nicht selten sehr hohe Preise bezahlt werden. Die Kanne selbst sollte man von innen nicht reinigen. Die Kanne hält das Getränk sehr lange warm – das ist der große Vorteil. Nachteil der Sache: Sollte Ihnen das gusseiserne Produkt aber einmal auf die Fliesen der Küche fallen, sind diese mit sehr großer Sicherheit kaputt.

Kyusu

Die japanischen Teekannen mit Seitengriff, Kyusu genannt, sind für den europäischen Gebrauch ungewohnt, jedoch verwenden viele Grüntee-Enthusiasten diese zur Zubereitung japanischer Tees. Manche Kannen sind im Inneren bereits mit einem integrierten Sieb ausgestattet.

Ideal sind zum Beispiel die Glasteekannen der Marken Bodum, WMF, IKEA oder Mono. Ein großes Edelstahlsieb für schwarzen und grünen Tee ist integriert, sie glänzt durch klare Optik, ist schnell in der Spülmaschine zu säubern und zusätzlich halten diese Marken den Tee sehr lange warm – auch ohne Stövchen. Man erkennt klar, wie viel Tee sich noch in der Kanne befindet, sieht die Farbe des Tees und kann diesen schnell und unproblematisch zubereiten.

Teekannen mit einem Plastiksieb oder -netz sollten möglichst nur bei Zubereitung von aromatisierten Tees, Früchte-, Kräuter- oder Rooibostee eingesetzt werden. Die Siebe können auch bei längerem Gebrauch Geschmack abgeben. Preisvergleiche sind angebracht, da diese Glaskannen zu unterschiedlichsten Angeboten zu erwerben sind. Sehr gut sind jene mit einer großen Einfüllöffnung und einem ebenfalls großen Sieb, in dem die Teeblätter sich gut entfalten können.

Glaskanne von IKEA

Tee im Samowar

Der traditionelle Samowar besteht aus einem Hauptgefäß, in dem das Wasser erwärmt und vorrätig gehalten wird, sowie aus einem kleinen Kännchen mit dem Teesud. Dieses Kännchen steht auf dem Samowar und wird durch die Hitze des Wasserspeichers warm gehalten.

Für die Zubereitung sind folgende Details wichtig: Für den Samowar möglichst nur Assams oder Lowgrown-Ceylon-Tees verwenden. Assam-Tees gibt es in fast jedem guten Teegeschäft, Lowgrown Ceylon häufig auch beim türkischen Lebensmittelhändler. Diese sind meist markiert oder gar ausgezeichnet mit „OPA“ (Orange Pekoe A) – einfach zu merken.

Ausreichend Teeblätter in das kleine Kännchen füllen und mit frisch kochendem Wasser bedecken. Danach sofort das bereits rötlich-braun gefärbte Teewasser wegschütten – die Teeblätter sind mittlerweile leicht aufgequollen.

Sobald das Teewasser vollständig aus dem Kännchen abgelaufen ist, dieses mit frisch kochendem Wasser vollständig auffüllen, die Teeblätter verbleiben dabei im Gefäß.

Durch das erste Abgießen entfernt man die Bitterstoffe aus den Blättern, die nun nicht mehr bitter werden und somit problemlos im Teesud verbleiben können. Aus dem kleinen Kännchen circa ein Viertel bis ein Drittel Teesud in ein Glas füllen und mit heißem Wasser aus dem Behälter auffüllen.

Als Zusätze eignen sich Würfelzucker, gern auch einige Tropfen Milch oder Sahne und als Besonderheit auch einmal ein frisches Pfefferminzblatt. Leichte, blumige Tees wie Darjeeling oder gar grüne Tees eignen sich für den Samowar kaum, am besten also schwarze, kräftigere Sorten verwenden.

Tee in der Thermoskanne

Kräuter-, Früchte- und Rooibostee stellen bei der Zubereitung in der Thermoskanne kaum ein Problem dar, schwarze und grüne Sorten hingegen eignen sich weniger dafür. Sie fangen schnell zu oxidieren an; dies verändert die Teefarbe und anschließend auch den Geschmack. Bei schwarzen Tees kann man es mit leichten Ceylon Dimbula oder guten First-Flush-Darjeelingqualitäten versuchen. Ideal ist es zwar nicht, aber diese Sorten halten Farbe und Geschmack deutlich länger als andere.

Für grüne und weiße Tees gibt es eine hervorragende Alternative: Kochen Sie morgens das Wasser auf und füllen Sie es in die Thermoskanne. Nehmen Sie Tasse und Teeblätter mit. Sobald Sie Lust auf eine Tasse Tee bekommen, legen Sie einige Blätter in ihre Trinkschale und gießen Sie das heiße Wasser aus der Thermoskanne darauf. Trinkbereit ist der Tee, sobald die Blätter auf den Boden des Gefäßes gesunken sind. So können Sie sich den gesamten Tag über eine frische Tasse grünen oder weißen Tee zubereiten.

Wasserqualität

Gegen die Wasserqualität kann man im Grunde wenig unternehmen, da diese ortsabhängig ist und andere Alternativen selten vorhanden sind. Deshalb empfiehlt es sich, die Teesorten auf das Wasser abzustimmen, nicht umgekehrt. Aber keine Sorge: Es gibt für jedes Wasser den richtigen Tee! Daher macht es wenig Sinn, nun im Urlaubsort, zum Beispiel an der Nordsee oder in Ostfriesland, größere Vorräte an Tee einzukaufen und diese mit zurück in die Heimat zu nehmen. Der Geschmack ist daheim meist ein ganz anderer als im Ausland, und selten ein guter.

Ob das regionale Wasser hart oder weich ist, erfragt man entweder beim lokalen Wasserwerk, der Gemeinde, dem Bezirksamt oder findet es im Selbsttest heraus – viele Wasserhärten unterschiedlichster Regionen finden Sie auch in diesem Buch in der folgenden Liste angeführt. Brühen Sie ihren Tee in einem stillen Wasser ohne besondere Inhaltsstoffe auf – ideal sind unter anderem Volvic, Bismarckquelle oder Voss. Wenig tauglich für diesen Test wären im Gegensatz dazu Selters, Gerolsteiner oder Apollinaris. Probieren Sie doch einmal unterschiedliche Soten durch; schmeckt der Tee einmal deutlich anders, liegt es am Wasser.

Eine Alternative sind Wasserfilter wie jene von der Firma Brita, die hervorragendes Wasser für den Tee erzeugen, allerdings genau nach Vorschrift benutzt werden sollten. Empfehlenswert ist auch der Einkauf sogenannter Selfdrinker-Tees, die in jedem Wasser ihren Charakter zeigen. Dazu gehören auf alle Fälle qualitativ gute Assams, Top Superior Fancy Formosa Oolong, schwarze Tees aus Yunnan oder auch der aromatisierte Earl Grey. Bei grünen Tees wäre unter anderem der Ding Gu Da Fang aus China eine Sorte, die immer gelingt.

Schlieren in der Teetasse

Für Schlieren im Tee gibt es mehrere Gründe, Hauptursache ist allerdings zu hartes, kalkhaltiges Wasser. Je höher der Kalkgehalt des Wassers, desto intensiver und schneller bildet sich ein schwarzer Rand an der Tasse. Dann ist der Einsatz von Wasserenthärtern durchaus empfehlenswert. Sollte der schwarze Rand nicht allzu stark ausgeprägt sein, reicht es meist, ein Stück Marmorbruch in den Wasserkessel zu legen; dies neutralisiert den Kalk.

Nicht verwechselt werden sollten diese kalkbedingten Verunreinigungen mit den Schlieren ätherischer Öle, die man häufig an einer in unterschiedlichen Tönen schimmernden Schicht auf der Teeoberfläche erkennt. Besonders gut zu beobachten ist dies bei qualitativ hochwertigen Assam-Tees, bei feinen Second-Flush-Darjeelings sowie bei Uva-Ceylon-Tees. Die ätherischen Öle gelten nämlich als Qualitätsmerkmal und deuten auf hochwertigere Sorten hin.

Wasserhärten

Unter der Wasserhärte versteht man die Konzentration von Kalzium- und Magnesium-Ionen im Wasser. Dies wird in „Grad deutscher Härte" (°dH) angegeben. Unter 8,4°dH spricht man von weichem Wasser, zwischen 8,4°dH und 14°dH von einem mittleren Härtegrad, bei über 14°dH gilt das Wasser als hart. Der Teegeschmack gestaltet sich im weichen Wasser durchweg besser als im harten. Hartes Wasser bedeutet häufig, dass es kalkhaltig ist, und Kalk lässt die zarten und feinen Geschmacksnuancen eines Tees sich kaum entwickeln. Hier sollten am besten Wasserfilter verwendet werden.

Wasserhärten in Deutschland, Österreich und der Schweiz

Die Wasserhärte für die eigene Region beziehungsweise Stadt sollte am besten bei den Gemeindeämtern erfragt werden. Auskunft über den Härtegrad des regionalen Wassers kann auch das zuständige Wasserwerk geben. In Österreich und Deutschland wird die Wasserhärte in °dH (Grad deutscher Härte) gemessen, in der Schweiz wird °fH (Grad französischer Härte) verwendet. Ein Grad französischer Härte entspricht 0,56 Grad deutscher Härte. Da Wasser ein Naturprodukt ist, sind die Angaben zur Wasserhärte einer Region stets natürlichen Schwankungen unterworfen und sollten immer nur als Richtwert betrachtet werden.

Wasserhärten in Berlin

In Berlin schwankt die Wasserhärte zwischen 14°dH und 22°dH und gilt daher als mittelhart bis hart. Das Wasser wird aus insgesamt neun Wasserwerken bezogen. Die Grade der Wasserhärte für die in der Tabelle exemplarisch angeführten Stadtteile sind den durchschnittlichen Analysedaten dem für den jeweiligen Stadtteil zuständigen Wasserwerk entnommen. Genauere Informationen zur Wasserhärte der jeweiligen Bezirke können online mit Eingabe der Postleitzahl oder telefonisch über die Website der Berliner Wasserbetriebe eingeholt werden.

Wasserhärten in Wien

Das Wiener Trinkwasser weist in fast allen 23 Bezirken eine Härte von ungefähr 8 bis 14°dH auf. Man spricht hierbei von einem weichen bis mittleren Härtegrad. Aufgrund der Einspeisung von Grundwasser kann in den Bezirken 2, 3, 11, 20, 21 und 22 die Wasserhärte auf bis zu 16°dH ansteigen. Für nähere Informationen zu den einzelnen Bezirken empfiehlt sich der Tonbanddienst beziehungsweise die Homepage der Magistratsabteilung 31, Wiener Wasser.

Grundsätzlich wird Wien zu hundert Prozent mit Quellwasser aus der ersten (Gebiet um Rax und Schneeberg) sowie zweiten Hochquellenleitung (Hochschwab) gespeist. Nur in Fällen von extremem Wasserverbrauch oder während der Wartungsarbeiten in den Hochquellenleitungen wird Grundwasser aus den Wasserwerken Brunnenfeld Lobau und Moosbrunn hinzugeleitet.

Wasserhärten in Bern

In Bern liegt die Wasserhärte bei durchschnittlich 20–30°fH (dies entspricht einem deutschen Härtegrad von 11–17°dH). Beim Schweizer Quellwasser spricht man dabei von mittelhartem bis ziemlich hartem Wasser – die Schweiz kennt dabei im Unterschied zu Österreich und Deutschland sechs Härtestufen. Die Härteangaben sind dabei Extremwerte, die stets einer natürlichen Schwankung unterworfen sind. Gespeist wird Bern durch das Quellwasser aus dem Aaretal sowie aus dem Emmental. Die in der Tabelle angeführten Werte sind Durchschnittswerte aus dem Kanton Bern. Genauere Informationen findet man auf der Website von Energie Wasser Bern.

Info!

Die in der folgenden Tabelle angeführten Härtegrade sind Richtwerte und gelten für die jeweiligen Regionen für das Jahr 2016. Für mehr Informationen zu der Wasserhärte in Ihrer Region fragen Sie am besten direkt bei Ihrem Gemeindeamt oder den regionalen Wasserwerken nach!

Wasserhärten in Deutschland, Österreich und der Schweiz

Deutschland

Hessen

Hohenroda	36
Münzenberg	31
Frankfurt	27
Birkenau	27
Rüsselsheim	24
Darmstadt	18
Offenbach/Main	13
Hofheim Ts.	20
Idstein	19
Kronberg	4
Federheim	4
Königstein	5

Niedersachsen

Wolfsburg	8
Königslutter	35
Bad Essen	28
Hameln	23
Georgsmarienhütte	23
Oldenburg	10
Göttingen	7
Emden	12
Stade	13
Neu Wulmstorf	14
Baltrum	5
Bad Zwischenahn	6
Aurich	5

Schleswig-Holstein

Grömitz	20
Kiel	20
Eutin	19
Lübeck	19
Schwentinental	18
Trittau	14
Malente	17

Mecklenburg-Vorpommern

Lussow/Stralsund	35
Rostock	16
Schwerin	17
Neubrandenburg	17
Güstrow	22

Nordrhein-Westfahlen

Köln	20
Essen	7
Dortmund	7
Düsseldorf	14
Bonn	6
Oberhausen	10
Duisburg	15
Mönchengladbach	14
Wuppertal-Elberfeld	8

Rheinland-Pfalz

Mainz	20
Kaiserslautern	4
Trier	6
Neuwied	13
Bingen	24

Saarland

Saarbrücke	8
Homburg/Saar	7
Saarlouis	10
St. Ingbert	4
Neunkirchen	6

Baden-Württemberg

Stuttgart	11
Mannheim	18
Freiburg i. Br.	9
Ulm	14
Karlsruhe	18
Heidelberg	18
Ludwigshafen	10

Bayern

Nürnberg	14
Würzburg	41
München	16
Regensburg	17
Ingolstadt	20
Passau	12
Landsberg	21

Thüringen

Erfurt	18
Jena	18
Mühlhausen	30
Ilmenau	7

Sachsen

Dresden	8
Leipzig	17
Chemnitz	4
Plauen	9
Bautzen	7
Zwickau	4

Sachsen-Anhalt

Magdeburg	14
Halle/Saale	8
Halberstadt	13
Naumburg/Saale	23
Merseburg	9
Lutherstadt Wittenberg	7

Brandenburg

Cottbus	14
Falkensee	18
Brandenburg	11
Frankfurt/Oder	16
Potsdam	15
Bernau	15

Stand 2016

Hamburg

Eppendorf	14
Altona	7
Brahmfeld	51
Ottensen	7
Stellingen	16
Wohldorf-Ohlstedt	13

Bremen

Bremen Stadt	5
Bremerhaven	7
Bremen – Horn-Lehe	9
Bremen-Mahndorf	8

Berlin

Spandau	16
Tempelhof	16
Prenzlauer Berg	19
Pankow	17
Steglitz	18
Neukölln	16

Österreich

Wien 8

Steiermark

Ilz	18
Gaishorn am See	15

Tirol

Kramsach	14
Breitenbach	10
Mariastein	9
Innsbruck	3
Oberperfuss	1

Vorarlberg

Lustenau	17

Kärnten

Klagenfurt	20
Reißeck	2

Oberösterreich

Linz	20
Taufkirchen	11
Kirchdorf	13
St. Florian	16

Niederösterreich

Stockerau	27
Bad Pirawarth	26
Rastenfeld	6
Ernsthofen	10

Burgenland

Eisenstadt	8

Salzburg

Göring	23
St. Georgen	23
Salzburg	10

Schweiz

Kanton Glarus 8

Kanton Bern

Interlaken	10
Thun	12
Köniz-Liebefeld	24
Spiez	12
Wimmis	13

Kanton Basel-Landschaft

Eptingen	31
Füllinsdorf	16
Langenbruck	11
Duggingen	15
Burg im Leimental	16
Frenkendorf	27
Bretzwil	21
Ramlingsburg	31

Kanton Aargau

Biberstein	16
Schinznach	31
Oeschgen	30
Stein	26
Zeihen	22
Oberflachs	22
Würenlos	21
Othmarsingen	21
Hunzenschwil	21
Seon	19

div. Kantone

Basel	15
Benken	21
Sissach	21
Lupsingen	15
Aesch	15
Erstfeld	3
Melchtal	8
Münchwilen	25
Pratteln	19
Jaunpass	9
Innenthal	10
Ebnat-Kappel	12
Wattwil	15
Oberembrach	22
St. Gallen	9
Zollikon	11
Küsnacht	11
Zug	14
Cham	14
Melchtal	8
Yvonand	17
Frauenfeld	14
St. Margarethen	9
Neunkirch	8
Thal	9
Rorschacherberg	13
Waldkirch	20
Salenstein	17
Wagenhausen	4
Basadingen	21
Morges	18
Lausanne	8
Gland	11
Genf	16
Winterthur	19
Zürich Stadt	16

Stand 2016

Tee und Gesundheit

Tee hat sich erst im Laufe der Zeit zu einem Genussmittel entwickelt, ursprünglich war er in China vor allem als Heilmittel gebräuchlich. So wundert es nicht, dass dem Tee bis heute diverse heilende Wirkungen nachgesagt werden. Diese können, müssen jedoch nicht eintreten und sind stark von der Konstitution des Teetrinkers abhängig. Auch nutzt es natürlich wenig, wenn der Tee im Schrank verstaubt – erst ab einem regelmäßigen Konsum können gesundheitsfördernde Wirkungen eintreten. Am besten trinkt man dazu möglichst frischen grünen Tee, wenn möglich aus der Frühlings- oder Frühsommerernte.

Koffein

Die beiden wichtigsten Inhaltsstoffe im Tee sind Theanin und Koffein. Das im Tee enthaltene Koffein wird gerne auch als Tein bezeichnet, dabei handelt es sich allerdings um dieselbe Substanz. Je nach Herkunft, Verarbeitung und Erntezeit enthält Tee dabei etwa drei bis vier Prozent des beliebten Muntermachers. Koffein kommt im Tee jedoch nicht in freier Form vor, sondern ist an Aminosäuren gebunden, wie beispielsweise dem Theanin. Dadurch wird eine andere Aufnahme durch den Körper bewirkt als beim Kaffee – und somit auch eine andere Wirkungsweise. Denn obwohl es sich um den gleichen Stoff handelt, den man auch im Kaffee findet, reagiert der Körper auf das Koffein im Tee viel entspannter.

Beim Kaffee gelangt das Koffein über die Blutbahn zur Nebennierenrinde, wo, angeregt durch das Koffein, Adrenalin freigesetzt wird. Die relativ kurzfristige Wirkungsweise des Adrenalins dürfte allgemein bekannt sein: Die Energie des Kaffees lässt schnell nach und kostet den Körper wertvolle Energie, was zur Folge hat, dass man im Nachhinein müder und erschöpfter ist als zuvor. Das Koffein in seiner Form als Tein ist an ein anderes Kolloid (= nichtlöslicher Eiweißstoff) gebunden und setzt an Sympatikus und Parasympatikus, den beiden Hauptnervensträngen des vegetativen Nervensystems, an. Diese verlaufen vom Gehirn zum Brustbein, wo sie sich in einem Nervengeflecht verzweigen. Die Nerven werden durch das Tein angeregt – und erst jetzt, nach dem Erregungsgrad dieser Nerven, wird vom Körper das notwendige Adrenalin bei der Nebenniere angefordert. Die Folge: Es entsteht kein Stresszustand wie beim Kaffee, die Körperchemie bleibt im Gleichgewicht.

Tannine

Die im Tee vorkommenden Gerbstoffe, auch Tannine genannt, haben eine ähnlich blutverdünnende Wirkung wie Acetylsalicylsäure, gemeinhin unter dem Markennamen Aspirin bekannt. Frischer grüner Tee enthält, je nach Alter des Blattes, zwischen 20 und 30 Prozent an Tanninen – fermentierter, also schwarzer Tee allerdings nur noch acht bis zwölf Prozent. Gerbstoffe verhindern die Cholesterinablagerungen an den Gefäßwänden und senken so das Herzinfarktrisiko. Zu den vor allem im grünen Tee vorkommenden pflanzlichen Tanninen zählen auch die Catechine, deren hoher Gehalt die Entstehung von Karies hemmt, wie eine Studie der Abteilung für klinische Pathologie und Mikrobiologie an der Fakultät für Zahnmedizin der Nihon-Universität in Matsudo ergab. Zudem wirken Tannine beruhigend und gemeinsam mit dem enthaltenen Theophyllin stopfend. Theophyllin entwässert jedoch, weshalb unbedingt zum normalen Teekonsum auch ausreichend Wasser getrunken werden sollte.

Catechine zählen zu einer interessanten Wirkstoffgruppe – zu den Polyphenolen und weiters zu den sekundären Pflanzenstoffen, zu denen auch das Epigallocatechingallat (EGCG) gehört. EGCG hält Schadstoffe vom Körper fern, wirkt antiviral und antibakteriell, beugt Herz- und Kreislauferkrankungen (wie umfangreiche Versuchsreihen der Universitry of Missouri – Kansas City ergaben) und Krebs vor. Von allen Polyphenolen hat EGCG die höchste krebshemmende und antioxidative Wirkung. EGCG schützt 100-mal besser vor freien Radikalen als Vitamin C und 25-mal stärker als Vitamin E und verringert so typische Anzeichen des körperlichen Alterungsprozesses. Die enthaltenen Catechine schützen den Körper zudem vor Entzündungen und Infektionen und stärken zusätzlich die Immunabwehr.

Grüner Tee besitzt durchschnittlich 97 bis 197 Milligramm Polyphenole per 100 Mililiter, schwarzer Tee zwischen 55 und 177 Milligramm. Eine am Institut für Ernährungswissenschaften in Wien erstellte Diplomarbeit bescheinigt, dass auch in Rotweinen ein hoher Anteil an Polyphenolen vorhanden ist, dieser aber deutlich von den Mengen im grünen Tee übertroffen wird. Oder einfacher zusammengefasst: Wer eine Extraportion Polyphenole genießen will, trinkt lieber mit grünem Tee einen über den Durst und behält somit auch einen klaren Kopf!

Vitamine

Grüner Tee enthält eben soviel Vitamin C wie Zitronen, außerdem wasserlösliche B-Vitamine, die schnell in den Aufguss übergehen. Fünf Tassen grüner Tee decken etwa fünf bis zehn Prozent des täglichen Bedarfs an Vitamin B_2, B3, B5 und B9, ferner etwa fünf Prozent des Tagesbedarfs an Magnesium, 25 Prozent an Kalium und 45 Prozent des Bedarfs an Mangan. Grüner Tee enthält viele Fluoride – eine Tasse versorgt den Körper mit ungefähr 0,1 Milligramm. Fluorid hemmt, zusätzlich zu den Catechinen, die Entstehung von Karies.

Theanin

Beim Genuss einer Tasse qualitativ hochwertigen grünen Tees verspürt man einen ausgeglichenen und entspannten Gemütszustand. Doch welche Umstände führen zu dieser Wirkung? Unter den enthaltenen Aminosäuren ist Theanin besonders reichlich vorhanden, es ähnelt in seiner Struktur dem Glutamin und der Glutaminsäure, beide als Neurotransmitter bekannt. Man geht davon aus, dass auch Theanin physiologische Funktionen im Gehirn ausführt. Entsprechend neuester Untersuchungen wird das Theanin über die Darmwände aufgenommen und gelangt so ins Gehirn. Es regt dort eine gesteigerte Ausschüttung von Dopamin an, welches bei der Funktion der Neurotransmitter eine bedeutende Rolle spielt. Dopamin ist im Volksmund als „Glückshormon“ bekannt und wirkt leistungssteigernd und motivierend. Zudem verringert Theanin nachweislich das Risiko einer Bluthochdruckerkrankung.

Wichtige Wirkstoffe im grünen Tee

Mineralstoffe	Wirkung
Kalzium	für starke Knochen und Zähne
Eisen	für die Sauerstoffversorgung der Zellen
Fluorid	für gesunde Zähne und Knochenaufbau
Kalium	für ausgeglichenen Zellstoffwechsel
Magnesium	für die Knochenstruktur und den Zellstoffwechsel
Natrium	für den Zellstoffwechsel
Phosphor	für den Knochenaufbau und den Energiestoffwechsel
Zink	für die Immunabwehr und das Wachstum
Vitamine A, B, B2, B 12, C, E	

In drei Gramm grünem Tee sind folgende Vitamine und Spurenelemente enthalten:

Vitamin	Menge im grünen Tee	Tagesbedarf
Vitamin A	im Tausendstel-Milligramm-Bereich	15 mg
Vitamin B1	0,12–0,21 mg	1,4 mg
Vitamin B2	0,0054–0,0231 mg	1–1,8 mg
Vitamin C	7–15 mg	30 mg
Vitamin E	0,72–2,4 mg	15–30 mg
Vitamin K	im Spurenbereich	0,05 mg
Eisen	0,312–1,14 mg	10–18 mg
Fluor	0,121–0,258 mg	1 mg
Kalium	28,8–84 mg	3–4 g
Kalzium	8,1–22,2 mg	bis 1,2 g
Natrium	0,09–0,33 mg	2–3 g
Zink	im Spurenbereich	15 mg

Mögliche gesundheitliche Wirkungen von grünem Tee

Allergien

Das im grünen Tee enthaltene Spurenelement Mangan wirkt allergischen Reaktionen entgegen, indem es die Ausschüttung von Histamin kontrolliert.

Angina

Mehrere entzündungshemmende Wirkstoffe, zusammen mit der wohltuenden Hitze, lindern Halsentzündungen.

Arteriosklerose

Grüner Tee, regelmäßig getrunken, beugt der Arterienverkalkung vor und wirkt heilungsfördernd. Grünteetrinker zeigen in der Regel glattere und besser funktionierende Blutgefäße als Nicht-Grünteetrinker. Zwar ist noch nicht abschließend geklärt, wie grüner Tee ins arteriosklerotische Geschehen eingreift, aber die Blutgefäße werden bewiesenermaßen ebenso elastisch und leistungsfähig gehalten wie zum Beispiel durch Knoblauch.

Blähungen

Bei Blähungen sowie Krämpfen im Unterleib (auch bei Menstruationsbeschwerden) hilft eine Mischung aus grünem Tee und Fenchelsamen.

Bluthochdruck

Die im grünen Tee enthaltenen Catechine verhindern die Produktion des Enzyms Angiotensin, welches mit seiner blutgefäßverengenden Wirkung Bluthochdruck erzeugen kann.

Blutgefäßschwäche

Enzyme im grünen Tee senken den Cholesterinspiegel und den Blutdruck, besonders wenn man anstelle von Kaffee morgens und nachmittags viel grünen Tee trinkt.

Cholesterin

Grüner Tee begünstigt und beschleunigt die Umwandlung von Cholesterol und beugt so Herzkrankheiten und Hirnschlag vor.

Depression
Die in den Teeblättern enthaltenen Alkaloide wirken stimmungsaufhellend.

Diabetes
Die enthaltenen Catechine und Polysaccharide senken den Blutzuckerspiegel und wirken vorbeugend, in leichten Fällen sogar heilend.

Darmerkrankungen
Grüner Tee regt die Verdauung an und kann Darmprobleme beseitigen.

Durchfall
Grüner Tee hilft bei entzündlichen Erkrankungen des Darms durch seinen hohen Gehalt an entzündungshemmenden und antibiotisch wirkenden Stoffen. Der Wirkstoff EGCG tötet Bakterien ab, Zink und Vitamin C stärken die Immunabwehr, Gerbstoffe unterstützen den Heilungsvorgang.
Empfehlung: den ersten Aufguss wegschütten, nur den zweiten und dritten trinken!

Erkältung
Grüner Tee hilft sowohl vorbeugend als auch lindernd. Bei Halsschmerzen hilft eine Tasse grüner Tee mit Zitronensaft und etwas Honig – kann auch Kindern gegeben werden!

Fußpilz
Grüntee macht die Fußhaut widerstandsfähiger und bekämpft den Pilz. Für ein unterstützendes tägliches Fußbad geben Sie vier Esslöffel Teeblätter und zwei Esslöffel Salbei in die Fußwanne.

Gallen- und Nierensteine
Durch harntreibende Substanzen beugt grüner Tee Ablagerungen vor.

Gastritis
Tipp: Einen Esslöffel grünen Tee und einen Esslöffel getrockneten Ingwer im Mörser zu Pulver verarbeiten und mit etwas warmem Wasser zwei- bis dreimal täglich trinken! Lindert Magenschleimhautentzündungen.

Hautprobleme
Durch seine entgiftenden und harntreibenden Inhaltsstoffe sowie durch seine Wirkung als Antioxidans bekämpft grüner Tee viele Arten von Hautproblemen, indem er die zur Hautalterung beitragenden freien Radikale fängt und damit die

Haut fester und straffer macht. Mittlerweile gibt es viele Hautpflegeprodukte, die einen umfangreichen Zusatz an grünem Tee besitzen.

Hepatitis

Grüner Tee unterstützt die Heilung von Leberkrankheiten und beugt Infektionen vor.

Herz und Kreislauf

Grüner Tee wirkt in jedem Falle vorbeugend, in manchen Fällen soagr auch heilend auf Herz-Kreislauf-Erkrankungen. Grünteetrinker erkranken seltener am Herzen und sterben seltener an einem Herzinfarkt. Ausgangspunkt für diesen Effekt ist in erster Linie das Catechin EGCG (Epigallocatechingallat). Daneben spielen aber auch die enthaltenen Flavonole und das Vitamin C eine Rolle.

Krebs

Die Substanz EGCG im grünen Tee ist zur Zeit die günstigste und effizienteste Möglichkeit der Krebsvorbeugung. Sogar bereits vorhandene Tumore können an der Metastasenbildung gehindert werden.

Mundgeruch

Grüner Tee bekämpft wirksam Mundgeruch, indem er die Verdauung verbessert, den Säuregrad im Magen verringert und die Bildung von Zahnbelag hemmt.

Mangelerscheinungen

Grüner Tee enthält eine Vielzahl lebenswichtiger Vitamine, Mineralien und Spurenelemente sowie Aminosäuren.

Rheuma

Grüner Tee heilt durch seine entzündungshemmenden und antibiotischen Stoffe viele entzündliche Erkrankungen. Zink und Vitamin C stärken die Immunabwehr.

Zähne

Die Catechine greifen in den Stoffwechsel der Kariesbakterien ein und lassen diese praktisch verhungern. Fluor macht die Zähne widerstandsfähiger.

Zinkmangel

Das Spurenelement Zink regt unter Anderem die Thymusdrüse an, die für die Immunabwehr wichtig ist.

Bio-Tees

Kontrolliert biologischer Tee-Anbau in Nordvietnam

Eigentlich war die Welt des Tees bis Mitte der Achtzigerjahre völlig in Ordnung. Sicherlich gab es Berichte über starkes Düngen, über Pestizide und Insektizide, meist wurden sie aber ignoriert, denn die Teeblätter wurden schließlich nicht gegessen, sondern lediglich für einen Aufguss verwendet. Und dieser Aufguss wurde bis zu diesem Zeitpunkt auch immer mit frisch kochendem Wasser durchgeführt – egal, ob es sich um grünen oder schwarzen Tee handelte –, und kochendes Wasser sterilisiert ja bekannterweise …

Sri Lanka hatte noch nicht einmal genug Geld für Dünge- oder Spritzmittel, ähnlich sah es in Indonesien aus. Von China wusste man damals zu wenig und Afrika gewann mit natürlichen Teesorten nur sehr langsam an Bedeutung. In Indien und Bangladesch betrachtete man die Angelegenheit mit den Düngemitteln dagegen völlig anders, da der Eigenkonsum erheblich war – und diesen galt es zu befriedigen, weshalb nahezu unbegrenzt mit Kunstdünger und Spritzmittel hantiert wurde. In Südindien, also in Nilgiri, Anaimalai und Mudi, wurden hauptsächlich Tees für den Eigenbedarf, aber auch für den damals unersättlichen russischen Konsum angebaut. Die UdSSR bezahlte damals jeden Preis für Tee, wie auch für Gewürze. Dies war durch ungeheure Mengen an Waffenlieferungen möglich, die zu jener Zeit in den Süden Indiens exportiert wurden. Damit besaß Russland viel Geld in der Landeswährung, das für die wenigen lokalen Produkte zur Bezahlung eingesetzt werden konnte. Die südindischen Tees waren in den Sechziger- und Siebzigerjahren auch bei uns sehr gefragt und fanden einen zusätzlichen Markt in England und Amerika. Doch mit dem lokalen Verbrauch und den Käufern aus Russland verabschiedete sich dieses Gebiet zusehends von der internationalen Teebühne. Auch die Qualität, das feine Aroma, der Duft, das lackartige Flavour, die Frische, was ehemals besonders die Nilgiri-Sorten auszeichnete, war nicht mehr vorhanden. Die wunderbaren schwarzblättrigen und mit goldenen Tips durchsetzten Tees aus Mudi verschwanden bald völlig vom Markt. Im gleichen Maße wie in Assam die Ernteerträge bei nahezu unveränderter Anbaufläche stiegen, fiel die Qualität. Mehr und mehr Teegärten verabschiedeten sich von der konventionellen Produktionsmethode und wechselten zum CTC-Verfahren. Als Begründung wurden damals die gestiegenen Kosten genannt.

Mitte der Achtzigerjahre nahm ich an einer Tee-Convention in Neu-Delhi teil, zu der nicht nur indische Pflanzer eingeladen waren, auch die Teilnahme verschiedener Tea Boards aus Anbau- und Verbrauchsländern war erwünscht. In diversen Seminaren wurden Themen rund um den Teeanbau besprochen und diskutiert. Zentrales Anliegen allerdings war die mengenmäßige Erhöhung des quantitativen Ernteertrags von Tee.

Aus Assam berichtete man, dass die Ernte sich seit regelmäßiger Verwendung von Kunstdünger und dem wiederholten Einsatz von Spritzmitteln fast verdoppelt hätte. Die Anbaubedingungen sind dort hervorragend: Hohe jährliche Regenmengen, gut verteilt über alle Monate und regelmäßige Überschwemmungen durch den Brahmaputra, sowie eine durchschnittliche Temperatur von nahezu 30° C sorgten dafür, dass die Wachstumsförderer schnell an die Wurzeln der Büsche gelangten. Neidvoll blickten nicht nur die ausländischen Teilnehmer anderer Anbauländer zu diesem Gebiet, sondern natürlich auch die Pflanzer aus dem benachbarten Darjeeling.

Dort, in Darjeeling, ist die Situation dagegen eine völlig andere. Während Assam nahezu als Flachland bezeichnet werden kann, befinden sich in Darjeeling alle Teegärten an steilen Hängen des Gebirges. Regen läuft relativ schnell ab, Düngungen sind nur bedingt möglich, das Spritzen ist hingegen sehr einfach. Zudem haben die Manager der Plantagen ein großes Problem mit den meist in Neu-Delhi oder Kalkutta beheimateten Eigentümern, denn der Pro-Hektar-Ertrag in Darjeeling kommt überhaupt nicht an die durchschnittlich erreichten 1.500 Kilogramm heran (in Assam sind es sogar zwischen 4.000 und 5.000).

Aufmerksamkeit erregte ein Besitzer mehrerer Teeplantagen in Darjeeling mit seinen Vorschlägen. Er referierte über die Erfolge seiner Teegärten. Sie hätten bereits vor einigen Jahren damit begonnen, nur solche Teebüsche untereinander zu kreuzen, die schnell wachsen. Die am schnellsten gewachsenen sollten ebenso mit anderen, die auch sehr schnell wachsen, gekreuzt werden. Und so würde man weiter verfahren, bis man Büsche verfügbar hätte, die ein Vielfaches der bisherigen Ernteergebnisse einbringen würden. Über die Qualität seiner Tees berichtete er allerdings nicht. Was die Mehrzahl der Teilnehmer damals ungläubig belächelte, wurde später tatsächlich durchgeführt. Die Qualität, vor allem bei den wertvollen Second-Flush-Darjeelings, nahm von Jahr zu Jahr ab. Begleitet wurde dies auch noch von intensivem Spritzen gegen Insekten, Schädlinge und Baumkrankheiten. So wurde beispielsweise eine kleine Fliege nahezu völlig vernichtet, die zwar die zarten, noch nicht aufgegangenen Blattknopsen anbohrte und aus diesen Blattsäfte heraussog, was für quantitativ sehr geringe Einbussen sorgte; das Anbohren der Blattknospen bewirkte allerdings, dass sich durch die Sonneneinstrahlung bereits in der Knospe geringe Mengen an Zucker bildeten, die für die bisher weltweit bekannte und geschätzte wunderbare Süße der Second-Flush-Darjeelings sorgte. All das war nun nicht mehr gegeben, dafür berichtete man aus der Region über höhere Erntemengen.

Anfang der Neunzigerjahre gab es dann die ersten zertifizierten Bio-Teegärten in Darjeeling. Singell, Mullotar und Monteviot gehörten dazu. Es folgte Makaibari, das nicht nur ein normales Bio-Zertifikat erhielt, sondern darüber hinaus auch ein Demeter-Zertifikat – zum damaligen Zeitpunkt ein Novum.

Ich machte mir damals intensive Gedanken über die schwindenden Teequalitäten, besonders die der Darjeelings. Als ich von der Bio-Zertifizierung erfuhr, importierte ich als erster Teeimporteur einige dieser Tees nach Deutschland. Analysen sorgten in regelmäßigen Abständen von zwei Jahren für schlechte Schlagzeilen über Tee in der Presse, zusätzlich war ich der Ansicht, dass Bio-Tees vielleicht langsamer wachsen würden als stark gedüngte Sorten und hoffte hier auf eine mittelfristige Besserung der Qualität.

Das Problem lag aber auf ganz anderen Gebieten. In Darjeeling waren es die Teegärten selbst, die eigentlich überhaupt keine Chance auf eine weitere Existenz gehabt hätten. So lag beispielsweise Mullotar isoliert und weit entfernt von jeglichen Zentren. Eine Fabrik gab es nicht. Das tagsüber geerntete und gesammelte Blatt wurde in Säcke gestopft und abends mit dem Jeep nach Monteviot zur Verarbeitung gebracht, da dort die nächste Fabrik lag. Diese Säcke blieben bis zum nächsten Morgen liegen, erst dann wurden die Blätter aus ihnen entleert und zur weiteren Verarbeitung ausgelegt. Bis dahin waren diese so erhitzt, dass sie inzwischen zu dampften begannen. Das hatte zur Folge, dass die Inhaltsstoffe der Teeblätter bereits stark in Mitleidenschaft gezogen wurden und sich der Geschmack so nicht sortentypisch entwickeln konnte. Somit konnten nur mehr mindere Qualitäten hergestellt werden.

Monteviot ist ein sehr kleiner Teegarten, umringt von mehreren konventionell arbeitenden Fabriken. Wenn auf den Gärten rund um die Gegend Pestizide gespritzt wurden, gelangten diese automatisch auch nach Monteviot – somit waren diese Tees trotz Bio-Zertifikat häufig stark belastet. Obendrein musste Rücksicht auf das Blattgut von Mullotar genommen werden – die Fabrik war sehr klein und nicht selten konnte die eigene Ernte und Produktion erst mit einigen Tagen Verspätung durchgeführt werden, was ebenso für qualitative Einbußen sorgte.

Singell stellte ausschließlich Tees aus Chinasaatpflanzen her. Leicht, blumig, häufig aber zu leicht – besonders für hartes Wasser. Einige weitere Kapriolen, besonders in Darjeeling, gab es während der Neunzigerjahre bei der Umstellung konventioneller Betriebe auf Bio-Qualität. So stellten einige Plantagen beispielsweise bis zum 30. Juni biozertifizierte Tees her, ab dem 1. Juli aber konventionelle. Dies wechselte dann wieder zu Beginn des neuen Jahres.

Mittlerweile stellt die Mehrzahl der Teegärten in Darjeeling Tee zertifiziert und nach biologischen Gesichtspunkten her. So weit, so gut, dürfte man meinen. Es ist unbestritten, dass Bio-Tees höhere Preise als konventionelle Ware erzielen.

Ich habe das Gefühl, dass, sobald ein Teegarten umgestellt hat, auch die Qualität dahin ist. Man erzielt mehr Geld – was will man dann noch mehr? In Darjeeling beobachten wir seit vielen Jahren eine Standardisierung der Teequalitäten. Die großen Packfirmen sind an kleinen, individuellen Partien überhaupt nicht mehr interessiert. Der Aufwand, die Arbeit, das Mischen – alles ist viel zu umständlich und teuer, um die Maschinen für eine so geringe Menge laufen zu lassen. Waren bis zur Jahrtausendwende noch kleine Lots von 100 bis 200 Kilogramm gefragt, will man heute Containerquantitäten importieren. Eine Containerquantität von etwa acht bis zehn Tonnen gibt es von keinem Darjeeling-Teegarten, weder als Fannings für Aufgussbeutel, noch als Broken für vollautomatische Packungen, geschweige denn als Blatt-Tee. Resultat ist, dass sich mehr und mehr Teegärten zusammenschließen, entweder innerhalb des Konzerns oder auch gelegentlich partnerschaftlich, um zu solchen Mengen gelangen zu können.

Alle bis zum 20. Mai gewachsenen und produzierten Tees dürfen laut Tea Board of India als First Flushs vermarktet und verkauft werden, alle bis Ende Juli geernteten Teesorten als Second Flushs. Für beide Bezeichnungen gilt: Egal um welche Qualität es sich handelt, sie dürfen diese Namen tragen! Masse bringt Kasse – so einfach ist die Formel geworden. Ein First-Flush-Tee ist für mich dagegen immer noch ein Tee der „ersten Ernte“. Die Pflückrunden finden in Intervallen von zwei bis drei Wochen statt. Was während der ersten drei Wochen nach Beendigung der winterlichen Vegetationsruhe geerntet wird, ist First Flush, also die erste Pflückung. Mag sein, dass man eine kleine Überlappung von etwa ein bis zwei Wochen tolerieren darf, aber alles, was danach geerntet wird, ist kein First Flush mehr.

Große, mittlerweile bedeutende Firmen machen sich das hierzulande zu Nutzen und bringen werbewirksam Pakete auf den Markt, die groß und deutlich den Namen „First Flush Darjeeling“ etikettiert haben, deren Inhalt aber deutlich aus späteren Ernterunden, ja, teilweise sogar aus Post-Second-Flush-Tees besteht. Das Bio-Siegel segnet es noch zusätzlich ab. Schreitet diese Entwicklung weiter fort, sehe ich in naher Zukunft große Probleme für den „Champagner der Tees“. Schon heute gibt es nur mehr sehr wenige Manager auf den Gärten, die die Gegebenheiten Darjeelings gut kennen und einzuschätzen wissen. Junge, agile und schaffensfreudige Manager werden aus entfernt liegenden Gebieten angeworben und dorthin versetzt. Quantität ist die Vorgabe, nicht Qualität.

In Afrika, konkreter gesagt in Tansania, besuchte ich Teeplantagen, die schon allein von der Lage her absolut prädestiniert für Bio-Teeproduktion sind. Gelegen in Höhen von über 2.000 Metern, Alleinlage, kaum andere Landwirt-

IT PAYS

TO BUY

GOOD TEA

schaft in der Nähe, sowie kleine Felder, die durch bewachsene Flächen voneinander abgegrenzt sind. Dazwischen urtümlicher Wald mit ausreichend Grasflächen für die Herstellung von Kompost zur Düngung. Zum Schutz gegen Insekten hat man Felder und Beete mit Chrysanthemen angelegt, es bestehen keine Probleme mit Pilzen oder ähnlichen Schädlingen. Diese Gärten sind bereits seit Jahren im Besitz eines Bio-Zertifikats. Die Beschäftigten wurden in Workshops geschult, ihre eigenen kleinen Gärten zu pflegen, Mais und Gemüse auf natürliche Art anzubauen und zu ernten. Frauen und Männer fanden auf den Plantagen immer Arbeit, bis zu 2.000 Beschäftigte waren während der Haupterntezeiten angestellt. Der Ertrag lag bei etwa 500 Tonnen im Jahr, die erzielten Preise waren hervorragend, der Teegarten arbeitete mit soliden schwarzen Zahlen. Die Qualität der Tees war hervorragend, für afrikanische Verhältnisse sogar absolut top!

Ein Londoner Tea-Broker besuchte den Garten und versuchte den zuständigen Manager zu überzeugen, durch Düngen und Spritzen mehr Tee herzustellen. Dieser was absolut dagegen – das Board der Besitzerfirma hingegen stimmte mit dem Broker überein. Von heute auf morgen wurde die gesamte Produktion umgestellt, es wurden tatsächlich 700 Tonnen konventioneller Tee geerntet. Man gab sehr viel Geld für Düngemittel und Pestizide aus – der finanzielle Ertrag halbierte sich dagegen – sicherlich auch aufgrund der gesunkenen Weltmarktpreise für konventionellen Tee.

Das andere Problem lag hierzulande, in Europa. Es dauerte wohl mehrere Jahre, bis die Teegeschäfte so weit waren, Bio-Tee zu verkaufen. Vorwürfe, dass man nicht bereit sei, konventionelle Ware als schlechte und Bio-Ware als gute Tees zu führen, dass bei der konventionellen Ware noch die chemische Keule geschwungen werden würde, waren an der Tagesordnung und kamen sogar von höchsten Stellen.

Aus China war diesbezüglich wenig bekannt. Erst sehr viel später erfuhren wir, dass es dort bereits seit Anfang der Siebzigerjahre „Green Food“ als bio-nahes Produkt gab.

Bio ist gut – Qualität aber besser, und diese beiden Komponenten gehen nicht immer miteinander einher, wie häufig geglaubt wird. Wenn zwei Tees gleich oder sehr ähnlich sind, gebe ich gern der Bio-Sorte den Vorrang – auch wenn dieser teurer im Einkauf ist. Wenn allerdings die konventionelle, schadstofffreie Ware geschmacklich besser ist, entscheide ich mich für diese.

Teegeschichte und Handelswege

Ursprünglich stammt Tee aus China. Schon vor etwa 400 Jahren brachten erste Frachtensegler die zarten Blätter, erst aus Japan und später auch aus China, nach Europa. Die in den Niederlanden gegründete Ostindien-Kompanie lieferte diese nach Amsterdam, 1657 soll schließlich der erste Tee nach Deutschland gelangt sein. Auch in den gesellschaftlichen Kreisen Frankreichs wurde das zarte Getränk freudig begrüßt und regelmäßig ausgeschenkt.

England partizipierte ebenfalls an den ersten Importen, die mit der Zeit auf indonesische Teesorten ausgeweitet wurden. 1660 gelangte die Pflanze erstmals nach Amerika, wo sie in New Amsterdam – dem heutigen New York – entladen wurde. Die Engländer gründeten zwischenzeitlich ihre eigene Ostindien-Kompanie und setzten gesondert Schiffe für den Teetransport aus China in das Königreich ein, was dazu führte, dass in England nur noch selbst importierte Ware verkauft werden durfte. Zu jener Zeit war Amerika noch eine englische Kolonie. Man versuchte, den Teehandel mit den Niederlanden zu unterbinden und nur noch Importe englischer Firmen in das Land zu lassen. Die britische Krone belegte sämtliche Einfuhren ins eigene Land mit einer hohen Steuer, doch auch in Amerika wurde der Tee mit zusätzlichen Abgaben belegt, welche den Kolonialherren zugutekamen.

Während Tee sich einer stetig steigenden Beliebtheit erfreute, versuchte man wiederum, einem englischen Monopol durch Importe aus den Niederlanden und Portugal entgegenzuwirken. Die britische Ostindien-Kompanie erreichte inzwischen, dass deren Tees nicht mehr über das Heimatland umgeladen werden mussten. So konnten die Frachtensegler direkt nach Amerika fahren, womit zumindest der in England erhobene Zoll entfiel. In Amerika wurden eigene Verkaufsstrukturen unter Ausschluss der lokalen Händler geschaffen, was natürlich für Unruhen sorgte. Am 28. November 1773 erreichten drei englische Handelsschiffe (Dartmouth, Beaver und Bedford) mit großen Teeladungen den Hafen von Boston. Wütende Kolonisten boykottierten das Entladen der Teekisten, im Stadtrat kam es zu heftigen Diskussionen, an denen sogar der britische Gouverneur teilnahm. Am 16. Dezember 1773 stürmten 90 als Mohawk-Indianer verkleidete Kolonisten den Saal, doch der britische Gouverneur zeigte keinerlei Bereitschaft zum Einlenken. Daraufhin enterte die aufgebrachte Menge die Schiffe und warf 342 volle Teekisten in das Hafenbecken Bostons. Dieses

Tee-Ernte und sofortige Herstellung des Tees im früheren China

Ereignis ging unter dem Namen „Boston Tea Party" in die Geschichtsbücher ein und stellt den eigentlichen Beginn des amerikanischen Unabhängigkeitskrieges dar. Es folgten weitere Revolten in den Häfen entlang der Ostküste, bis später die Freiheitstruppen unter Washington und dem preußischen General Steuben den entscheidenden Sieg über die Engländer erringen konnten.

Die in den Niederlanden beheimatete Ostindien-Kompanie brachte im Jahre 1610 erstmals Tee in die Niederlande, von wo aus dieser schließlich nach England und über die Landroute der Mongolei mit den Karawanen nach Russland gelangte. Anfangs gab es diesen nur am Hofe des Zaren und in Moskau, erst im 19. Jahrhundert verbreitete sich das Teetrinken im gesamten Land. Die Ware dürfte wohl aus Indonesien gekommen sein, denn der Stützpunkt der asiatischen Teefirma war Batavia, das heutige Jakarta. In England führte die britische Ostindien-Kompanie das Handelsmonopol mit China bis zum Jahre 1833 an. Anfangs war Tee lediglich dem englischen Hofe vorbehalten, bis Thomas Twinings 1717 das erste Teegeschäft in London eröffnete.

Nach Deutschland – vorrangig nach Ostfriesland – gelangte Tee um 1650/1660 herum. Das englische Königshaus sorgte dafür, dass Tee in Hannover verfügbar wurde, das damals noch zur britischen Krone gehörte. Das erste Teegeschäft wurde dort von der Firma „Tee Seeger" eröffnet, das bis heute existiert. Aufgrund der britischen Handelssperre gegen die Niederlande ließen sich viele niederländische Kaufleute in Ostfriesland nieder und verstärkten damit den dortigen Import und Konsum von Tee. Langsam durften auch andere Länder wieder Handel mit China betreiben, was dazu führte, dass weitere Nationen ihre Schiffe nach Asien fahren ließen. Das Zentrum des europäischen Teehandels war damals aber nach wie vor London. Die Reise für ein Segelschiff von China nach London durch den 1866 eröffneten Sueskanal dauerte ganze 100 Tage. In Deutschland wurde der Tee – außer in Ostfriesland – vorrangig in Apotheken verkauft. Erste Anbauversuche von Tee in Europa fanden erstmals um 1920 herum in der Türkei in Rize und in Georgien nahe Batumi statt. Dazu gesellten sich kleine Plantagen auf den Azoren sowie neuerdings zwei Anbauprojekte in Großbritannien: eines in Cornwall/England und ein weiteres im schottischen Hochland.

Berühmt sind weiters die Wettrennen, die sich die Tee-Klipper von China nach England lieferten. Um das Blaue Band der Teefahrt bemühten sich bekannte Namen wie die Flying Cloud, Rainbow, Oriental, Betty Darling, Katty Shark und James Nicol Flemming. Zum besseren Transport wurde der Tee in China in eigens dafür vorgesehene Kisten verpackt. Damit die Blätter auf der langen Schiffsreise – diese dauerte rund um das Kap der Guten Hoffnung im Durchschnitt 120 Tage – gut geschützt waren, legte man die Behälter innen mit Papier aus. Die Teekistenbleche zum Verschließen des Deckels bestanden aus robustem Eisen, die Kisten selbst aus kräftigem, abgelagertem Holz, häufig von außen zusätzlich mit Blei ummantelt. Die Verschiffungsmarkierungen wurden per Hand auf feines Papier gezeichnet und anschließend von außen angebracht. Jeder bekannte Empfänger in Europa und Amerika hatte sein eigenes Zeichen: entweder kunstvoll dargestellte Tiere oder Blumen. Später gab es diese sogenannten „Tea Chest Linings“ dann auch im einfachen Druckverfahren.

Im Laufe der Zeit änderten sich nicht nur die Transportrouten und -möglichkeiten, auch die Größe sowie Ausführung der Teekisten wandelten sich. Bis Mitte der Siebzigerjahre erreichten die meisten Teepartien Hamburg und Bremen in konventionellen Seeschiffen. Diese Schiffe fuhren von Hafen zu Hafen und kehrten für gewöhnlich erst heim, wenn die Laderäume gefüllt waren, da die Reise von Kolkata nach Hamburg meist 30 Tage und die von China sogar 45 bis 60 Tage dauerte. Der Umstieg auf Containerschiffe brachte auch die Vereinheitlichung der Maße der Teekisten auf Dezimalgrößen mit sich. Grund dafür war die Tatsache, dass die Kisten so auf Paletten verladen und damit ohne Stauverlust in Containern untergebracht werden konnten. Ab diesem Zeitpunkt wurden die Teekisten aus Zedernholz hergestellt und innen mit dünner Aluminiumfolie und Seidenpapier ausgelegt. Markierungen von der Plantage wie Brutto- und Nettogewicht und Tara wurden mittels Schablonen an den Außenwänden der Kisten angebracht. Dazu kamen der Plantagenname, der Blattgrad und für die

Englischer Teaclipper auf der Heimreise von China nach London

lückenlose Rückverfolgung die sogenannte Invoicenummer, also die laufende Nummer der von der Plantage abgelieferten Teepartie des Jahres, die in jeder neuen Saison bei 1 anfängt und mitsamt der Jahreszahl vermerkt wird. Eventuelle Manipulationen konnten so ausgeschlossen werden.

Teekisten sind nur einmal einsetzbar, da diese nach der Entleerung instabil werden und sich ein Rücktransport in die Ursprungsländer zudem nicht rentieren würde. In Kolkata wurden jährlich zwischen ein und zwei Millionen Teekisten verladen. Für diese mussten umfangreiche Waldflächen in Indien, später auch in Malaysia und Indonesien abgeholzt werden. In Deutschland durften Teekisten nicht verbrannt werden, da es sich vorwiegend um Tropenhölzer handelte. Man presste diese zusammen und gab sie zur Endlagerung.

Afrika begann als erstes Land, den Tee nur noch in Papiersäcken abzufüllen und zu verladen. Anfangs waren es noch recht abenteuerliche Gebilde, die im Aussehen Damenhandtaschen ähnelten. Mittlerweile sind Form und Verpackung jedoch weitgehend standardisiert und innen mit Silberfolie beschichtetem Kraftpapier ausgelegt. Heute erreichen uns etwa 98 Prozent aller Tees entweder in Säcken oder Kartons, Teekisten gibt es kaum noch. Dennoch muss erwähnt werden, dass sich diese nach wie vor ideal für den Teetransport eignen würden: Sie können etwas Feuchtigkeit aufnehmen und auch entsprechend wieder abgeben, halten fremde Gerüche fern und schützen das empfindliche Blatt gegen jedwede äußere Einflüsse.

Arbeiter beim Entladen von Teekisten (Honam/China, ca. 1852)

Lange Zeit wurde Tee hauptsächlich auf Auktionen verkauft. Berühmte Auktionszentren waren Kolkata, Colombo, Kochi und Mombasa. Später kamen weitere Standorte vor allem in Indien hinzu. Außerhalb der Teeanbaugebiete gab es darüber hinaus Auktionen in London wie in Hamburg, die heutzutage allerdings kaum noch von Bedeutung sind. So veranstaltete beispielsweise die indonesische Handelsgesellschaft (kurz „Indoham") in Hamburg bis in die Siebzigerjahre hinein regelmäßige Versteigerungen ihrer Teesorten.

Der Verkauf der Teepartien über die Auktionen ist dabei ein recht langwieriges und umständliches Verfahren. Zunächst wird ein aktuelles, frisch aus der Partie gezogenes Muster an einen Auktionsbroker (Makler) übersandt. Dieser verkostet und evaluiert den Tee, dann legt er einen Anfangspreis für die Auktion fest. Nach dieser Evaluation wird das Muster interessierten Exporteuren zur Verfügung gestellt. Diese Exporthäuser verfügen dabei über ein weltweites Netz eigener Makler, denen sie die Muster und die Evaluationen der Broker zur Prüfung überlassen. Der Auktionsmakler verteilt die Muster dann an die unterschiedlichen Interessenten. Im Anschluss werden die frischen Auktionsmuster verkostet, mit bisherigen Käufen verglichen und preislich neu beurteilt. Bei Interesse gibt dann das Importhaus dem Auktionsbroker seine Preisvorstellung bekannt, also jenes Gebot, das dieser seinem Ablader in Übersee, dem Auktionsplatz dieses Tees, übermittelt. Meist dauert es etwa drei Wochen, bis die entsprechende Partie Tee in der Auktion zum Verkauf aufgerufen wird. Die einzelnen Tee-Exporthäuser sind während der Auktion vertreten und versuchen, den Tee möglichst günstig zu ersteigern. Entweder erhält die Firma den Zuschlag, die das höchste Gebot abgegeben hat oder man einigt sich und teilt die Partie unter den Bietern auf. Der Auktionsbroker erhält für seine Tätigkeit eine prozentual festgelegte Provision.

Auktionen haben deutlich an Bedeutung verloren, heutzutage sind sie lediglich für lokale Händler von Interesse. Die Mehrzahl der Tees wird mittlerweile direkt vom Garten aus verkauft, und nur was danach noch übrig bleibt, wird auf den Auktionen versteigert. Hat eine Exportfirma den Zuschlag für eine Partie erhalten, wird der Tee nach Berechnung der Broker-Provision freigestellt und muss innerhalb einer festgelegten Frist vom Käufer bezahlt und im Lagerhaus übernommen werden. Zunächst wird ein größeres Ausfallmuster aus dieser Partie gezogen und dem Käufer aus Übersee übermittelt. Dieser hat die Aufgabe, umgehend die Verladung zu instruieren und entsprechende Markierungs- oder Versandwünsche an den Ablader zu übertragen. Sobald Wünsche und Destination bekannt sind, bemüht man sich um entsprechenden Frachtraum zur Verladung des Tees. Der Schiffsname und weitere Details werden dem Empfänger sofort mitgeteilt.

„Boston Tea Party" (1773)

Tee im Wandel – Die alte Speicherstadt

Links: Tee-Schlösschen in der Hamburger Speicherstadt; oben: Blick auf die Speicherstadt heute

„Handel ist Wandel" – dieses Sprüchlein trifft auch bestens auf den „ehrwürdigen" Teehandel zu. Aber ist der Wandel auch immer gut für den Teetrinker, den Konsumenten? Ich könnte mich sehr kurz fassen und diese Frage mit einem abschlägigen Wort beantworten, möchte aber lieber noch einmal einige wichtige Stationen Revue passieren lassen.

Bis zum und auch kurz nach dem Zweiten Weltkrieg gab es fast ausschließlich Blatt-Tees. Diese wurden sehr sorgsam händisch hergestellt. Beim Pflücken, beim Rollen, beim Fermentieren und auch beim Sieben wurde äußerst umsichtig mit dem Blattgut umgegangen, es wurde gehegt und gepflegt. Schlechte Ware erhielt preisliche Abschläge und konnte kaum bei uns verkauft werden. Ich erinnere mich, dass eigentlich auch nur Blatt-Tees verkostet wurden, besonders aus Darjeeling, aber auch aus Assam oder Ceylon. Gut – Broken-Tees für den kräftigen Ostfriesengeschmack kamen auch mit auf den Probentisch, aber nur, nachdem die „Guten" bereits verkostet worden waren. Über Fannings, also Aufgussbeuteltees, oder gar Dusts amüsierte man sich, ja, es ging sogar so weit, dass diese gleich als „minderwertiges Zeug" in den Ascheimer befördert wurden.

Gut, zugegeben, es war die Zeit des stärksten Wandels, als das Wirtschaftswunder viele Branchen überrannte, zu Beginn der Sechzigerjahre. In alten, ehrwürdigen

Ladeluken mit Winden in der Speicherstadt

Teehandelsfirmen durften damals Frauen noch nicht einmal das Probenzimmer betreten und wenn, wurden Sie in Kittel, Häubchen, Überziehschuhe und Handschuhe gesteckt – nur, damit sie keinen Kontakt zu den „heiligen", wichtigen Teeblättern bekommen. Natürlich verkosteten die Chefs in der Reihenfolge ihres Rangs (und ihrer Geschäftsanteile) zuerst, und später, wenn diese den Raum wieder verlassen hatten, durfte der eigentliche Tea Taster sich von dem Rest in den Tassen ein Bild vom Tee machen. Lehrling und verkosten? Unmöglich und wenn, dann nur vor Betriebsbeginn oder anschließend, also nach Feierabend.

Eine wirklich interessante Zeit, besonders im Freihafen und der Speicherstadt. Diese war mit Leben gefüllt – hier dampften Lokomotiven mit Güterwagen auf den durch die Speicherstadt verlegten Gleisen, dort standen die Kutscher mit ihren Pferdegespannen vor den Luken und warteten auf die Ware. Die Lukentore waren meist geöffnet, man arbeitete dort, weil das Licht einfach besser war als in den Tiefen der meist etwa 400 Quadratmeter großen Böden. Es wurden Lederhäute geprüft und beurteilt, Teppiche aufgenommen, Kaffeesäcke verladen, Tabakballen mühselig eingelagert, Fässer mit Pilzen verstaut, Kakaosäcke übernommen oder Gewürze verstaut. Jede Ware wurde mit der langen Winde in einen der fünf oder sechs übereinanderliegenden Böden gehievt und abgesetzt. Die Winden wurden meist vom Lagermeister in schwindelerregender Höhe mittels einer Stange bedient, die er nach oben oder unten schob, je nachdem, wohin die Ware ging. Wurde er abgelenkt, ging die Hieve zu schnell in die Höhe und der eine oder andere Sack zerplatzte. Ein Fest für alle in der Nachbarschaft Arbeitenden – man stopfte sich die Hosentaschen voll mit allem, was man bekommen konnte. Unten, auf der Straße vor dem Lager, fand man wenige Minuten später nichts mehr. Ganz ungefährlich war diese Arbeit also nicht – es kam vor, dass bei Unachtsamkeit dann auch mal der Anhänger des LKWs mit hochgehievt wurde. Mehr als ein mulmiges Bauchgefühl ereilte einen, wenn man am vierten oder fünften Boden an der Luke stehen musste und eingeteilt war, die Ware mit auf den Boden zu ziehen.

Verladen von Teekisten mit der Winde

Vier oder fünf Kisten Tee, jede mindestens 50 Kilogramm schwer, hingen etwa einen Meter entfernt in der Luft und mussten auf den Boden gezogen werden – ohne, dass man angeschnallt war, also ohne Sicherung! Aber man hatte ja ein gesundes Paar Hände – eine Hand zum Festhalten, die andere für die Ware. Und wehe, die Hieve schwenkte wieder nach draußen! Auch für den unten wartenden Kutscher oder LKW-Fahrer war es ein großes Risiko – denn nicht selten kamen die Kisten ins Rutschen oder es fielen Säcke herunter; ungefährlich war damals keine dieser Arbeiten.

Die Speicherstadt eignete sich hervorragend zum Lagern unterschiedlicher Waren. Die Lager waren dabei keineswegs klimatisiert – beim Bau hatte man allerdings auf eine vernünftige Belüftung geachtet und die Speicher so konstruiert, dass die Wandstärke in der Höhe zwar geringer wurde, aber sowohl im Winter als auch im Sommer auf den Böden die Temperaturen zwischen 12° C und 16° C lagen (selten darüber oder darunter). Natürlich wurde es kälter, wenn die Luken geöffnet waren, aber Frost oder extreme Hitze gab es dort nicht. Die robusten Holzfußböden gaben dem Ganzen obendrein ein wunderbares Flair – durften aber nur mit maximal 400 Kilogramm in den unteren Geschossen, und ab dem vierten Stock sogar nur unter 300 kg belastet werden. Ideal zum Lagern und Bearbeiten von Tee! Natürlich konnte man dort keine Gabelstapler einsetzen, alle Teekisten mussten per Hand gestapelt werden – bis zu fünf Stück übereinander. Raum war teuer, also wurde er vollständig ausgenutzt und es ist in der Tat nicht ganz einfach gewesen, die vierte oder fünfte Kiste allein hochzustapeln.

Um Musterproben zu ziehen, wurden die Kisten sehr vorsichtig per Hand geöffnet. Selbstverständlich durfte man das Muster dann nicht oben aus der Kiste ziehen, sondern musste sich mit der Hand bis zur Mitte durcharbeiten. Bei besonders harten und sperrigen Teesorten konnte man sich dabei schon mal die Hand verletzen. Die ceylonesischen Teekisten waren mit Krampen verschlossen, die indischen nur mit Nägeln.

Gemischt wurde auf der Tenne, dem Mischboden. Die Kisten wurden per Hand so ausgeschüttet, dass ein großer Kegel von bis zu 1.000 Kilogramm Tee entstand. Dieser Tee wurde dann per Hand mit Schaufeln dreimal gestürzt – dann war die Mischung fertig und der Tee konnte wieder in die alten Kisten verpackt werden. Firmen, die mehrere Böden übereinander gemietet hatten, konnten mittels Öffnen einer Luke dann den Tee von einem zum anderen Boden abfließen lassen. Eine Methode, die weniger Kraft kostete, dafür aber enorme Staubmengen entwickelte. Lüftungsanlagen gab es damals nicht.

Aromatisiert wurde zu diesem Zeitpunkt kaum, sieht man einmal vom Earl Grey ab. Die Welle der aromatisierten Tees begann erst Ende der Sechziger-, Anfang der Siebzigerjahre. Die Aromen wurden einfach mit einer kleinen Handspritze in den Tee gegeben. Bessere Earl-Grey-Mischungen allerdings dauerten bis zu einer Woche. Kunstvoll wurde der Tee aus Ceylon-, Assam- und Darjeeling-Komponenten zusammengestellt, es kamen etwas grüner Tee,

Teemischen per Hand

ein Hauch Jasmin und auch etwas Rauchtee hinzu – so wie man es vorher im Probenzimmer im Kleinen bestimmt hatte. Der Teekegel wurde in Filterpapier gehüllt und das Aroma dann auf das Filterpapier gespritzt. Diese Mischung wurde morgens und abends je einmal gestürzt und auf das Filterpapier frisches Bergamotteöl gegeben. Der Clou dieser Mischung: Der Teetrinker schmeckte deutlich blumigen Darjeeling, malzigen Assam, fruchtigen Ceylon oder auch etwas vom Rauch- beziehungsweise Jasmintee – im Hintergrund immer begleitet von dem frischen Duft des Bergamotteöls! Es dauerte etwa eine Woche, bis der Tee dann den Duft des Bergamotteöls vollständig aufgenommen hatte.

Solche „Teeträume" endeten, als mehr und mehr unterschiedliche Aromen in den Tee gegeben wurden, als die Tees maschinell und automatisch aromatisiert wurden, und als es keine Besonderheit mehr war, sondern zu einem Industrieprodukt verkam.

Die maschinelle Bearbeitung nahm stetig zu, was auch einen Wandel der Qualitäten zur Folge hatte. Die Maschinen können keine Blatt-Tees abpacken, da die großen Blätter zu sperrig sind und jede automatische Waage sofort verstopfen würden. Also sah man sich mehr und mehr nach Broken-Tees um. Broken-Tees, die durch intensiveres Rollen während der Herstellungsphase entstehen, sind meist deutlich kräftiger und färben die Tasse dunkler. In England waren diese Eigenschaften sehr erwünscht, da man hier den Tee immer mit Milch und Zucker trank, was aber nicht unbedingt unseren Teetrinkgewohnheiten entsprach. Nur in Ostfriesland fand man an diesen Sorten großes Gefallen, da man auch hier zum Tee meist Sahne oder Mich und Zucker in Form von Kluntjes (ostfriesisch für Kandis) gab.

Mehr und mehr Umsatz verlagerte sich zu diesen kleineren Blattgraden. Allerdings, wenn man diesen Tee ebenso dosierte wie den Blatt-Tee, schmeckte er bitter.

Dazu kam dann noch, dass mehr und mehr Supermärkte eröffneten und die traditionellen Teegeschäfte und Kaffeeröstereien, in denen es immer Tee zu kaufen gab, ihre Tore schließen mussten. In der Speicherstadt ebbte die Geschäftigkeit auf den Straßen in den Siebzigerjahren deutlich ab. Hatte man in den Fünfzigern und Sechzigern noch in den Gängen der dortigen Geschäftshäuser Makler, Agenten und Importeure mit kleinen Mustern unterschiedlicher Kaffee- oder Teepartien umherlaufen sehen, konzentrierte sich nun alles auf die Großröster, die ihre eigenen Einkaufsabteilungen und Vorstellungen hatten. Eine Flut von kleinen Maklerbüros folgte, bald darauf folgten Großraumbüros einzelner überlebender Firmen – die Individualität des Handels war dahin. Auch die Teefirmen zogen mehr und mehr in den grünen Gürtel rund um Hamburg, schon aus Kostengründen.

Um einen Vierzig-Fuß-Container mit 400 Kisten Tee in der Speicherstadt zu entleeren, benötigte man früher fünf Arbeitskräfte für einen Tag. Die Winde benötigte bis in den dritten Stock eineinhalb Minuten hinauf und auch ebenso lang auch wieder hinunter. Dann noch eine Minute, um die Ware in die „Strupps" (in der Seemannssprache ein Begriff für ein kurzes Tau mit einem Ring oder einer Schlinge) zu legen und zwei weitere, um die gesamte Last ins Lager zu ziehen – wenn alles gut ging waren es also sechs Minuten für vier oder fünf Kisten. Auf dem flachen Land benötigt man für diese Tätigkeit einen Gabelstaplerfahrer für maximal 30 Minuten – meist geht es deutlich schneller – und schon sind alle Kisten verschoben und ausgeleert.

Teezeremonien

Chanoyu – Die japanische Teezeremonie

Die Japanische Teezeremonie Chanoyu („heißes Wasser für Tee") auch Chadō (Teeweg) genannt, hat ihre Wurzeln im 15. Jahrhundert. Als Begründer des japanischen Teeweges gelten Murata Juko (1422–1502) und Takeno Jō (1502–1555). Jō führte den Begriff „Wabi" in die Teekunst ein, der ausdrücken soll, dass man das Schöne auch in der Unvollkommenheit, Einfachheit und Natürlichkeit findet. Als großer Erneuerer und Vollender des Teeweges wurde Sen no Rikyū (1521–1591) bekannt. Rikyū entwickelte unter anderem die Wabi-Ästhetik weiter, die bis heute großen Einfluss auf fast alle japanischen Künste ausübt.

Rikyūs vier wichtigste Grundsätze zur Ausübung des Teeweges waren:

1. **Wa – Harmonie**
2. **Kei – Hochachtung und Ehrfurcht**
3. **Sei – Reinheit**
4. **Jaku – Stille, Ruhe und heitere Gelassenheit**

Teezeremonieraum mit tragbarem Holzkohlebecken, Eisenkessel, Frischwassergefäß und Bildnische

In der Regel hat der ideale Teeraum eine Größe von viereinhalb Tatami. Tatami ist eine japanische Reisstrohmatte, die als Grundmaßeinheit japanischer Räume gilt. Sie hat eine Größe von etwa 190 x 95 Zentimeter und ist fünf bis sechs Zentimeter dick. Jeder traditionelle japanische Raum, so auch der Teeraum, hat eine Bildnische (Tokonoma), in welcher der einzige Schmuck des Raumes hängt; im Fall einer Tee-Zusammenkunft meist eine Schriftrolle. Fast in der Mitte des Raumes gibt es eine in den Boden eingelassene Feuerstelle, die nur im Winter eingesetzt wird; im Sommer verwendet man ein tragbares Holzkohlebecken. In der Nähe des Teeraums befindet sich noch ein kleiner, über einen eigenen Eingang erreichbarer Vorbereitungsraum (Mizuya).

Die Abläufe der unterschiedlichen Tee-Zubereitungsarten sind genau vorgeschrieben. Es gibt, je nach Anlass, Jahreszeit und Art der Teegeräte, ganz verschiedene Formen der Teezubereitung. Zunächst erlernt man die 16 Basis-Teezubereitungen, von denen es – je nach Teeschule – nahezu unzählige Variationen gibt. Auch hängt die Art der Teezubereitung stark von der Auswahl der jeweils verwendeten Teegeräte, der Raumgröße und der jeweiligen Jahres- und Tageszeit ab.

In jüngerer Zeit wird die Teezubereitung an speziellen Tischen mit entsprechenden Hockern, die sich zu Beginn der Meiji-Zeit (1868–1912) entwickelt hat, immer beliebter. Denn auch in Japan wohnen viele nicht mehr in traditionellen Häusern mit Tatami, sondern leben in modernen, westlich eingerichteten Wohnungen.

Die wichtigsten Teeutensilien sind:

- Die Teeschale – **Chawan**
- Der Keramik-Teebehälter – **Chaire** (für dickflüssigen, starken Tee)
- Der lackierte Holz-Teebehälter – **Natsume** (für dünnen, leichten Tee)
- Das Frischwassergefäß – **Mizusashi**
- Der eiserne Wasserkessel – **Kama**
- Der Bambus-Schöpflöffel – **Hishaku**
- Der Bambus-Teelöffel – **Chashaku**
- Der Bambus-Teebesen – **Chasen**
- Das seidene Teetuch – **Fukusa** (trägt der Gastgeber bei sich)
- Das kleine weiße Leinentuch – **Chakin**
- Das Holzkohlebecken – **Furo**
- Die eingelassene Feuerstelle im Boden – **Ro**
- Das Spülwassergefäß – **Kensui**
- Der Deckelträger – **Futaoki**
- Die Papierservietten – **Kaishi** (tragen die Gäste bei sich)
- Der Fächer – **Sensu** (tragen die Gäste bei sich)

Vorbereitungsraum mit Utensilien für die Teezeremonie

Als Grundlage gilt ein pulverisierter grüner Tee – Matcha genannt. Dieses Pulver wird mit heißem Wasser aufgegossen und mit dem Bambus-Teebesen schaumig aufgeschlagen. Das heißt, man trinkt hier das Teeblatt selbst mit; dadurch bleiben die Inhaltsstoffe, und vor allem die wertvollen Mineralien und Spurenelemente, nahezu vollständig erhalten. In der chinesischen Medizin wusste man schon sehr früh um die gesundheitlichen Vorteile des Matcha und trank ihn auch in den buddhistischen Klöstern, um sich während der langen Meditationsperioden wach zu halten.

Der für Matcha vorgesehene Grüntee (Tencha) wird nach der winterlichen Vegetationsruhe im April/Mai von Teesträuchern geerntet, die in der Regel zwei Monate vor der Ernte beschattet werden. Dadurch können die so langsamer wachsenden Teepflanzen sehr zarte, feine Triebe entwickeln. Nach der Ernte von Hand werden die Teeblätter im naheliegenden Verarbeitungsbetrieb kurz in heißem Dampf gewirbelt, um die Oxidation des Blattes zu verhindern, getrocknet und nach Entfernung aller groben Blattgefäße in Kühlräumen gelagert. Je nach Bedarf werden dann die Teeblätter in speziellen Granit-Steinmühlen zu einem feinen Pulver vermahlen und luftdicht verpackt.

Matcha ist somit eine besonders edle Teesorte und entsprechend teuer. Der Tee sollte immer gut verschlossen sowie kühl und trocken gelagert werden. Es gibt unterschiedliche Qualitäten von Matcha. Für Koicha (dickflüssiger, starker Tee) benötigt man eine höhere Qualität als für Usucha (dünner, leichter Tee). Zur Unterscheidung haben die verschiedenen Matcha poetische Namen, die den Tee charakterisieren.

Der wichtigste Grund für die japanische Teezeremonie liegt in der Besinnung des Gastgebers oder der Gastgeberin auf die Gäste und umgekehrt im harmonischen Wechsel der einzelnen Jahreszeiten. Für eine begrenzte Zeit zieht man sich vom Treiben des Alltags in den Teeraum zurück und nimmt nach der Tee-Einladung wieder etwas von der Stille mit hinein in den Alltag.

Als Erstes treffen sich die Gäste in einem Warteraum (Machiai). Dort wird ihnen zunächst ein Schälchen heißes Wasser serviert, damit sie sich von der Qualität des Teewassers überzeugen können. Danach nehmen die Gäste auf einer Wartebank (Koshikake-machiai) Platz und genießen die Ruhe und Stille des immergrünen Teegartens (Roji). Nach der schweigenden Begrüßung durch den Gastgeber spülen sich die Gäste auf dem Weg zum Teeraum an einem niederen Steinwasserbecken symbolisch den Mund und reinigen sich die Hände, bevor

Gartenpfad mit Steinwasserbecken

sie so, innerlich und äußerlich gereinigt, durch einen knapp einen Meter hohen und breiten Eingang (Nijiriguchi) in den Teeraum schlüpfen. Alles Weltliche bleibt noch vor dem Gartentor zurück; die Gäste begeben sich für eine begrenzte Zeit auf eine andere geistige Ebene, auf der sie die Teezusammenkunft mit allen Sinnen genießen können.

Sobald die Gäste Platz genommen haben, erfolgt eine formelle Begrüßung durch den Gastgeber, der den Gästen dann zunächst ein sehr aufwendiges Mahl serviert, Kaiseki genannt. Kaiseki ist gewissermaßen die „Haute Cuisine" Japans und der Standard, an dem japanische Küche gemessen wird. Danach wird der Gastgeber im Beisein der Gäste die Holzkohle legen und die traditionellen kuchenartigen Süßigkeiten (Omogashi) servieren.

Inzwischen sind etwa eineinhalb Stunden vergangen und die Gäste begeben sich nochmals zur Wartebank in den Garten, um sich auszuruhen, während der Gastgeber den Teeraum für die eigentliche Teezeremonie vorbereitet und seine Gäste dann mit einem Gong in den Teeraum zurückruft.

Nachdem die Gäste sich erneut am Steinwasserbecken gereinigt und wieder im Teeraum Platz genommen haben, beginnt der Gastgeber mit der Zubereitung des Koicha. Hier teilen sich alle Gäste eine Schale des dickflüssigen, starken Tees in sehr formeller, schweigender Atmosphäre.

Danach wird die Holzkohle erneuert und für jeden Gast individuell eine oder zwei Schalen Usucha zubereitet. Nun ist die Stimmung nicht mehr ganz so formell und es entwickelt sich eine leichte Konversation, die sich um die verschiedenen Teegeräte, den Tee und die verwendeten Speisen entsprechend der jeweiligen Jahreszeit dreht.

Nach der genaueren Betrachtung der Teegeräte verabschiedet sich der Gastgeber von seinen Gästen, die sich dann ruhig und gelassen durch den Teegarten zurück zum ursprünglichen Warteraum begeben, von dem aus sie schließlich die „Rückkehr in den Alltag" antreten.

Teehaus

Beispiel einer japanischen Teezeremonie

Eine modernere Variante der Teezeremonie, hier sogar im Sitzen, nicht wie normalerweise auf den Bodenmatten (Tatami) kniend.

Nacheinander werden die einzelnen Teeutensilien erst aus dem Kästchen (Chabako), dann aus ihren jeweiligen Stoffbeuteln (Shifuku) genommen.

Das Seidentuch (Fukusa) wird gefaltet …

… und in die entsprechende Form gebracht.

Im Beisein der Gäste werden zuerst der Holz-Teebehälter (Natsume) …

Bei der hier gezeigten Form, Chabako genannt, befinden sich alle benötigten Teeuntensilien in einem kleinen Kästchen, so dass die Teezubereitung auch draußen, außerhalb eines Teeraumes, durchgeführt werden kann.

... dann der Bambus-Teelöffel (Chashaku) symbolisch gereinigt.

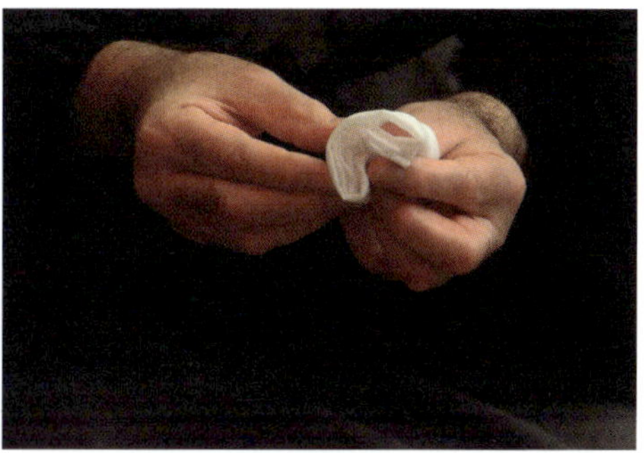

Das kleine, feuchte Leinentüchlein (Chakin) wird neu gefaltet...

... um damit die vorgewärmte und gereinigte Teeschale (Chawan) zu trocknen.

Mit dem Teelöffel wird der Matcha (Pulvertee) aus dem Teebehälter genommen.

Zwei Löffel Matcha genügen für eine Schale Tee.

Das Pulver wird mit heißem Wasser aufgegossen und mit dem Bambusbesen (Chasen) schaumig geschlagen.

Gong Fu Cha –
Die Kunst der chinesischen Teezeremonie

Im Gegensatz zur japanischen Teezeremonie ist die chinesische sehr viel schlichter, nüchterner und nimmt mehr Bezug auf den Tee selbst. Bei Gong Fu Cha wird zudem Blatt-Tee aufgegossen, während bei der japanischen Zeremonie pulverisierter Grüntee verwendet wird. Neben der Gong-Fu-Cha-Methode bereitet man den Tee häufiger auch in einem sogenannten „Gaiwan" zu, einer Schale mit Deckel. Die chinesische Teezeremonie Zubereitung wird wird ähnlich in allen Bevölkerungsschichten und allen Gebieten ähnlich durchgeführt.

Zuerst werden die Trinkschalen mit heißem Wasser gereinigt. Es werden vergleichsweise viele Blätter in ein kleines Kännchen gegeben und diese mit heißem Wasser übergossen – dabei öffnen sich die Blätter leicht. Der erste Aufguss wird sofort in ein bereitstehendes Schälchen abgegossen, um die Bitterstoffe des schwarzen Tees zu entfernen. Dann wird das Kännchen erneut mit heißem Wasser befüllt; nun lässt man den Tee einen Augenblick lang – maximal 30 Sekunden – ziehen. Der Teemeister schenkt den fertigen Tee in die bereitstehenden Schälchen, wobei er genau darauf achtet, dass diese sozusagen „schichtweise" (immer eine kleine Menge abwechselnd in jede Tasse) befüllt werden – damit jeder auch geschmacklich die gleiche Qualität erhält. Danach erfolgt ein weiterer Aufguss, der diesmal etwas länger ziehen darf. Es wird so lange heißes Wasser nachge-

Pu-Erh-Teeziegel mit Gaiwan (auf Untertasse) und Chahai (rechts)

Bild rechts: Teetablett mit Ablaufschlitzen. Heißes Wasser wird mit Yixing-Kanne durch ein Sieb auf die Blätter gegossen. Links davon: Zange (dient zum Halten der Duft- und Trinkschalen) und Teenadeln (zum Lösen der Teeblätter), rechts davon: Trink- und Duftschalen.

schenkt, wie die Gäste Tee trinken möchten; durchaus sind drei bis vier Aufgüsse möglich, danach verwässert der Geschmack des Tees stark. Der erste Aufguss, so sagt man in China, ist dabei der erfrischende, der zweite der blumige, der dritte der wohlschmeckende und der vierte der kräftige.

In einigen Gebieten Chinas wird der Tee aus dem Kännchen erst in einen kleinen, becherartigen Krug geschenkt. Dieser wird mit dem leeren, umgedrehten Trinkschälchen abgedeckt. Kunstvoll wird beides umgedreht, mit dem Effekt, dass das Getränk langsam ins Schälchen gelangt. Beides wird dem Gast gereicht – der Krug als Duftbecher und das Schälchen als Trinkgefäß. Durch das Umgießen erhält der Tee zudem eine trinkbare Temperatur und die Wanderungen des kleinen Kruges sorgen zeitgleich für eine Verbreitung des Aromas.

V.l.n.r.: Gaiwan, Trinkschalen und Zange, darunter Kanne mit Sieb auf Teetablett mit Ablaufschlitzen

In China werden zwar unterschiedliche Teearten getrunken, grüne und weiße überwiegen aber stark. Schwarzen Tee bekommt man nur sehr selten zu trinken. Lediglich in Pu'Er, einer in Yunnan gelegenen Stadt im Süden des Landes, wird vorrangig schwarzer Tee – dort als roter Tee bezeichnet – serviert. Gute Pu-Erh-Tees können bis zu zehnmal aufgebrüht werden. In den großen Städten wie Peking oder Shanghai bevorzugt man entweder Jasmintee oder aber speziell hergestellten Oolong, da sich beide im recht harten Wasser der Großstädte behaupten können. Zarte, milde und blumige Tees hätten dabei keine Chance, ihren Geschmack zu entwickeln.

Das Teegeschirr besteht im Prinzip nur aus dem Teekännchen und den Teeschalen. Ursprünglich wurde es aus Keramik hergestellt, erst nach dem starken Interesse Europas an Porzellan löste dieses die Keramik ab.

Zur Tea-Time werden besonders in Hongkong, Macao und Guandong auch gern kleine Speisen serviert.

Traditionen und Gewohnheiten

Everything stops for tea: Afternoon Tea in England

Die englische Teezeremonie ist eigentlich viel mehr ein traditionelles Teetrinken am späten Nachmittag, bei dem das Getränk eine eher untergeordnete Rolle spielt. Findet der Afternoon Tea zwischen 15 und 16 Uhr statt, gibt es meist als Beilage süße Gebäckstücke. Ursprünglich war das zeremonielle Teetrinken in England eigentlich ein Ersatz fürs Abendessen, wenn man dieses kaum noch erwarten konnte – man war hungrig, mochte aber zu so früher Zeit mit dem Dinner noch nicht beginnen und nutzte so den Tee geschickt als Vorwand.

Serviert wurden dazu Sandwiches mit Ei und Sardellen, Käse und/oder Gurken, Räucherlachs oder gekochtem Schinken. Zum einfacheren Genuss wurden diese dann fingerbreit geschnitten und als sogenannte Fingersandwiches serviert. Angeboten wurden auch Donuts in verschiedensten Variationen, Crumpets, Muffins, Scones und verschiedene Küchlein; alles gemeinsam mit der unentbehrlichen Clotted Cream. Die Auswahl an Keksen war besonders umfangreich: Zitronenkekse, Plätzchen mit Kaffeecreme, Kringel mit Zucker, Makronen – um nur einige zu nennen. Beliebt waren besonders während der Sommerzeit kleine Törtchen mit frischen Früchten oder Cremeschnitten, auch Zitronen-, Schokoladen-, Ingwer- sowie Kirschkuchen (mit Banane und Kiwi), aber auch Früchtebrot.

Am späten Nachmittag gab es dann bereits Delikatessen wie pochierte Eier mit Schinken, Nierenpaste auf Toast, Rührei, geräucherten Fisch, gebackene Shrimps, Lachsröllchen oder Pasteten. Wichtig war und ist die Konversation, das Zusammensein. Natürlich gab es ausreichend Tee dazu – allerdings wechselte man zu späterer Stunde auch zu alkoholischen Getränken wie Whisky oder Gin Tonic. Rundum also ein vollständiges Mehrgänge-Menü, welches unter der Headline „Afternoon Tea" lief.

In England werden dazu schnell färbende schwarze Teesorten bevorzugt, beispielsweise aus Kenia, Tansania, Malawi, Assam oder gelegentlich auch aus Ceylon. Nur wenige Blätter werden in den Kessel mit kochendem Wasser gegeben und sofort ausgeschenkt. Aus einem zweiten Kessel schüttet man anschließend nochmals kochendes Wasser auf die Blätter, die nun frei von Gerbstoffen sind, da diese mit dem ersten Aufguss entfernt wurden. Serviert wird der Tee (fast) grundsätzlich mit Milch, die in England deutlich fetter und süßer ist als bei uns, sowie Rohrohrzucker.

Mit Yakbutter auf die Freundschaft: Teetrinken in Tibet

Tee ist in Tibet das gebräuchlichste Getränk des Landes und kam ursprünglich aus China. Die Tea Horse Trade Route von Lhasa, die bis weit nach China hinein führt, deutet darauf hin, dass man früher unter anderem tibetische Pferde gegen chinesischen Tee eintauschte.

Allgemein verwendet man in Tibet die zu Ziegeln, Nestern oder Münzen gepressten Teeblätter aus China, welche über kochendem Wasser völlig aufgerieben oder zu Pulver zerstampft werden. Der unter Zugabe von heißem Wasser entstandene Sud köchelt dann längere Zeit, dann wird das Konzentrat in ein größeres, längliches Holzgefäß gegeben und mit Yakbutter und Salz verrührt. Die neue Mischung wird ein weiteres Mal im Kessel erhitzt, bevor sie dann in Schüsseln aus Jade, Keramik, Silber oder Holz serviert wird.

Traditionell wird den Gästen Tee als Geste der Freundschaft serviert. Dabei ist es üblich, ihn in kleinen Schlucken zu trinken und die Qualität des Getränks zu loben. Ist die Schale zur Hälfte geleert, schenkt der Gastgeber automatisch nach. Erst zum Abschied wird die Schale zur Gänze leer getrunken. Mönche nehmen morgens gemeinsam diesen Tee zu sich, zusammen mit einem Brei aus gerösteter Gerste, der wiederum mit dem Brei aus Buttertee vermischt ist. Tibetische Nomaden kochen noch Zucker mit dazu.

Auf diese Art zubereiteter Tee hat in Tibet und der Mongolei eine wichtige Bedeutung: Er ist nährend und wärmend zugleich. Den europäischen Gaumen erinnert dieses Getränk mehr an eine Brühe.

Von Rohmlepel und Wulkje: Teetrinken in Ostfriesland

Tee spielt in Ostfriesland seit langer Zeit eine sehr wichtige Rolle, war aber nicht immer unproblematisch zu konsumieren. Einerseits war Ostfriesland immer eine „arme“ Region, andererseits verlangte das schwierige Wasser nach einem besonderen Getränk, das trotz der Verhältnisse nicht an Geschmack verliert. Ein Vorteil war die Nähe zu den Niederlanden, welches günstigerweise Tee aus den eigenen Kolonien importierte und diesen für die Ostfriesen zu einem preiswerten Produkt machte, welches teilweise unter Umgehung der fiskalischen Abgaben dann auch aus den Niederlanden geschmuggelt werden konnte. Denn die Zollabgaben lagen in den Fünfzigerjahren zwischen sechs und sieben Deutsche Mark pro Kilogramm – was für damalige Zeiten sehr hoch war. Erst in den Sechzigerjahren reduzierte sich dieser Betrag auf 4,15 Deutsche Mark pro Kilogramm.

Das ostfriesische Wasser hatte immer einen moorigen Beigeschmack. Meist wurde für den Tee Regenwasser in Zisternen gesammelt, aber bei längerer Trockenheit oder im Winter musste man sich anderer Quellen bedienen. Bis zum Beginn der Sechzigerjahre wurden fast ausschließlich Tees aus Sumatra und Java, also der niederländischen Kolonie Indonesien, verwendet. Die Tees waren von hervorragender Qualität und bestens für die Wasserverhältnisse in Ostfriesland geeignet. Erst Ende der Sechziger, als es in Indonesien heftige und lange andauernde Unruhen gab, wechselte man zu Teesorten aus Assam in Nordindien. Indonesischer Tee hat seither qualitativ nie wieder dasselbe Niveau erreicht wie zu dieser Zeit. Heute sollte eine gute ostfriesische Mischung mindestens zu 80 Prozent aus Assamtee bestehen. Die restlichen 20 Prozent sollten indonesischer oder ceylonesischer Herkunft sein.

Zur einer ostfriesischen Teezeremonie gehören:

- Tee
- weiches Wasser
- Teekanne mit Stövchen
- Kandis, Kluntje genannt, weiß oder braun
- Sahne und Sahnelöffel
- geeignete Tassen
- Gebäck

Die Teekanne wird zunächst mit kochendem Wasser ausgespült und dadurch angewärmt. In diese füllt man einen Portionierlöffel – Teelöffel tut es auch – Teeblätter pro Tasse und einen weiteren für die Kanne. Diese wird mit siedend heißem Wasser bis zur Hälfte aufgefüllt und der Deckel aufgesetzt. Nach drei Minuten Ziehzeit wird die Kanne mit heißem Wasser voll aufgefüllt und der Tee ist fertig.

Entweder füllt man den Inhalt der Kanne jetzt in eine zweite, wobei man die Blätter mittels eines Siebs auffängt, oder man schenkt direkt aus dieser Kanne aus – natürlich ebenfalls durch ein Sieb. Vor dem Befüllen der Tassen legt man ein großes Stück weißen oder braunen Kandis hinein. Auf den Kluntje gießt man dann den Tee und der Kandis beginnt geradezu zu knistern. Im Anschluss gibt man mit einem kleinen Sahnelöffel („Rohmlepel") einige Tropfen Sahne hinzu. Man bemüht sich, die Sahne am Tassenrand entlang in den Tee zu geben, so das eine Sahnewolke („Wulkje") entsteht. Früher nutzte man dafür Rahm.

Der Tee wird ohne Umrühren getrunken. Dem herben Teearoma vom Rand folgt dann der milchige Geschmack aus der Tassenmitte. Zum Schluss – vom Tassengrund – erlebt man dann den stark gezuckerten und süßen Tee. Kluntje sind eigentlich ein Abfallprodukt bei der Zuckerherstellung gewesen. Teilweise wurden in die Kluntje Baumwollfäden eingearbeitet, damit man sie besser wieder aus dem Gefäß herausholen konnte, um sie später für eine weitere Tasse zu verwenden. Rührt man den Tee in der Tasse um, wird das Getränk viel zu süß und der Kluntje löst sich zu schnell auf.

Drei Tassen sind ein Muss! Wird vorher abgelehnt, gilt dies als unhöflich oder gar beleidigend. Wenn man keinen weiteren Tee mehr wünscht, legt man den Teelöffel einfach in der Tasse ab. Hauptzeit des Teetrinkens in Ostfriesland ist nachmittags um 15 Uhr, wenn auch eine kurze Teepause von manchen bereits um 11 Uhr eingehalten wird. Abends – gegen 21 Uhr – gibt es in vielen Familien dann noch den letzten Tee des Tages.

Zum Geschirr gehören die Teedose („Teebüsse"), die Kanne („Treckpott"), natürlich Tassen („Koppen" oder „Kopkes") und ehemals auch eine Spülschale („Spölkummke"), um die Teetassen vor dem neuen Befüllen kurz auszuspülen. Dünnwandiges Geschirr aus Porzellan, entweder in blau-weiß (blaues Dresdner Teegeschirr) oder mit einer roten Rose versehen (rotes Dresdner Teegeschirr), ist heute nach wie vor wichtiger Bestandteil des Haushalts. Die Teekanne wird stets auf ein Stövchen gestellt, was nicht nur für ständig heißen Tee, sondern obendrein für eine angenehme Atmosphäre sorgt.

Die Qualität der Teesorten lässt sich leicht bestimmen. Gute Assam- oder Ostfriesenmischungen färben das Wasser tiefrot, cremen beim Erkalten deutlich und setzen am oberen Rand bläulich, rötlich oder grünlich schimmernde Flecken ab – das sind die ätherischen Öle, und je mehr davon vorhanden sind, desto hochwertiger ist der Tee.

Teemuseum in Ostfriesland

Tee aus dem Samowar: Teetrinken in Russland

Tee wird in Russland klassischerweise in einem Samowar zubereitet. Dieser besteht aus einem großen, bauchigen Gefäß, das meist mehrere Liter fassen kann und in welchem das Wasser erwärmt wird, und einem kleinen Kännchen, das darauf gestellt und somit automatisch warm gehalten wird. Dort hinein gibt man überproportional viele Teeblätter, bedeckt diese mit frisch kochendem Wasser und gießt den Sud sofort wieder weg, sodass die Blätter bereits etwas aufquellen. Grund für diese Prozedur ist, dass einerseits durch das sofortige Wegschütten des ersten Aufgusses die Bitterstoffe entfernt werden und andererseits der Tee dadurch auch gewaschen wird und später nicht die klare Farbe des fertigen Getränks trübt . Dieses „Waschen“ der Teeblätter erfolgt in einigen Gebieten auch mit kaltem Wasser, gegebenenfalls auch zwei- oder sogar dreifach hintereinander. Anschließend wird das Kännchen mit den aufgequollenen Teeblättern bis zum Rand mit kochendem Wasser aufgefüllt. Man schenkt sich – je nach individuellem Geschmack – ein bis zwei Finger breit dieses Teesuds in ein Glas oder eine Tasse und verdünnt es mit dem heißen Wasser aus dem Samowar.

Somit ist für mindestens einen halben Tag ausreichend Tee vorhanden, der meist mit Zucker gesüßt, oder mal mit einer Zitrone aromatisiert wird. In Russland ersetzt das Teetrinken öfter mal das Dessert; nach dem Essen wird nicht selten Tee mit allerlei süßem Gebäck gereicht, wie zum Beispiel Prjaniki (eine russische Lebkuchenvariante) oder Baranki beziehungsweise Suschki (hartgebackenes Knabbergebäck), auch Marmelade wird dazu angeboten. Aber auch beliebte russische Kuchen und Torten wie die Torte Napoleon gehören zur russischen Teezeit einfach dazu. Ein wichtiger Tipp, wenn Sie einmal in den Genuss kommen, in Russland „auf eine Tasse Tee“ eingeladen zu werden: Essen Sie vorher nichts – Sie werden mehr als ausreichend verköstigt, und ein Ablehnen wird häufig als beleidigend empfunden.

Teetrinkgewohnheiten nach Ländern

Aserbaidschan

Die Konsummenge insbesondere von schwarzem Tee ist in diesem Land sehr hoch. Zum sehr heiß servierten Tee werden gern Süßigkeiten, handgemachte Marmeladen und viel Zucker gereicht.

Australien

Bei einem Pro-Kopf-Konsum von 1,07 Kilogramm Tee pro Jahr sind die Trinkgewohnheiten der Australier denen der Engländer sehr ähnlich. Man serviert zum Early Morning- und Afternoon Tea gern einige Kleinigkeiten wie Kekse, leichte Sandwiches oder Kuchen. Der Tee wird vorwiegend mit Milch und Zucker getrunken. Angeboten wird er sowohl lose wie auch abgepackt und als Aufgussbeutelvariante in Supermärkten, Lebensmittel- und Teefachgeschäften. Es sind beinahe alle Sorten verfügbar: schwarze, grüne, weiße, aromatisierte und Kräutertees.

Chile

Besonders beliebt sind neben Mate auch schwarzer Tee und Kräutertee. Diese Sorten sind abgepackt in Paketen und als Aufgussbeutel in Supermärkten, Lebensmittelgeschäften, Tee-Boutiquen und auf den Wochenmärkten verfügbar. Zum Teil sind die angebotenen Teesorten von sehr guter Qualität.

China

Üblich sind nur gute bis hervorragende Teesorten, die selbst die Taxifahrer, Maurer und Postboten trinken und immer mit sich tragen. In Schraubdeckelgläsern wird meist der morgens zubereitete Tee mit Blättern am Gürtel, in der Handtasche oder im Handschuhfach mitgenommen und bei Bedarf getrunken. Man gießt sich tagsüber heißes Wasser – wo immer man auch ist – immer wieder auf die gleichen Teeblätter. Zusätzliche Blätter werden mitgenommen, um nach dem zweiten oder dritten Aufguss das Blattgut zu wechseln. In den Hotels wird dem Gast meist ein hervorragender Tee frisch zubereitet und serviert, stilvoll und zurückhaltend. Teebeutel bekommt man fast nur in Hotels ausländischer Eigentümer.

Dänemark

Bei nur 300 Gramm Teeverbrauch pro Kopf pro Jahr wird gern auf schwarzen Tee zurückgegriffen, aber grüner Tee und Kräutertee ist derzeit leicht im Aufwind. Zum Tee wird Zucker gereicht, obwohl das Getränk eigentlich vorwiegend vom gesundheitsbewussten Teil der Bevölkerung konsumiert wird. Landesweit wird Tee in den Supermärkten abgepackt angeboten, in den größeren Städten gibt es aber auch Teefachgeschäfte.

Deutschland

Fast alle Blätter oder Pflanzenteile, die hier in Deutschland mit heißem Wasser in Berührung kommen, werden als Tee bezeichnet. Etwa 70 Prozent des Konsums in Deutschland ist Aufgussbeuteltee. Die Anzahl der Kräuter- und Früchtetees ist erheblich und liegt bei 40 bis 50 Prozent des gesamten Konsums. Man genießt den Tee meist in einer schönen Atmosphäre – nachmittags oder am Wochenende im Kreise seiner Liebsten, mit gutem Porzellan und an einem fein gedeckten Tisch. Oder aber man bereitet sich ein Kännchen Tee zu, stellt es auf ein Stövchen, um so durch das Kerzenlicht eine besondere Stimmung zu erhalten. Ein Drittel aller nach Deutschland importierten Tees wird in Ostfriesland getrunken. Auch die Nordfriesen sind gute Teetrinker – nur wohnen dort verhältnismäßig wenige Menschen.

Traditionell nimmt man einen gehäuften Teelöffel Blätter pro Tasse, lässt den Tee fünf Minuten ziehen und serviert ihn mit Zucker, eventuell auch einem Tropfen Milch oder etwas Zitrone.

Frankreich

Mit nur schwachen 230 Gramm pro Kopf pro Jahr an Verbrauch liegt Frankreich im Teekonsum auf Platz 30 der Welt. Getrunken werden vorwiegend schwarze und grüne Tees, abends oder nach einem üppigen Mahl trinkt man hingegen lieber Kräuteraufgüsse, insbesondere Verbene-Tee, französisch „verveine" genannt. Verkauft werden die Sorten vorwiegend in Supermärkten und einigen Lebensmittelfachgeschäften. Aufgussbeutel sind dabei am beliebtesten, in Tee-Boutiquen wird aber auch loser Tee angeboten. Das beliebte Heißgetränk wird besonders in der Region Île-de-France und im Westen getrunken.

Georgien

Der Konsum ist sehr hoch und liegt bei circa dreieinhalb Kilogramm pro Kopf pro Jahr. Dementsprechend finden sich in der Hauptstadt Tiflis auch viele Teehäuser. Es werden alle Sorten angeboten, aber auch mit Jod angereicherte schwarze und grüne Tees. Tee wird in Georgien gern abends getrunken.

Indien

Vorrangig erhält man Teesorten, die nicht exportiert werden können. Tee wird in Indien immer mit Milch und Zucker getrunken. Als in den Siebzigerjahren des vorigen Jahrhunderts weltweit eine große Zuckerknappheit herrschte, ging der Teekonsum in Indien deutlich zurück. Sehr beliebt ist hier auch Chai: Teeblätter mit Kardamom, manchmal auch als Mischung recht scharfer und intensiv schmeckender Gewürze. Der Tee wird in Indien finanziell vorrangig nach der Ausbeute an fertigen Tassen bewertet. Daher ist der Verbrauch an kleinsten Dust-Tees auch sehr hoch. Auf dem Basar und auf der Straße wird der Tee fertig zubereitet in Tassen angeboten und verkauft. In Kaschmir bevorzugt man grünen Tee.

Indonesien

In Indonesien wird Tee gern getrunken, da ein Großteil der Bevölkerung aus China stammt. Es werden vorrangig grüne Tees getrunken.

Irak

Vorrangig trinkt man hier schwarzen Tee, obwohl grüne Sorten immer mehr und besonders von gesundheitsbewussten Menschen bevorzugt werden. Tee wird den ganzen Tag über getrunken und meist mit Kardamom zubereitet. Sieben Stück Kardamom pro Kanne ist Pflicht – die Sieben ist eine irakische Glückszahl.

Irland

Mit etwa zwei Kilogramm vorwiegend schwarzem Tee liegen die Iren sehr weit vorn beim weltweiten Teeverbrauch. Auch grüner Tee findet langsam mehr und mehr Anhänger. Schwarze Sorten werden fast immer mit Milch und Zucker serviert. Mittlerweile sind etwa 96 Prozent des Bedarfs in Aufgussbeuteln verpackt.

Japan

Der Konsum liegt laut Statistik bei 620 Gramm pro Person pro Jahr. Neben grünem, Oolong und weißem Tee werden auch Getreidetees angeboten, beispielweise Sobacha (Tee aus Buchweizensamen), Mugicha (Tee aus gerösteter, geschälter Gerste) und Genmaicha (grüner Tee mit gerösteten und teilweise gepufften Reiskörnern). Die japanische Teezeremonie ist weltweit bekannt und geachtet.

Kasachstan

Hier wird sehr viel Tee getrunken; vorwiegend betrifft dies schwarze, aber zunehmend auch grüne Sorten. Kräutertees sind dagegen nicht sehr beliebt. Man trinkt den schwarzen Tee mit Milch; in einer Zubereitungsvariante wird dieser auf dem Herd in einem Topf gekocht, parallel dazu die Milch, danach vermischt man beides. Der Tee wird in großen Kannen und dann in mittelgroße Schalen geschenkt. Die Schale darf nur bis zur Hälfte gefüllt werden und die Gastgeberin achtet sehr genau darauf, wann Tee nachzuschenken ist. Ausgeteilt werden die Schalen nach Rang und Alter der Gäste. Man serviert den Tee immer mit Zucker, gelegentlich auch mit Honig, Zitrone, getrockneten Früchten, Keksen, Gebäck oder Kuchen.

Kroatien

Der Teeverbrauch liegt hier bei etwa 300 Gramm pro Kopf pro Jahr und verteilt sich auf alle Sorten. Erhältlich ist der Tee in Supermärkten, Fachgeschäften und im Lebensmittelhandel.

Laos

Besonders beliebt in Laos ist der Pu-Erh-Tee aus dem benachbarten China. Kräutertees gelten als Premium-Sorten. Interessanterweise trinkt man Tee in den Cafés nach einer Tasse Kaffee! Laotischer Tee wird auf einer Plantage im Dorf Ban Komen hergestellt. Die Teeblätter werden aus bis zu sechs Meter hohen Teebäumen geerntet, anschließend in Bambuszylindern zusammengepresst und danach in zigarrenähnlichen Röhren verkauft. Auf den Teeplantagen werden weder Düngemittel noch Pestizide eingesetzt.

Liberia

Das Teetrinken ist in Liberia erst in den letzten Jahren unter der einheimischen Bevölkerung populärer geworden, allerdings kann man nach wie vor nicht von einem „Teetrinkerland" sprechen. Die Sorten werden importiert und vorwiegend in Aufgussbeuteln verkauft. Die einheimische Produktion erzeugt nur Zitronengras-Tee, der als Naturtrank eher medizinische Anwendung findet und im Land auch Malaria-Symptome bekämpfen soll.

Litauen

Der Teekonsum teilt sich in 35 Prozent schwarzen, 25 Prozent grünen Tee, 30 Prozent Früchte- und fünf bis zehn Prozent Kräutertee auf. Traditionelle litauische Heißgetränke sind Kräuter- beziehungsweise Heiltees, sowie Aufgussgetränke aus gerösteten Wurzelgewächsen, so genannte Kafijos. Die Trinkgewohnheiten stehen meist mit den traditionellen litauischen Festen wie zum Beispiel dem Mittsommerfest in Verbindung.

Madagaskar

Statistiken über den Konsum auf Madagaskar gibt es leider nicht. Getrunken werden schwarzer, grüner und Kräutertee, und obwohl grüne und schwarze Sorten heimisch produziert werden, bevorzugen die meisten Leute doch Kaffee.

Malaysia

Der Teekonsum ist nicht sehr hoch, die Trinkgewohnheiten unterteilen sich nach den Bevölkerungsgruppen. Die malaysischen Malaien und malaysischen Inder bevorzugen schwarzen Tee, grüner Tee wird von den malaysisch-chinesischen Gruppen konsumiert. Schwarzer Tee wird ähnlich wie in England mit Milch und Zucker getrunken. Eine besondere Zubereitungsart ist „Teh Tarik" oder auch „Pulled Tea" genannt: Es ist eine Mixtur von schwarzem Tee und Kondensmilch, die mehrfach aus einem Meter Höhe von der einen in die andere Schüssel gegossen wird, bis der Aufguss gründlich vermischt ist. Diese Zubereitungsart bewirkt einen außergewöhnlichen Geschmack des Tees und ein besonderes Aroma.

Malta

Hier ist der Teekonsum recht hoch, die Gewohnheiten entsprechen denen Englands – also kräftiger schwarzer Tee, Milch oder Sahne und Zucker dazu. Es gibt im Handel alle üblichen Teesorten zu erwerben.

Marokko

Der Teekonsum ist sehr hoch, das Teetrinken weit verbreitet. Bevorzugt werden grüner Chun Mee und Gunpowder angeboten. Die Dosierung dieser Blätter ist sehr hoch, zusätzlich gibt man ein wenig Nana-Minze hinzu. Die Blätter werden längere Zeit gekocht – mindestens 20 Minuten. Das fertige Getränk wird in kleinen Glasbechern serviert, in die vorher ausreichend Würfelzucker hineingegeben wurde, damit das Getränk nicht zu bitter schmeckt. Sollte man einmal einen Tee-Kick benötigen oder die Müdigkeit vertreiben wollen, trinkt man am besten zwei bis drei Gläser dieses so zubereiteten Grüntees.

Mongolei

Der Teekonsum ist hier sehr hoch, genaue Mengenangaben liegen aber leider nicht vor. Getrunken werden vorwiegend schwarze und grüne Sorten, aber auch Kräutertee. In der nördlichen Taiga trinkt man sehr viele Tees aus lokal gesammelten Kräutern. Tee ist in der Mongolei auch ein Zeichen der Gastfreundschaft: So wird jedem Gast ein sogenannter Buttertee überreicht. Für diesen verwendet man entweder schwarzen Tee aus Georgien oder den aus China stammenden Pu Erh, der bestenfalls in Ziegeln oder Klötzen angeboten wird. Diese werden mit viel Wasser gekocht, dazu gibt man eine ordentliche Prise Salz und viel Milch. Verfeinert wird der Tee dann mit Butter, in einigen Gebieten sogar mit einer buttrig-béchamelartigen Soße. Traditionell wirft man die Reste dieser Zubereitung dann ganz einfach aus dem Fenster …

Montenegro

In diesem Land trinkt man eigentlich nur dann Tee, wenn man krank ist. Grüne Sorten stehen hoch im Kurs, gefolgt von Kräuter- und zuletzt schwarzem Tee. Gern wird das heiße Getränk mit Honig serviert.

Mosambik

In der Regel wird zum Frühstück eine Tasse Tee getrunken, ebenso zu feierlichen Anlässen und süßen Nachspeisen. Getrunken werden schwarze und Kräutertees. Bei ersterem verzichtet man auf Zucker und Milch. Die Landbevölkerung sammelt hingegen einheimische Pflanzen und bereitet sich daraus einen besonderen Kräutertee zu.

Namibia

Hauptsächlich wird hier Rooibostee mit Zucker, Milch oder Zitrone aus dem benachbarten Südafrika getrunken. Die deutschsprachige Bevölkerung nimmt meist Tee aus Deutschland mit, da es ähnliche Qualitäten kaum vor Ort gibt.

Nepal

Hier wird Tee gerne mit Milch und Zucker getrunken. Man konsumiert grünen, schwarzen und Kräutertee. Auf den Märkten kann man vorrangig schwarzen Tee in loser Form erwerben.

Nicaragua

Es wird recht viel Tee getrunken, wenn auch bevorzugt als Eisteevariante. Es sind alle Sorten am Markt vorhanden – auch lokale Kräuterteemischungen spielen dabei eine große Rolle im Konsumverhalten.

Nigeria

Es wird sehr viel schwarzer Tee getrunken – weitere Einzelheiten wollte man mir leider nicht mitteilen.

Palästina

Vorwiegend werden schwarze Sorten konsumiert, gefolgt von Kräutertees. Der Tee wird zu jeder Tageszeit angeboten und ist ein unverzichtbarer Begleiter palästinensischer Gastfreundschaft. Er wird gern gesüßt und häufig mit einigen frischen Minzblättern („Tea with Nana“) serviert.

Paraguay

Den größten Prozentsatz des Teekonsums nimmt natürlich der Mate ein, allerdings dicht gefolgt von Kräutertees. In Asunción wird gelegentlich auch schwarzer Tee konsumiert.

Polen

Der Konsum liegt mit über einem Kilogramm pro Kopf recht hoch. Mit knapp 60 Prozent (Verkauf über den Einzelhandel) steht der schwarze Tee an erster Stelle, gefolgt vom Kräutertee mit 14,2 Prozent. Earl Grey, ebenfalls ein schwarzer Tee, wird zu 10 Prozent getrunken und erst dann folgt grüner Tee mit 8 Prozent. Früchtetee mit 7 Prozent und Pu-Erh-Tee mit 1 Prozent bilden das Schlusslicht.

Obwohl Tee als Getränk bereits im 17. Jahrhundert durch König Heinrich eingeführt wurde, hat sich das Teetrinken im Lande erst im 19. Jahrhundert verbreitet – vorrangig durch russische Soldaten, die dieses Getränk liebten und so auch die eigenen Zubereitungsgewohnheiten unter der einheimischen Bevölkerung verbreiteten. In fast jedem Haushalt gibt es mittlerweile einen Samowar oder der Tee wird in samowarähnlicher Form zubereitet. Für die polnische Bevölkerung ist die Tasse Tee obligatorisch – man verzichtet sehr ungern darauf. Im 19. Jahrhundert nahm der sogenannte „Tee für eingeladene Gäste“ („herbatki proszone“) einen besonderen Platz im gesellschaftlichen Leben des Bürgertums ein, das fest mit besonderen Ritualen verbunden war. In stilvoller, eleganter Kleidung wurde der Tee in ausgesuchtem Porzellan serviert, begleitet von feinem Kuchen und Konfitüren. Populär ist der Blatt-Tee, aus dem eine „Essenz“ hergestellt wird, die man später mit gekochtem Wasser verdünnt. Wenn der Tee gesüßt wird, kommen zwei volle Teelöffel Zucker hinzu. Mittlerweile gehört eine Tasse zu jedem Essen dazu. Getrunken wird inzwischen aus Bechern, wobei (sicherlich auch aus Kostengründen) das Trinken aus Gläsern während der vergangenen 60 Jahre weit verbreitet war. Aufgussbeuteltee erfreut sich aufgrund des fehlenden Geschmacks nur einer geringen Beliebtheit.

Portugal

Obwohl Portugal eine besondere historische Beziehung zum Tee hat, ist der Konsum hierzulande noch relativ gering, allerdings mit deutlich steigender Tendenz. Die portugiesische Infantin Katharina von Braganza heiratete 1662 König Karl II (England). In Ihrer Mitgift hatte sie eine Kiste Tee, da Portugal zu dieser Zeit einige Kolonien in Asien besaß und Tee den Portugiesen längst gut bekannt war. Katharina behielt ihre Angewohnheit, Tee zu trinken, in England bei und so wurde die tägliche 5-Uhr-Teestunde bei Hofe fast schon zur Selbstverständlichkeit. So begann der Siegeszug des Tees in England und breitete sich von dort in der westlichen Welt aus. Auf der Azoreninsel Sao Miguel gibt es mittlerweile zwei Teeplantagen.

Ruanda

Seit 1952 wird Tee in diesem Binnenstaat Afrikas in Höhen von 1.500 bis 2.500 Metern angebaut. Er wird landesweit gern getrunken, besonders morgens und spätabends. Wasser, Milch und Teeblätter werden zusammen aufgekocht und anschließend Zucker hinzugegeben. So kann der Tee auch in Thermoskannen aufbewahrt werden, ohne dass er Farbe oder Geschmack stark verändert. Ruanda-Tee zeichnet sich durch seine hervorragende Qualität und seinen guten, frischen Geschmack aus.

Rumänien

Bevorzugt trinkt man hier Kräuter- und Früchtetees. Der Konsum von schwarzen und grünen Sorten ist eher gering.

Senegal

Bevorzugte Sorten sind schwarze, aber auch grüne Tees sowie Kräutertee. Es gibt eine besondere senegalesische Teekultur, die aber in ähnlicher Form auch in Mauretanien, Guinea und Gambia praktiziert wird: Chinesischer grüner Tee („warga") wird mit Wasser und Minzblättern in einem Teetopf auf einem Holzkohlefeuer zum Kochen gebracht. Zucker wird hinzugefügt und der fertige Tee in kleine Gläser geschenkt, aber mehrfach zurück in den Teetopf gegossen, sodass sich im Glas Schaum bildet. Je dicker der Schaum, desto besser der Tee. In anderen Staaten Westafrikas wird der Teetopf sehr hoch gehalten und zielsicher in die kleinen Gläser geschenkt. Diese Prozedur wird mehrfach wiederholt, bis sich der Zucker völlig aufgelöst hat. Ganze 80 Prozent der Afrikaner trinken Tee und diesen gerne sehr süß.

Serbien

Eine serbische Redensart sagt bereits viel über die Stellung des Tees in dem Land aus: „Tee trinken nur jene Menschen, die krank sind, an einer Erkältung oder Grippe leiden – und man solle möglichst immer einen großen Schuss Honig hinzufügen." Vorrangig trinkt man daher Kamillentee nebst anderer Kräutersorten. Der Tee wird hier sehr schlicht zubereitet, besondere Trinkgewohnheiten bestehen keine.

Simbabwe

Vorrangig wird hier schwarzer Tee getrunken, der auch im eigenen Land angebaut wird. Die Bräuche beim Teetrinken ähneln denen Englands sehr, da Simbabwe lange Zeit eine britische Kolonie war.

Sri Lanka

Wie in allen von England beeinflussten Ländern gilt auch in Ceylon, dass der Tee immer mit sehr viel Zucker und frischer Milch serviert wird. Mittlerweile bedient man sich auch hier kleiner Blattgrade, nämlich BOPF oder sogar Dust. Da die Tees meist frisch von der Fabrik kommen, fällt dies beim Trinken kaum auf. Kauft man aber die vor Ort preiswerten Sorten und brüht sie nach der Rückkehr in Europa auf, schmecken diese häufig sehr gewöhnungsbedürftig, da sie für unser Geschmacksempfinden viel zu kräftig sind.

Südafrika

Der Konsum liegt sehr hoch – 500 Gramm schwarzer Tee und 250 Gramm Rooibostee pro Kopf pro Jahr. Man lässt den Tee hier immer sehr lange ziehen. Rooibostee wird im Gegensatz zu schwarzem Tee nicht bitter.

Tadschikistan

Hier wird sehr viel Tee getrunken. Zum Essen gibt es schwarzen oder grünen Tee, der in kleinen Schalen serviert wird. Im Verlauf des Tages wird regelmäßig Tee zusammen mit Keksen oder kleinen Snacks angeboten. Der Tee wird in Supermärkten oder auf dem Markt lose verkauft.

Taiwan

Die Trinkgebräuche in Taiwan ähneln jenen in China oder Japan. Ist man eingeladen, serviert meist der Hausherr den Tee. Die Hausfrau stellt ihm dabei alles zur Verfügung, während er das Wasser zum Kochen bringt, die Tassen und die Kanne damit reinigt und das Wasser in ein vor ihm stehendes Tablett mit Gitter und Abfluss in einen unter dem Tisch positionierten Eimer abfließen lässt. Danach gibt er relativ viele Teeblätter in einen kleinen Teetopf, füllt diesen zur Hälfte mit sehr heißem Wasser, welches er anschließend wieder wegschüttet. Sofort werden die bereits leicht angequollenen Blätter erneut mit heißem Wasser bedeckt – der erste Aufguss ist fertig und wird jedem Gast in kleinen Schälchen überreicht. Der zweite, dritte und sogar ein vierter Aufguss folgen – die Ziehzeit wird dann aber deutlich verlängert. Es wird so lange Tee zubereitet, bis der Gast dankend abwinkt.

Tansania

Hier wird fast überall schwarzer Tee aus lokalem Anbau getrunken, am liebsten mit Milch und sehr viel Zucker. Kaffee spielt dagegen eine völlig untergeordnete Rolle.

Tschechien

Mit einer relativ geringen Menge von circa 200 Gramm pro Kopf pro Jahr wird vorwiegend schwarzer Tee getrunken, aber auch Früchte- und Kräutertees werden gern konsumiert.

Türkei

Der Teekonsum ist mit 3,2 Kilogramm pro Kopf pro Jahr sehr hoch. Es sind zwar alle Teearten im Handel erhältlich, getrunken werden aber vorwiegend schwarze Sorten. Schwarzer Tee wird den gesamten Tag über aus Gläsern konsumiert – natürlich auch zu jeder Mahlzeit. Kräutertees werden normalerweise als pflanzliche Medikamente gehandhabt. Man erwirbt diese in örtlichen Kräuterläden, den sogenannten „Aktar", was so viel bedeutet wie „Krämer". Türkischer Tee wird in der Regel unter Verwendung von zwei übereinander gestapelten Kesseln („caydanlik" genannt) zubereitet, die speziell dafür entwickelt wurden. Im unteren Kessel wird das Wasser zum Kochen gebracht, in den oberen werden mehrere Löffel Teeblätter hineingegeben. Dann wird das Wasser auf die Teeblätter gegossen, welche recht lange im Wasser ziehen, sodass der Tee sehr kräftig wird. In ein Glas wird dann etwas von dem starken Aufguss gefüllt und entsprechend der individuellen Wünsche mit dem heißen Wasser des oberen Kessels verdünnt. Ein starker Tee heißt je nach Farbe „koyu" (dunkel), „tavsan kani" (Kaninchenblut) oder „acik" (hell, schwach braunrot). Der Tee wird mit Rübenzuckerwürfeln gesüßt und sehr heiß getrunken. Als Zeichen der Gastfreundschaft wird jedem Besucher ein Glas davon angeboten. Tee wird in Haushalten, Geschäften, im Teehaus oder den sozialen Treffpunkten der Männer getrunken.

Ukraine

Der Konsum liegt bei etwa 300 bis 500 Gramm pro Kopf pro Jahr. Es werden alle Arten angeboten. Besondere Zeremonien oder Gebräuche sind nicht bekannt.

Ungarn

Früher gab es in Ungarn nur schwarzen Tee, mittlerweile sind aber grüne, Kräuter- und besonders Früchteteesorten sehr gefragt: Der reine Früchtetee führt den Konsum mit 40 Prozent an.

Uruguay

Weltweit liegt Uruguay mit einem Konsum von 6,8 Kilogramm Mate pro Kopf pro Jahr an der Spitze. Schwarzer Tee wird auch getrunken, aber nur in sehr kleinen Mengen. Traditionell wird der Mate aus dem – ebenfalls Mate genannten – Stielende eines ausgehöhlten Flaschenkürbisses (Kalebasse) getrunken. Diese Kürbisse sind mit Leder überzogen, können verziert sein und sind am oberen Ende oft durch einen Metallring verstärkt. Die Mate-Behälter können verschiedene Formen aufweisen. Getrunken wird durch die sogenannte Bombilla, ein Metalltrinkrohr mit einem Sieb am unteren Ende. Dieses Sieb dient als Filter für die Blätter, die in der Kalebasse belassen werden.

Das Matetrinken hat in Uruguay einen starken sozialen, teilweise aber auch zeremoniellen Charakter. Man sitzt oder steht in einer Runde mit seinen Freunden, Verwandten oder Kollegen und trinkt gemeinsam aus demselben Mate. Eine Person bereitet jeweils die Aufgüsse zu, die dann reihum gereicht werden. Jeder Aufguss wird komplett ausgetrunken und geht dann zurück an die den Mate zubereitende Person. Der Uruguayer läuft meist mit dem Mate in einem Arm und mit einer Thermoskanne unter dem anderen herum, um so auch unterwegs Mate trinken zu können.

Usbekistan

Dieses Land zeichnet sich durch einen relativ hohen Teekonsum von ca. 2,7 Kilogramm pro Kopf pro Jahr aus. Hauptsächlich trinkt man hier grüne, manchmal aber auch schwarze Sorten. Tee eröffnet und schließt jede Mahlzeit ab; so wird den Gästen als Erstes einmal Tee serviert. Tagsüber wird dieser zwischen den Mahlzeiten als eine Art „Extra-Gericht" getrunken. Der Tee wird immer frisch zubereitet, getrunken wird er ohne Zucker und aus Porzellanschalen, beziehungsweise sogenannten „Pialas" (Tonschalen). Eine besondere Zubereitungsart ist der sogenannte „Schirtschoy". Tee wird dabei in einem Kessel mit einem Schuss Milch, Schmalz, Salz und Pfeffer gekocht. Oft als Schir-Tschoy (schwarzer Tee) bezeichnet, wird er auch manchmal Ok-Tschoy (weißer Tee) genannt.

Das Getränk kann wohl mehr als eine Art Suppe bezeichnet werden, es wird häufig zum Frühstück konsumiert und Fladenbrot dazu gegessen.

Häufig verläuft das Servieren nach einer bestimmten Zeremonie: Wenn der Tee serviert wird, wird immer eine Teeschale mehr dazugestellt als Gäste anwesend sind. Diese zusätzliche Schale ist für das Umgießen („Kaytar") gedacht. Der Tee wird in die Schale gegossen und sofort wieder zurück in die Teekanne; dies geschieht dreimal. So mischt sich der Tee gut durch und kann sein Aroma voll entfalten. Man sagt, dass der Tee beim ersten Zurückgießen nur Lehm, beim zweiten Öl und beim dritten dann richtiger Tee sei – „Loy-Moy-Tschoy" genannt: „Lehm-Öl-Tee". Dazu werden meist Kandiszucker, Rosinen, getrocknete Aprikosen und Wallnusskerne gereicht. Der Tee wird den Gästen nur bis zur Hälfte der Schale eingefüllt. Bei Tischgesellschaften aus Männern schenkt der jüngste immer den Tee ein, in einer Familie jeweils die Braut oder Tochter. Speziell zum Teetrinken sind in Usbekistan offene und überdachte „Tschyhona" errichtet worden, wo früher nur Männer, mittlerweile aber auch vermehrt Frauengesellschaften sich zum gemütlichen Teetrinken treffen und Neuigkeiten austauschen.

Vietnam

Mit etwa 300 Gramm pro Kopf liegt der Verbrauch nicht sehr hoch. Angeboten werden schwarze, grüne und Kräutertees. Tee wird meist frühmorgens zum „Reinigen des Körpers" getrunken, sowie nach dem Essen. Vor allem grüner Tee wird zu besonderen zeremoniellen Anlässen – beispielsweise Hochzeiten – gereicht.

Das Probenzimmer

Das Probenzimmer ist das Heiligtum und Herz einer guten Teefirma. Hier wird entschieden, welche Tees man kauft, wofür man sie erwirbt, wie man den Tee vielleicht noch zusätzlich verwenden wird, hier werden Mischungen hergestellt und aromatisiert. In Regalen befinden sich diverse Stockdosen, beschriftet mit einem kleinen Kärtchen. Diese beinhalten Proben oder Muster der Tees, die gekauft wurden und sich auf der Reise von den Teeplantagen zum Sitz der Firmen befinden, welche meist in den Hafenstädten liegen. Nach Ankunft im Lager beinhalten die Stockdosen zudem ein frisch gezogenes Muster direkt aus der Partie. Grund: Man möchte sicherlich die Partie verkaufen und benötigt dafür kleine Probemuster, um sie Interessierten anzubieten. Auch verwendet man vielleicht das Muster, um Mischungen herzustellen; für ein Teemuster finden sich im Probenzimmer unterschiedlichste Gebrauchsmöglichkeiten.

Doch bevor dieses im Probenzimmer landet, erhält man zunächst von den Teeplantagen, den Exporteuren in Übersee oder von den Brokern der Auktionen ein kleines Angebotsmuster. In früheren Zeiten verschickte man diese per Luftpost, heute wird dies häufig per Kurier erledigt. Die Teeproben werden auf dem Probentisch erst einmal der Angebotsreihe nach sortiert, auf weiße, A5-große oder kleinere Pappen ausgelegt. Die Reihenfolge bestimmt meist der Preis – an vorderster Stelle stehen die preiswerteren, zuletzt dann die teuersten Angebotsmuster. Sortiert werden sie nach Provenienzen, innerhalb dieser nach Blattgraden. Man versucht immer, Tees gleichen Ursprungs zusammen zu verkosten, damit man besser vergleichen und aussortieren kann. Vor die weißen Pappen stellt man das Teeprobiergeschirr, bestehend aus einem kleinen Kännchen mit Deckel und einer breiten weißen Tasse. In das Kännchen – man kann es auch als kleinen Topf bezeichnen – werden dann traditionell 2,68 Gramm Tee gegeben. Das entspricht der alten, bis Anfang der Siebzigerjahre gebräuchlichen englischen Münze.

Danach wird das 150 Milliliter Wasser fassende Kännchen bis zum Rand mit frisch kochendem Wasser gefüllt, der Deckel darauf gelegt und die Zeituhr auf fünf Minuten gestellt. Schrille Klingeltöne machen unverständlich klar, dass die Ziehzeit beendet ist und der Tee abgegossen werden muss. Gekonnt wird jetzt das Kännchen auf die offene Teeschale gestülpt, und zwar so, dass der Tee zwischen Deckel und Topf durch den gezackten Rand in die Tasse fließen kann. Die Zacken sind zum besseren Entleeren des Kännchens in den Rand eingefügt.

Probierbereiter Tee

Man lehnt jetzt den Topf mit den Blattrückständen leicht schräg an den Tablettrand, damit sich eventuell noch vorhandene Tropfen am Boden des Topfes sammeln können, gießt diese noch in die Tasse und stülpt jetzt die aufgebrühten Blattrückstände auf den umgedrehten Deckel, der auf dem Topf liegt.

Zunächst betrachtet der Teeverkoster (im Englischen als „Teataster" bezeichnet) das trockene Blatt auf der weißen Pappe, danach nimmt er den Deckel mit den Blattrückständen prüfend ins Blickfeld und riecht ausgiebig daran. Mit einem Probierlöffel entnimmt er der Tasse den Tee, den er stark schlürfend mehrfach in den Mund zieht. Anschließend spuckt er ihn in ein vor ihm stehendes Sputum (Spucknapf). Für die Beurteilung des Tees sind die Blattrückstände von großer Wichtigkeit, zusammen mit dem Geruch machen sie mindestens 51 Prozent der Qualitätsbeurteilung aus. Man kann aus den Blattrückständen Alter, Zusammensetzung, Mischung, Haltbarkeit und Duft sowie bedingt auch den Geschmack erkennen. Die darauffolgende Prüfung des Geschmacks rundet das Bild deutlich ab und macht die weiteren 49 Prozent der Beurteilung aus. Aufgüsse dieser Art umfassen meist etwa 30 Tassen. Ist ausreichend Platz im Probenzimmer vorhanden, könnte man natürlich auch mehr Teeproben zur Prüfung auslegen. Allerdings könnten dann die letzten Tassen bereits kalt sein und das Ergebnis beeinträchtigen.

Teeverkoster versuchen immer, Tees einer Provenienz zu verkosten, bevor die Muster einer weiteren probierbereit sind. Bis zu 300 Tassen Tee am Tag sind allgemein für einen versierten Teataster möglich. Sicherlich ist die Anzahl nicht

Handwaage zum präzisen Abwiegen der Teemenge für die Teeprobe

unbedingt von großer Bedeutung, aber gerade während der Sommermonate, wenn Erntezeit in den meisten Teeanbaugebieten herrscht, kommen große Mengen Muster auf den Probentisch, die alle verkostet werden müssen, will man gute Tees nicht in anderweitige Hände gehen lassen. Der Teataster muss nicht unbedingt den dritten Tee mit dem zweihundertfünfundneunzigsten vergleichen. Findet ein Tee Zuspruch, wird dies durch Verstellen der Tasse oder des Topfes, durch Herunterlegen der Mustertüte oder Heraufschieben der weißen Pappe angezeigt.

Beim Erstellen der Mischungen zeigt sich die große Kunst des Teeverkosters. Häufig erhält man sehr kleine Muster – zwei bis drei Aufgussbeutel zu je eineinhalb Gramm oder vielleicht fünf bis zehn Gramm eines Blatt-Tees, die es dann zu ersetzen gilt. Bei der Mischung kommt es dann darauf an, dass das Volumen identisch ist, die Blattbeschaffenheit sich nicht unterscheidet, die Tassenfarbe und die Farbe des Ausgusses übereinstimmen. Meist hat man nur zweimal die Möglichkeit, das gewünschte Muster zu verkosten – dann muss die Mischung „stehen". Was im Probenzimmer im Kleinen, also mit Handmischungen von etwa 200 Gramm erstellt wird, muss nachher im Lager mit vielleicht 10 Tonnen gemischt und produziert werden.

Wurde früher eine Teepartie verkauft beziehungsweise „geräumt", wurde sofort die Stockdose entleert – der Tee war somit nicht mehr präsent. Da Metall auch Eigengerüche entwickeln kann, legte man häufig eine Vanillestange in die leeren Dosen, bis neuer Tee hineinkam. In der Dose breitete sich ein wunderbarer und angenehmer Vanilleduft aus, der sicherlich auch dazu beitrug, dass das neue Teemuster etwas davon übernahm und so einen eventuellen Käufer eher animierte, den Tee sofort zu kaufen.

TEE NACH REGIONEN

AFRIKA

Mit Ausnahme von sehr preiswerten Aufgussbeuteltees aus den Ländern Südafrikas haben es die anderen Sorten sehr schwer, bei uns einen Platz am Markt zu finden. Die Gründe dafür sind vielfältig, einer der Hauptgründe ist jedoch, dass afrikanische Tees sich geschmacklich sogar im weichen ostfriesischen Wasser teilweise metallisch gestalten, manchmal auch etwas muffig. Dabei wird ein Drittel aller nach Deutschland importierten Tees in Ostfriesland konsumiert.

Geradezu hervorragende Qualitäten kommen aus Kenia, Tansania, Burundi und Ruanda. Orthodoxe Tees, die zum Teil ein ausgeprägtes, feines Flavour aufweisen sowie eine hervorragende Blattbeschaffenheit, und zudem viele Tips enthalten, sind vielseitig einsetzbar, zum Mischen zum Beispiel, aber auch als Originaltee. Sie sollten allerdings immer schnell konsumiert werden. Das Aroma hält meist nur etwa ein Jahr, danach verändern sich die Tees geschmacklich deutlich. Die besten und feinsten von ihnen werden während der Trockenzeit von Januar bis März geerntet. Wenn diese dann hier im April/Mai eintreffen, ist der Haupt-Teeumsatz bereits vorbei. Erst zum Herbst oder Winter steigt die Nachfrage – dann sind diese Sorten aber bereits neun Monate alt und haben deutlich an Frische und Aroma verloren. Bedauerlich, denn mittlerweile gibt man sich dort sehr viel Mühe, um unseren Wünschen nachzukommen.

Viele Teeplantagen liegen in Höhen um und über 2.000 Meter – also von Klima, Wachstum und der Umgebung her beste Voraussetzungen für aller feinste Qualitäten. Sehr viele afrikanische Tees werden nach dem CTC-Verfahren hergestellt und sind dann meist nur noch für die Aufgussbeutelproduktionen einsetzbar. Afrikanischer Tee wird in Äthiopien, Kenia, Uganda, der Demokratischen Republik Kongo, Burundi, Ruanda, Tansania, Mosambik, Malawi, Simbabwe, der Südafrikanischen Union, Madagaskar, Mauritius und La Réunion sowie Kamerun angebaut. Ein breites Spektrum unterschiedlicher Arten und Sorten also. Im Inland wird sehr viel Tee getrunken, daher gelangen nur bestimmte Mengen in den Export.

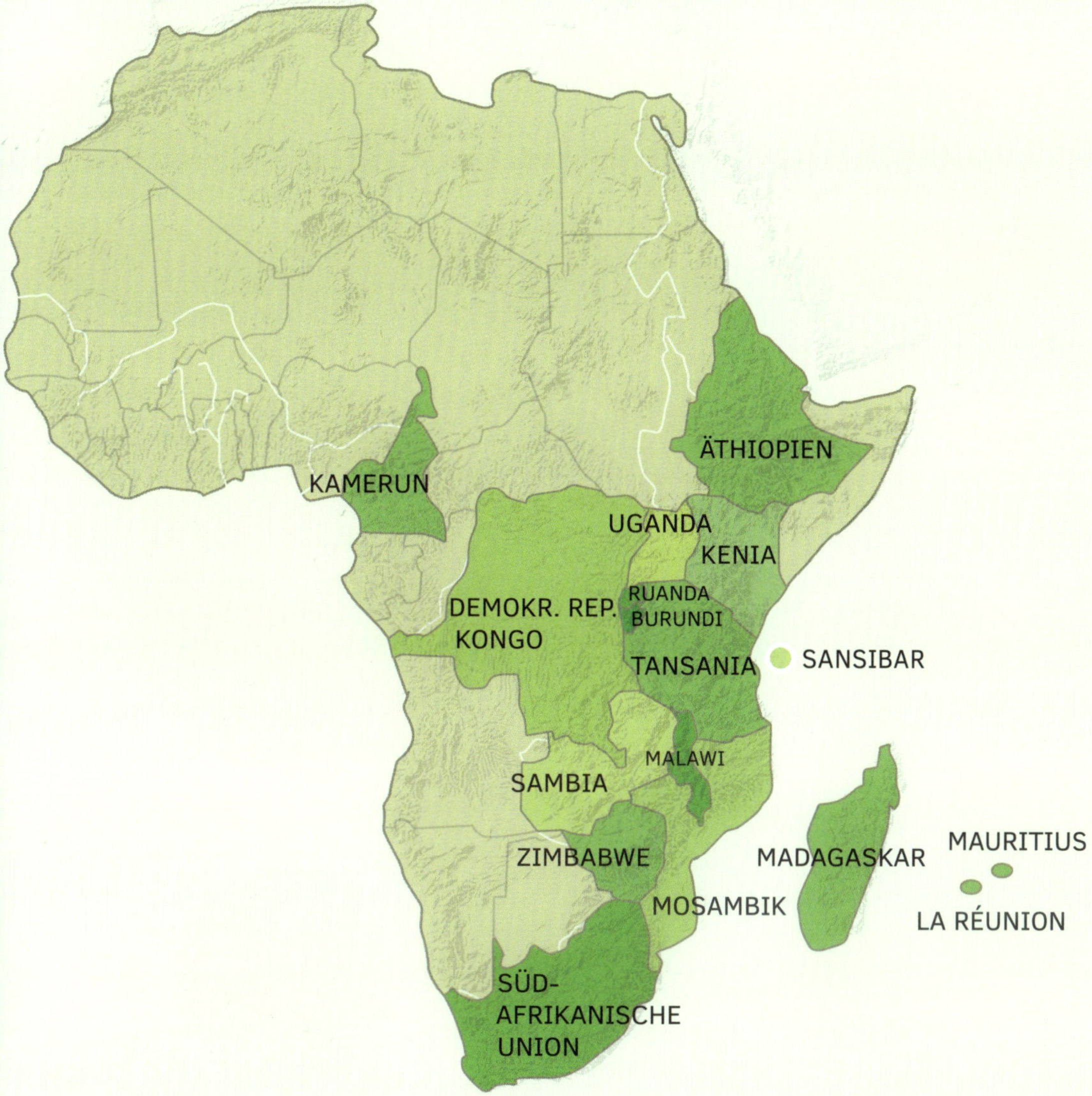

ÄTHIOPIEN
KAMERUN
UGANDA
KENIA
RUANDA
BURUNDI
DEMOKR. REP.
KONGO
SANSIBAR
TANSANIA
MALAWI
SAMBIA
ZIMBABWE
MADAGASKAR
MAURITIUS
MOSAMBIK
LA RÉUNION
SÜD-
AFRIKANISCHE
UNION

ERNTEZEITEN AFRIKA

10
8
6
4
2
0
Jan
Feb.
März
April
Mai
Juni
Juli
August
Sept.
Okt.
Nov.
Dez.

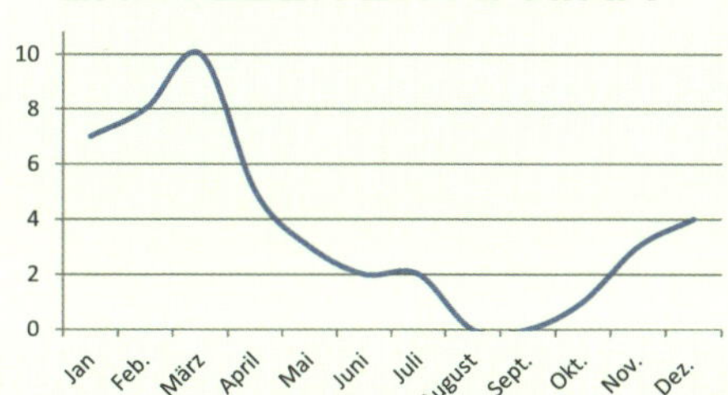

0 = keine Ernte
1 = geringe Qualität
5 = ordentliche Qualität
10 = Top-Qualitäten

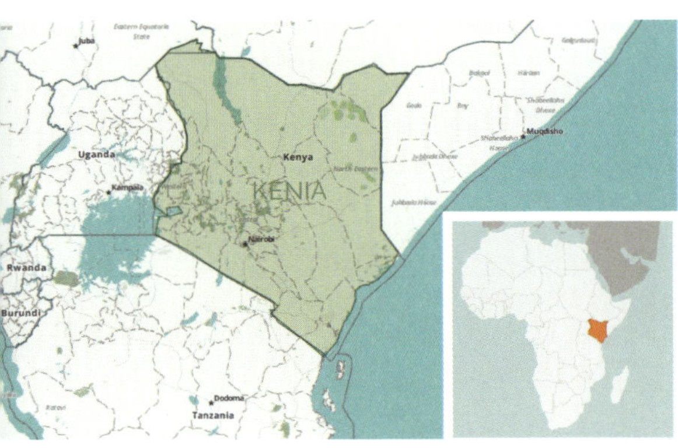

KENIA CTC B(O)P(1)

Herkunft:
Hochland Kenias

Erntezeit:
ganzjährig

Blattbeschaffenheit:
kleines, kugeliges, braunes Korn

Geschmack:
sehr kräftig und adstringierend

Qualität:
gut zum Mischen mit Ceylon oder Indonesien Broken

Zubereitung:
1 leicht gehäufter Teelöffel pro Tasse, frisch kochendes Wasser, mit Zucker und Milch/Sahne servieren

Ziehzeit:
1 Minute

Tassenfarbe:
tiefes Rotbraun

Infusion:
dunkelbraun

Haltbarkeit:
knapp 1 Jahr

Info!

Obwohl er eine gute geschmackliche Variante zu bekannten CTC-Tees aus Assam darstellt, ist dieser Tee nur bedingt trinkbar und sollte möglichst rasch konsumiert werden, da das Aroma nicht lange hält.

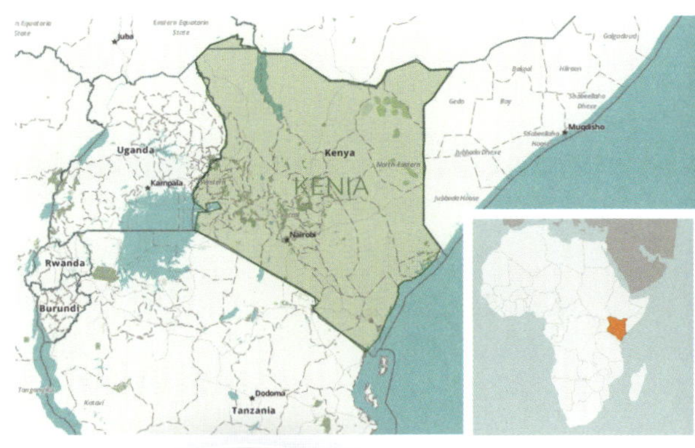

KENIA CTC PF1

Herkunft:
Hochland Kenias

Erntezeit:
ganzjährig

Blattbeschaffenheit:
sehr kleines, braunes Korn

Geschmack:
extrem kräftig und adstringierend

Qualität:
Highgrown-CTC-Tee für Aufgussbeutel

Zubereitung:
1 gestrichener Teelöffel pro Tasse,
frisch kochendes Wasser,
mit Zucker und Milch/Sahne servieren

Ziehzeit:
1 Minute

Tassenfarbe:
tiefes Rotbraun

Infusion:
dunkelbraun

Haltbarkeit:
knapp 1 Jahr

Info!

Dieser Tee ist nur bedingt haltbar und nicht geeignet für weiches Wasser, zum Beispiel in Ostfriesland, da in dem dortigen weichen, moorigen Regenwasser afrikanische Tees einen metallischen Geschmack entwickeln.

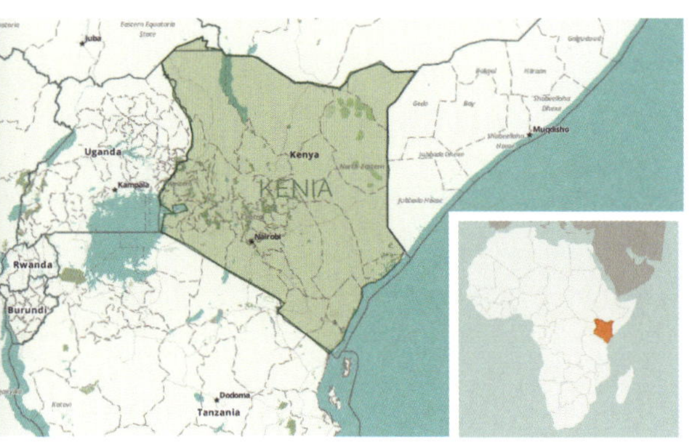

KENIA (F)OP

Herkunft:
Hochland Kenias

Erntezeit:
ganzjährig

Blattbeschaffenheit:
dunkelbraunes, langes Blatt mit einigen goldenen Tips

Geschmack:
angenehm dezent-würziger, milder Blatt-Tee

Qualität:
im Vergleich zu anderen afrikanischen Teesorten recht hochwertig

Zubereitung:
1 gehäufter Teelöffel pro Tasse, frisch kochendes Wasser, gern Zucker oder Milch/Sahne

Ziehzeit:
3 Minuten

Tassenfarbe:
schokoladenbraun

Infusion:
schokoladenbraun

Haltbarkeit:
2 Jahre

Info!

Eine preiswerte Alternative zu indischen Tees – sollte aber rasch getrunken werden, da afrikanische Tees nicht sehr lange haltbar sind. Gerne mit Milch und Zucker servieren.

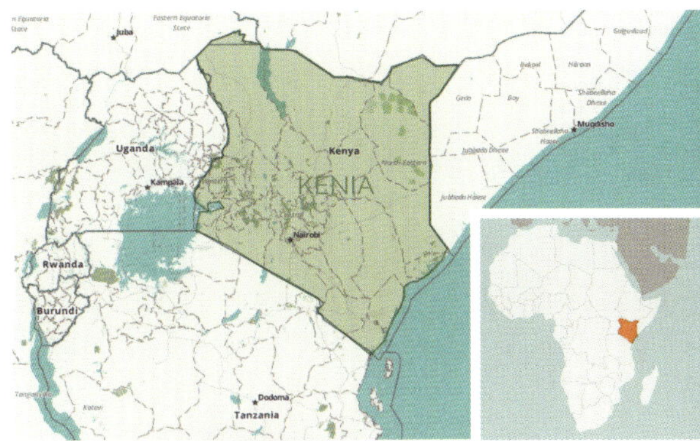

KENIA GFBOP

Herkunft:
Hochland Kenias

Erntezeit:
ganzjährig

Blattbeschaffenheit:
dunkelbraunes, kleines Brokenblatt mit einigen goldenen Tips

Geschmack:
kräftig-würziger Brokentee

Qualität:
Highgrown-Qualität

Zubereitung:
1 leicht gehäufter Teelöffel pro Tasse,
frisch kochendes Wasser,
gern mit Zucker und Milch/Sahne servieren

Ziehzeit:
maximal 2 Minuten

Tassenfarbe:
schokoladenbraun

Infusion:
schokoladenbraun

Haltbarkeit:
2 Jahre

Info!
Ebenfalls eine geschmackvolle Alternative zu indischen Tees. Gerne mit Milch und Zucker servieren.

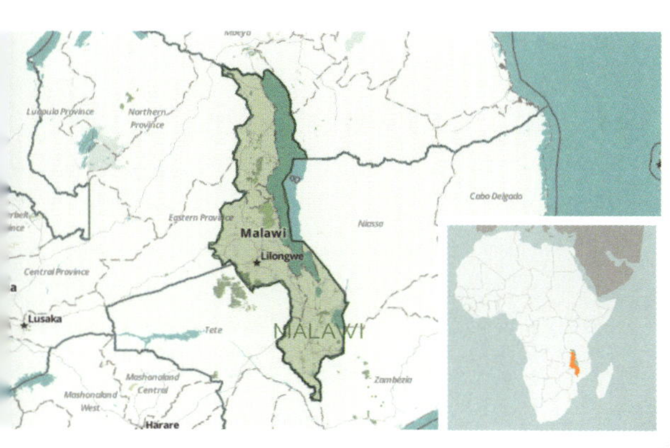

MALAWI

Herkunft:
Malawi, Cholo- und
Mulanje-Distrikt (nahe Luchenza)

Erntezeit:
Oktober/November bis April

Blattbeschaffenheit:
kleinblättrige, braune Broken
und Fannings, vorwiegend CTC-Produktion

Geschmack:
kräftiger Mediumtee

Qualität:
dunkel färbende Aufgussbeutelqualitäten

Zubereitung:
1 gestrichener Teelöffel pro Tasse,
frisch

Ziehzeit:
1 bis 2 Minuten

Tassenfarbe:
rötlich-braun

Infusion:
braun bis dunkelbraun

Haltbarkeit:
1 bis 2 Jahre

Info!

Tee aus Malawi ist kaum als Originaltee erhältlich, dafür aber relativ häufig als sehr preiswerter Aufgussbeuteltee. Nicht lange lagern und mit Milch und Zucker servieren.
Im Oktober und Anfang November gibt es sogenannte Frühlingstees, die leicht, bekömmlich und aromatisch sind, sowie ein dezentes Zitrusaroma aufweisen.

RUANDA FOP

Herkunft:
Hochland Ruandas

Erntezeit:
ganzjährig

Blattbeschaffenheit:
langes, schwarzes Blatt
mit wenigen hellen Tips

Geschmack:
leicht, mild, fruchtig

Qualität:
guter Highgrown-Blatt-Tee

Zubereitung:
1 gehäufter Teelöffel Blätter pro Tasse,
frisch kochendes Wasser

Ziehzeit:
3 Minuten

Tassenfarbe:
rotbraun

Infusion:
braun

Haltbarkeit:
1 bis 2 Jahre

Info!
Ein preiswerter, dennoch geschmackvoller Tee – die feinsten Tees Afrikas kommen aus Ruanda und Burundi!

AZOREN

Zwei Plantagen produzieren hier Tee, der nur auf den Azoren, vorwiegend an Touristen, verkauft wird. Neben der kleineren Fabrik Chá Porto Formoso befindet sich, ebenfalls im Kreis Ribeira Grande auf São Miguel, die zweite Produktionsstätte Chá Gorreana. Abgesehen von Cornwall sind dies die einzigen Teefabriken innerhalb der Europäischen Union. Qualitativ ist diese Sorte dem Lowgrown Ceylon recht ähnlich.

1878 sollen zwei Chinesen aus Macau den Tee auf die Azoren gebracht haben, auch wenn vermutet wird, dass es bereits um das Jahr 1750 Tee auf der Insel gegeben haben soll. Die erste Einfuhr von Saatgut ist im Jahre 1820 dokumentiert worden. Für den Teeanbau ist das subtropische Klima auf den Azoren ideal: Milde Temperaturen, ganzjährliche Regenfälle, kein Frost, des Weiteren unterschiedlich starke Sonneneinstrahlung sowie saure Lehmböden lassen die Pflanzen auf der portugiesischen Hauptinsel hervorragend gedeihen. Je nach Wetter beläuft sich die Produktion so auf rund 40 Tonnen im Jahr. Hergestellt werden sowohl schwarzer wie auch grüner Tee in den unterschiedlichsten Blattgraden.

AZOREN-TEE

Herkunft:
Sao Miguel (Portugal)

Erntezeit:
Sommer

Blattbeschaffenheit:
braun-schwarzes Blatt bei schwarzem, beziehungsweise dunkelgrünes langes Blatt bei grünem Tee

Geschmack:
mild und angenehm zu trinken

Qualität:
ordentlicher Mediumtee

Zubereitung:
1 gehäufter Teelöffel pro Tasse, kochendes Wasser für schwarzen Tee, bei grünem nur 10 Blätter, leicht erkaltetes, abgekochtes Wasser

Ziehzeit:
3 bis 4 Minuten

Tassenfarbe:
rotbraun bei schwarzem, beziehungsweise gelbgrün bei grünem Tee

Infusion:
dunkelbraun bei Schwarztee, tiefes Grün bei Grüntee

Haltbarkeit:
1 Jahr

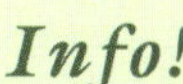

Info!

Tee wächst auf der Hauptinsel Sao Miguel und wird dort auf zwei Plantagen bewirtschaftet. Er ist ein sehr schönes Souvenir für Touristen.

CHINA

Im Mutterland des Tees kennt man diesen schon seit über 4.000 Jahren, besonders in den südlicheren Provinzen. Exakte Zahlen über die Produktion liegen nicht vor – man nimmt aber an, dass jährlich circa zwei Millionen Tonnen Tee hergestellt werden. Der Eigenkonsum ist unverändert groß – China benötigt dafür etwa 1,6 Millionen Tonnen und exportiert die restlichen 400.000. Der Eigenbedarf besteht etwa zu 80 Prozent aus grünem oder weißem Tee, lediglich 20 Prozent der produzierten Menge ist schwarzer Tee.

Tee wird sowohl in kleinen bäuerlichen Betrieben als auch in riesigen Plantagen angebaut. Allgemein sagt man, dass die Tee-Ernte um den 15. März eines Jahres herum beginnt und mit Einbruch des Winters endet. Besonders die ersten zarten, feinen, hell abgießenden und aromatischen Tees werden von Kennern im Lande zu fantastischen Preisen verkauft, beispielsweise in Hongkong, ganz Japan und an der Westküste Amerikas. Qualitativ geringwertigere Tees wie Chun Mee, Sencha oder Gunpowder werden eigentlich nur für den Export produziert – im Lande konsumiert man durchweg feine bis feinste Sorten. Die Regelernte beginnt dann ab etwa Mitte Mai.

Jahrzehntelang kannte man aus China nur Mediumqualitäten. Erst nach zögerlicher Öffnung des Landes während der letzten Jahre kamen allmählich die individuellen und feinsten Sorten auch zu uns in den Handel. Broken- oder Aufgussbeuteltees, also Fanningsgrade, werden dagegen fast komplett exportiert – vorrangig nach Europa.

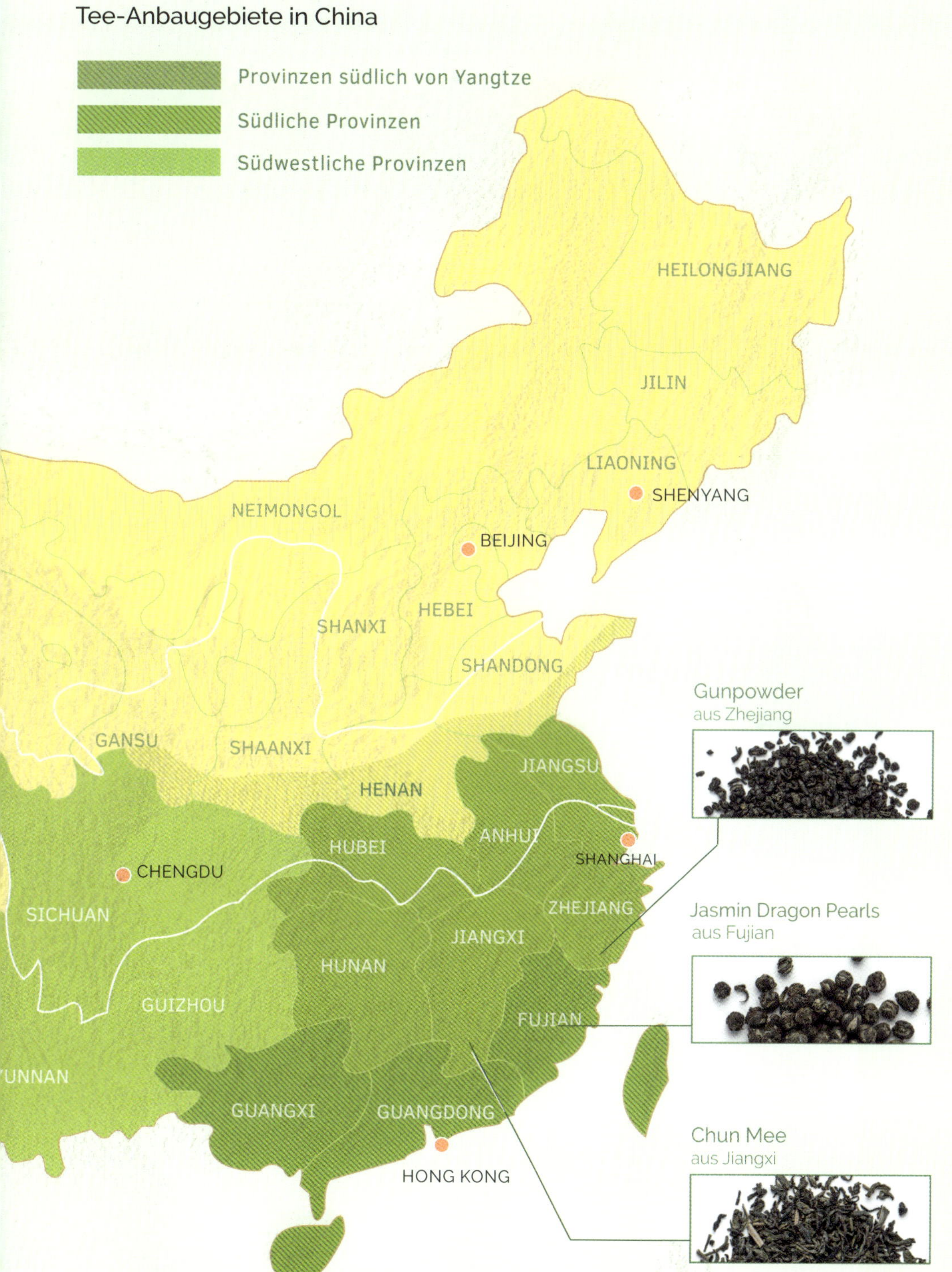

Gunpowder
aus Zhejiang

Jasmin Dragon Pearls
aus Fujian

Chun Mee
aus Jiangxi

Eine Besonderheit Chinas sind zudem die feinen Jasmintees. Die Jasminblütenernte findet händisch statt; dafür wird der Tee wenige Zentimeter hoch ausgelegt und üppig mit Jasminblüten bedeckt. Je feiner die Teequalität, desto häufiger werden frische Jasminblüten auf dem Tee ausgebreitet, bis dieser den zarten Duft der Blüten übernimmt. Qualitativ hochwertige Jasmintees erkennt man daran, dass die welken und trockenen Blüten wieder aus dem Tee gesammelt wurden. Lediglich bei preiswerten Sorten lässt man diese aus optischen Gründen im Blatt. Jasmintees sollte man sehr gering dosieren – zehn bis zwölf Blätter reichen pro Tasse vollkommen aus!

ERNTEZEITEN CHINA

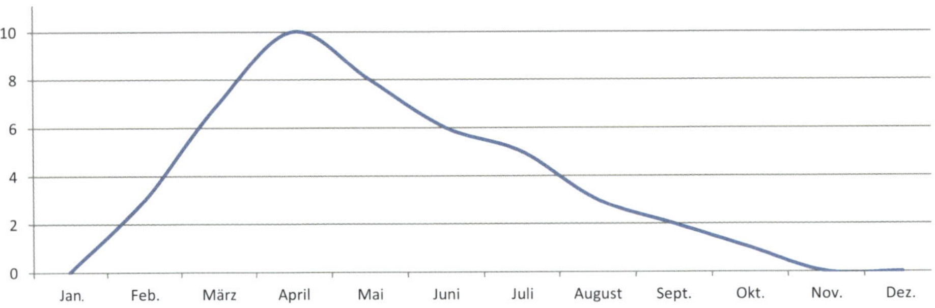

0 = keine Ernte
1 = geringe Qualität
5 = ordentliche Qualität
10 = Top-Qualitäten

DIE ZEHN BERÜHMTESTEN TEES AUS CHINA

Huang Shan Mao Feng: Charakteristisch ist das Aussehen der Blätter, die Spatzenzungen ähneln, sowie seine leicht gelbliche Blatt- und Tassenfarbe, der milde, frische Duft und die Gleichmäßigkeit der Optik.

Tai Ping Hou Kui: Die Blätter sind sehr lang, flach und dunkelgrün, das Aroma frisch und mild, mit einem dezenten süßlichen Nachgeschmack.

Lu An Gua Pian: Charakteristisch für diesen Tee sind seine groben, an Sonnenblumenblüten erinnernden Blätter, sein frischer Duft und seine klare, grüne Tassenfarbe. Der Tee selbst ist wohlriechend, frisch und mild, im Nachgeschmack entwickelt er eine feine Süße.

Ding Gu Da Fang: Der besondere Effekt dieses Tees ist, dass er bei regelmäßigem Konsum Körperfett abbaut – man bezeichnet ihn daher auch als „King of losing fat".

Pi Lo Chun: Der feinste Pi Lo Chun wird auf einer Insel des Tai-Lu-Sees angebaut und hergestellt. Der Tee zeichnet sich durch eine klare, hellgrüne Tassenfarbe und ein mildes, dezent fruchtiges Aroma aus.

Keemun Black Tea: Keemun-Tees besitzen ein spezielles, frisches und lange anhaltendes Aroma, das bei feinsten Sorten an Orchideen erinnert. Keemuns sind in der Tassenfarbe rötlich bis braun, mit einem kräftigen, aber milden Geschmack und werden nicht bitter.

West Lake Lung Ching: Die Blätter des Lung Chings sind weich, gelblich bis grün, flach gepresst und unregelmäßig. Feiner Duft zeichnet gute Qualitäten aus.

Yin Zhen: Die Blätter sind umhüllt von weißem Flaum, der Tee selbst ist sehr mild, erfrischend und im Abgang süßlich. Die Blattspitzen liegen zunächst flach auf dem heißen Wasser, stellen sich dann senkrecht auf und sinken erst nach wenigen Minuten langsam auf den Tassenboden.

Lu Shan Yun Wu: Die Tassenfarbe ist klar und grün, die Blätter unterschiedlich lang, häufig etwas gekräuselt. Ein recht eleganter Tee, der möglichst sorgsam zubereitet werden sollte.

Meng Ding Gan Lu: Meng Ding kann gering dosiert werden, sollte aber möglichst immer mit gutem Wasser zubereitet werden. Er zeichnet sich durch geschmackliche Frische und eine klare, hellgrüne Tassenfarbe aus.

Weitere bekannte Blattarten Chinas sind Gunpowder, Chun Mee und Sencha.

PI LO CHUN

Es wird berichtet, dass vor sehr langer Zeit eine wunderschöne und hart arbeitende junge Frau namens Bi Lou in den westlichen Dongting-Bergen lebte, die einen Fischer namens Axiang liebte, und auch er war ihr zugetan. Das Drama begann, als ein übler Drache vom Tai-Hu-See drohte, den Teufel zu beauftragen, die Menschen in Aufruhr zu versetzen, wenn Bi Lou ihn nicht heiraten würde. Als Axiang das erfuhr, beschloss er, den üblen Drachen zu töten. Er fuhr mit seinem Boot auf den See hinaus und tötete den Drachen. Dabei verletzte er sich und wäre beinahe verblutet. Bi Lou nahm ihn in ihre Obhut, aber er erholte sich nicht. Deshalb ging sie in die Berge und suchte nach Kräutern, die Axiang heilen würden. Dabei entdeckte sie eine Teepflanze auf der Bergspitze, und obwohl es noch kaum Frühling geworden war, hatte dieser Teebusch bereits einige frische Blätter. Sie steckte Blatt für Blatt in ihren Mund und half diesen, sich dank ihrer Körpertemperatur zu entwickeln und zu wachsen. Bi Lou bereitete aus diesen Blättern eine Suppe für Axiang zu und sein Zustand verbesserte sich merklich. Daraufhin pflückte Bi Lou alle Teeblätter vom kleinen Teebusch, wickelte sie in dünnes Papier und bewahrte sie zum Trocknen bei ihrer Brust. Aus den getrockneten, mittlerweile gekräuselten Teeblättern bereitete sie Tee zu, den sie ihrem Freund verabreichte, woraufhin es ihm immer besser erging. Doch Bi Lou wurde Tag für Tag dünner, denn all ihre Kraft verwendete sie für die Erzeugung der Teeblätter. Letztendlich starb sie mit einem süßen Lächeln auf den Lippen in den Händen ihres Freundes, der sie in den Dongting-Bergen begrub. Seitdem, heißt es, sind die Teepflanzen dort besser und stärker gewachsen denn je. Zu Ehren des jungen Mädchens nannten die Einheimischen den Tee „Pi Lo Chun“ – „Bi Lous Frühling“.

WESTLAKE LUNG CHING

Es wird berichtet, dass der Kaiser Kangxi das südliche Gebiet des Yangtse-Flusses besuchte, dabei in die Shifeng-Berge nahe Lung Ching (englischer Ausdruck „Dragon Well“) in Hangzhou gelangte und dort junge Frauen sah, die Teeblätter ernteten und ihm diese auch zeigten. Er war so begeistert von der Tätigkeit und den Teepflanzen, dass er entschied, sofort selbst das richtige Pflücken zu erlernen. Gerade als er eine Handvoll Blätter geerntet hatte, kam ein Eunuch zu ihm und berichtete, dass seine Mutter krank geworden sei. Er steckte die geernteten Teeblätter in seine Tasche und reiste sofort zurück. Tatsächlich war seine Mutter nicht ernsthaft erkrankt, sie plagten lediglich Magenschmerzen und ihre Augen waren gerötet, da sie zu viele Köstlichkeiten gegessen hatte. Da bemerkte sie einen Wohlgeruch und auch der Kaiser wunderte sich, woher dieser Duft kam. Schnell wurde klar, dass dieser Duft von den geernteten Teeblättern stammte. Diese waren in der Zwischenzeit getrocknet und der Duft hatte sich rasch entwickelt. Seine Mutter wollte den Tee sogleich probieren und beauftragte eine Bedienstete, diesen umgehend zuzubereiten. Bereits nach dem Genuss der ersten Schälchen ging es seiner Mutter bereits deutlich besser. Als er das sah, orderte er 18 Teepflanzen aus dem Hugong-Tempel und bezeichnete diese als „königliche Teebüsche“ (engl. „Royal Tea Bushes“). Von da an wurden in jedem Frühling von diesen Büschen die Blätter geerntet und seiner Mutter zur Verfügung gestellt.

LU SHANG YUN WU

In den Huagao-Bergen herrschte einst ein Affenkönig. Die Berge waren voll von zauberhaften Blüten sowie frischen Früchten, die der König gerne aß: Frische Pfirsiche, Melonen, aber auch Wein boten sie. Eines Tages wollte er auch den wunderbaren Tee probieren, der vom Kaiserhaus so geliebt wurde. Der Affenkönig hatte allerdings keine Ahnung, wie man diesen pflückte und zubereitete. Er flog also in den Himmel und setzte sich auf eine Wolke, von wo aus er viele grüne Teebüsche beobachten konnte. Es war Herbstzeit und die Büsche waren voller Saaten. Aber auch bei diesen wusste der Affenkönig nicht, wie er diese pflücken sollte. In diesem Moment kam ein großer Vogelschwarm, der ihm seine Hilfe anbot. Er berichtete, dass seine Berge so wunderbar seien, aber es dort keinen Tee gäbe. Die Vögel flogen daraufhin zum nächsten Teegarten, der viele Saaten trug, und nahmen diese mit ihren Schnäbeln auf, um sie in die Huagao-Berge zu bringen.

Auf dem Weg dorthin überquerten sie jedoch die Lu-Shan-Berge und waren fasziniert von der Schönheit dieser Landschaft. Der führende Vogel begann vor Freude zu singen und alle anderen stimmten ein. Die Saaten fielen aus ihren Schnäbeln und landeten in den Lu-Shan-Bergen. Aus den Saaten entwickelten sie hervorragende Teebüsche, die in der nebligen und feucht-nassen Umgebung bis heute hervorragend gedeihen.

YIN ZHEN

Als ein Bediensteter von Li Ci Yuan, einem Kaiser der Tang-Dynastie, ihm einen Yin-Zhen-Tee zubereitete und frisch kochendes Wasser in die Tasse gab, bildete sich dunstiger Nebel. Darin sah man einen weißen Kranich, der sich dreimal vor dem Kaiser verneigte, bevor er davonflog. Die Blätter in der Tasse standen dabei aufrecht wie frische Bambussprossen im Wasser und sanken so langsam auf den Grund wie Schneeflocken. Der Kaiser war verwundert und fragte seinen Bediensteten, warum das so geschehe. Dieser antwortete, dass die gelbe Feder (gemeint war der Tee „Yin Zhen“) hergestellt wurde, um mit dem weißen Kranich (sinnbildlich für das Quellwasser vom Liuyi) zusammen zu sein und dass die Verneigung des Kranichs Segen und Glück bedeute. Die senkrecht in der Schale stehenden Blätter und ihr bedächtiges Herabgleiten seien eine Ehrerbietung für den Kaiser. Dieser erklärte daraufhin den Yin Zhen zu einem Tribut-Tee.

KEEMUN BLACK TEA AUS ANHUI

Der schwarze Keemun-Tee hat eine sehr lange Geschichte, die bis in die Zeit der Tang-Dynastie zurückreicht. Nach vorliegenden Dokumenten steht fest, dass bis 1875 nur grüner Tee hergestellt wurde. Es wird des Weiteren berichtet, wie ein Mann namens Yu Gan Chen seinen Job in der Regierung der Fujian-Provinz aufgab und nach Keemun zurückkehrte, um dort zu arbeiten. Er lernte im Ort Keemun schwarze Tees kennen, erkannte ihren Wert und begann, ein Herrenhaus für die Herstellung des schwarzen Tees zu bauen, welcher in Konkurrenz zum schwarzen Tee in Fujian stand. Bereits 1876 eröffnete er zwei weitere Häuser dieser Art, da der Bedarf an gutem schwarzen Tee rapide anstieg.
Der Tee fand immer mehr Freunde, besonders in England, wo man diesen einfach als „Keemun“ bezeichnete. In Japan heißt dieser Tee „Rose“.

TAI PING HOU KUI

Vor langer, langer Zeit lebte eine Gruppe weißer Affen mit einem Neugeborenen in den Huang-Shan-Bergen. Eines Morgens ging das kleine Affenbaby zum Spielen hinaus und gelangte in das Taiping-Gebiet. Es herrschte starker Nebel und das Baby ging verloren. Selbstverständlich suchte der Vater sofort nach seinem Kind, doch er fand es nicht und erkrankte, abgekämpft von der Suche, und starb in einer der Höhlen innerhalb der Berge. Ein alter Kräuter- und Teesucher fand und begrub den Affen und pflanzte auf sein Grab verschiedene wilde Pflanzen und Blumen. Als der alte Mann schon gehen wollte, hörte er eine Stimme sagen: „Onkel, ich bedanke mich für das, was du für mich getan hast und möchte dir etwas schenken." Da der Mann jedoch niemanden sah, beachtete er den Vorfall nicht weiter. Im kommenden Frühling, als der alte Mann wieder zurückkehrte und frische Blumen pflücken wollte, fand er den Berg bedeckt mit grünen Teepflanzen. Überrascht hörte er erneut die Stimme: „Diese Teepflanzen sind ein Geschenk für dich und du musst dir keine Sorgen mehr über dein weiteres Wohlergehen machen, wenn du sie pflegst." Erst jetzt realisierte er, dass der Tee von dem Affen stammte, den er letztes Jahr begraben hatte. Bis heute ist Tai Ping Hou Kui einer der berühmtesten Tees Chinas und wird hauptsächlich im Dorf Xinming im Huang-Shan-Distrikt hergestellt. Der Tee, der in der sogenannten Affenhöhle geerntet wird, ist der feinste und wird Hou Kui („Monkeys best") genannt.

HUANG SHAN MAO FENG

In den Jahren der Ming-Dynastie verirrte sich das Oberhaupt des Yi-Landes in den Huang-Shan-Bergen und musste so eine Nacht in einem Tempel verbringen. Ein Mitglied des Tempels bot ihm Tee an. Die Teeblätter waren leicht gelblich, umhüllt von zartem, weißem Flaum und sahen aus wie Spatzenzungen. Als der Tee mit kochendem Wasser zubereitet wurde, bildete sich Dampf in der Mitte der Tasse und kreierte die Form einer Lotusblüte. Als der Landesfürst tags darauf den Tempel verließ, bekam er vom Mönch ein Paket dieses Tees und Quellwasser aus den Huang-Shan-Bergen. Der Mönch teilte ihm mit, dass nur dann, wenn der Tee auch mit dem Quellwasser aus den Huang-Shan-Bergen zubereitet wird, sich eine derartige Szene wiederholen würde. Als er zurückkehrte, besuchte ihn ein Schulfreund aus Taiping. Natürlich zeigte der Landesfürst seinem Freund den Tee, bereitete ihn auch zu und sie erlebten das Spektakel gemeinsam. Dieser brachte sodann den Tee zu seinem Kaiser, in der Hoffnung, dafür großzügig belohnt zu werden. Doch konnte er nicht mehr auf das Quellwasser aus den Huang-Shan-Bergen zurückgreifen und somit zeigte sich bei der Vorführung vor dem Kaiser nicht die Lotusblüte. Der Landesfürst bekam Kenntnis von dem Misserfolg und ging sofort zurück in die Berge, holte neues Quellwasser und bereitete den Tee nochmals in Gegenwart des Kaisers zu. Jetzt erschien auch ihm die Lotusblüte und der Kaiser belohnte ihn mit einem besseren Posten.

LU AN GUA PIAN

Ursprünglich sagt man, dass ein Bauer namens Hu Lin in die Qiyun-Berge kam, um Tee für seine Angestellten zu pflücken. Als die Teesaison bereits vorüber war, kam er an einen Berg, wo sehr viele alte Teebüsche waren, aber keinerlei Menschen, um diese zu ernten. Plötzlich bemerkte er einige besondere Teebüsche an einem Berghang, die dunkelgrüne Zweige und Blätter hatten, die zudem in zarten Flaum eingehüllt waren. Hu Lin war recht geschickt im Pflücken und obendrein sehr wissend und fähig, die Qualität sofort richtig einzuschätzen. Er begann, die Blätter zu ernten und sofort mit größter Sorgfalt einen grünen Tee herzustellen. Auf seinem Rückweg hielt er an einem Restaurant an und bereitete sich ein Kännchen dieses Tees zu. Er bemerkte, dass sich im heißen Dampf einige außergewöhnliche Wolken bildeten und der Tee nach blühenden Lotusblüten duftete. Das hervorragende Aroma verteilte sich sofort im gesamten Gastraum und verblieb dort längere Zeit. All das veranlasste die anderen Gäste im Raum, ihn zu diesem wunderbaren Tee zu gratulieren. Hu Lin wollte daraufhin zu dem Ort der Teebüsche zurückkehren, konnte den Weg aber nicht mehr finden.

Dieses Missgeschick wurde allgemein bekannt, dennoch fand man trotz intensivem Suchen den Ort erst viele Jahre später wieder. Charakteristisch für diesen Tee sind seine groben, an Sonnenblumenblütenblätter erinnernden Blätter, sein frischer Duft und seine klare grüne Tassenfarbe.

DING GU DA FANG

Es wird gesagt, dass während der Song-Dynastie in einem Tempel im Zhupu-Dorf ein Mönch namens Da Fang lebte. Er bot Besuchern meist seinen selbst angepflanzten und eigens hergestellten Tee an. In Gebieten über tausend Metern wuchs dieser hervorragende Tee, der dann auch sofort zu einem Tribut-Tee am kaiserlichen Hof wurde. Der Teegarten war in Höhen von über tausend Metern gelegen, umringt von Bambuswäldern und eingehüllt von Wolken beziehungsweise Nebel, mit reichlichem Regenfall. Die Erde war sehr humusreich und garantierte gutes Wachstum sowie fantastische Qualitäten.

MENG DING GAN LU

Während der Tang-Dynastie bemerkte man die hervorragende Qualität dieses Tees und stellte ihn unter kaiserlichen Schutz. Lange Zeit davor soll es einen himmlischen Fisch im Qingyi-Fluss gegeben haben, der sich in eine Fee verwandelte. Die Fee traf einen jungen Mann namens Wu Li Zhen, dem sie als Geschenk einige Teesaaten übergab. Sie trafen eine Abmachung, dass sie zurückkommen würde, und wenn aus den Saaten Teebüsche gewachsen wären, dann könnten sie heiraten. Im nächsten Frühling, als die Fee zurückkehrte, keimten die Saaten bereits, und sie heirateten. Sie pflegten gemeinsam die Teebüsche, und eines Tages nahm die Fee ihr großes Halstuch von den Schultern und schleuderte es in den Himmel, damit es den Pflanzen noch besser erging. Ein weißer Nebel legte sich über die Berge und ließ die Teebüsche besser gedeihen denn je. Das Paar bekam zwei Kinder und führte ein glückliches Leben. Eines Tages aber fand der Flussgott heraus, dass die Fee den Glaspalast verlassen und ohne seine Genehmigung geheiratet hatte. Er befahl ihre sofortige Rückkehr. Die Fee war sehr traurig darüber und bevor sie zurückkehrte, bat sie beide Kinder, auf allen Bergen Teepflanzen zu säen. Auch Wu Li Zhen pflanzte sein Leben lang Teebüsche an und kümmerte sich hervorragend um sie. Von diesem Zeitpunkt an wurden die Teebüsche des Meng Ding Gan Lu von Generation zu Generation weitervererbt.

CHINA AN HUA SONG ZHEN

Herkunft:
Hua Shan, Hunan

Erntezeit:
März bis Anfang April

Blattbeschaffenheit:
feinste, zarte, nadelförmige, jadegrüne Blätter

Geschmack:
Bukett verschiedener Blüten

Qualität:
einer der feinsten Frühlingstees Chinas

Zubereitung:
1 leicht gehäufter Teelöffel Blätter pro Tasse, circa 90° C heißes Wasser

Ziehzeit:
2 bis 3 Minuten

Tassenfarbe:
gelbgrün

Infusion:
grün

Haltbarkeit:
1 Jahr

Info!
Eine köstliche Rarität, die auch möglichst rasch getrunken werden sollte – je frischer, desto geschmackvoller! Der An Hua Song Zhen ist zudem ein sehr gehaltvoller Muntermacher.

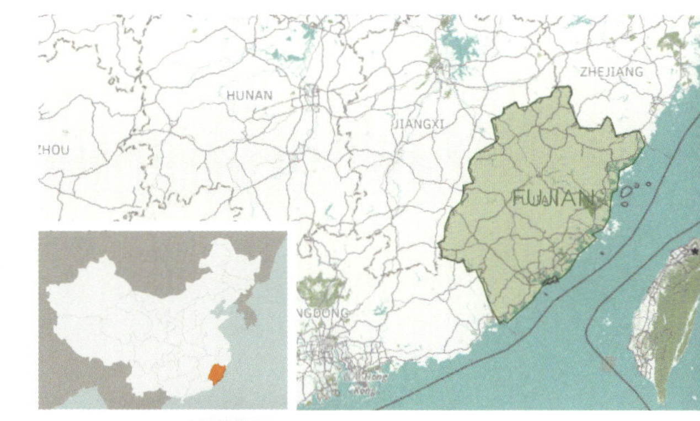

CHINA AROMATIC OOLONG

Herkunft:
Fujian

Erntezeit:
Sommer

Blattbeschaffenheit:
kleine, getrocknete Knoten

Geschmack:
fruchtig, mild, dezent süß

Qualität:
ein idealer Tee besonders für hartes Wasser

Zubereitung:
6 bis 8 Knoten mit sehr heißem Wasser (90° C) übergießen, Knoten entfalten sich zur originalen Blattgröße

Ziehzeit:
trinkbereit, sobald sich die Blätter geöffnet haben

Tassenfarbe:
gelbgrün bis braungrün

Infusion:
dunkelgrün

Haltbarkeit:
2 bis 3 Jahre

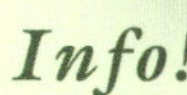

Info!

Ein idealer Tee für hartes Wasser oder für Unterwegs. Er bittert nicht und gelingt immer! Aromatic Oolong gibt es in unterschiedlichen Preis- und Qualitätslagen. Je höher der Preis, desto feiner der Tee! Für gute Oolongs werden in Taiwan bis zu 1.000 US-Dollar pro Kilogramm bezahlt.

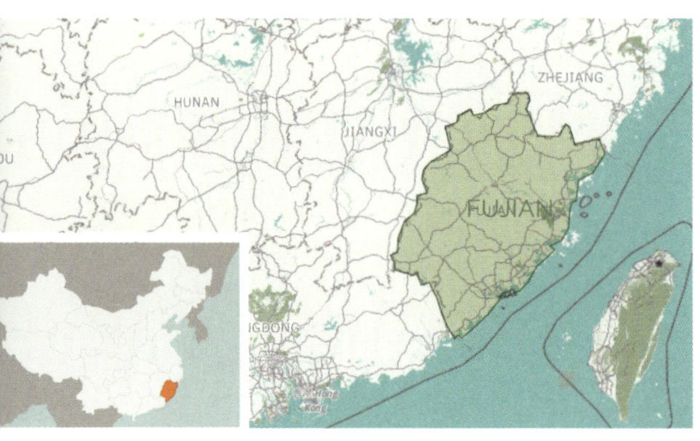

CHINA BLACK LEAF OOLONG

Herkunft:
vorwiegend Fujian

Erntezeit:
Sommerzeit

Blattbeschaffenheit:
sehr grobes und langes, schwarzes Blatt

Geschmack:
dezent erdig, kräftig

Qualität:
hochwertig; geschmacklich entwickelt sich dieser Tee in jedem Wasser

Zubereitung:
1 gehäufter Teelöffel Blätter pro Tasse, kochendes Wasser

Ziehzeit:
3 bis 4 Minuten

Tassenfarbe:
rötlich mit grünem Touch

Infusion:
braun bis dunkelbraun

Haltbarkeit:
2 bis 4 Jahre

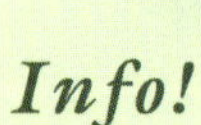

Ein guter Tee für unterwegs, da er seinen Duft und Geschmack in jedem Wasser bestens entfaltet.
Ist auch als Phoenix oder Stone Ground Oolong im Handel erhältlich.

CHINA CHUN MEE

Herkunft:
Jiangxi, Hunan, Zhejiang

Erntezeit:
Spätsommer

Blattbeschaffenheit:
kurzes, grünes, gleichmäßiges Blatt mit kleinem Unterblatt (Broken)

Geschmack:
herb, bitter, gelegentlich etwas würzig, schmeckt nach Algen oder Fisch

Qualität:
einfacher Spätsommertee, der sich gut automatisch verpacken lässt (Supermarkt)

Zubereitung:
1 gestrichener Teelöffel Blätter pro Tasse, kochendes Wasser

Ziehzeit:
2 bis maximal 3 Minuten

Tassenfarbe:
bräunlich-grün

Infusion:
dunkelgrün mit bräunlichen Anteilen

Haltbarkeit:
1 bis 2 Jahre

Info!
Ein in großen Mengen hergestellter Tee ohne besondere Geschmacksmerkmale, der sehr schnell bittert.

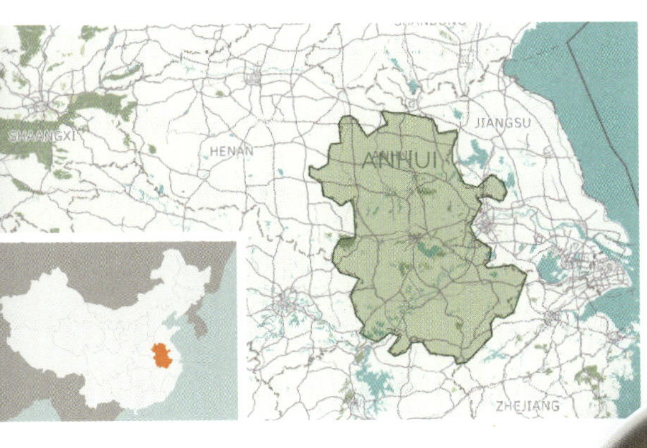

CHINA DING GU DA FANG

Herkunft:
Zentralchina; Anhui

Erntezeit:
April/Mai

Blattbeschaffenheit:
breites, flach gepresstes, langes Blatt, olivgrün mit silbrigem Flaum an den Spitzen

Geschmack:
kastanienartiger Geschmack und Duft, feinwürzig, leicht, dezent süß

Qualität:
hochwertiger Einsteigertee, der immer gelingt, Selfdrinker

Zubereitung:
1 leicht gehäufter Teelöffel Blätter pro Tasse, abgekochtes, auf ca. 85° C erkaltetes Wasser

Ziehzeit:
2 bis 3 Minuten,
Tee bittert auch bei längerer Ziehzeit nicht

Tassenfarbe:
grünbraun

Infusion:
gelbbraun bis grünlich

Haltbarkeit:
1 bis 2 Jahre

Info!

Ein wohlschmeckender, leichter Tee, ideal auch für hartes Wasser. Er gehört zu den 10 berühmtesten chinesischen Teesorten. Da Fang war der Name eines buddhistischen Mönchs, der im Ort Ding Gu vor etwa 400 Jahren im Tianmu-Gebirge Anhuis lebte, wo er diesen Tee nach eigenen Riten herstellte und zubereitete.

CHINA GOLDEN BLACK CURL

Herkunft:
Südchina; Yunnan

Erntezeit:
feinste Qualitäten im April,
gute Qualitäten auch bis August

Blattbeschaffenheit:
grobes, unregelmäßiges, langes, fleischiges, gedrehtes, hellbraunes Blatt mit vielen Tips

Geschmack:
cremig-honigweich, vollmundig, malzig

Qualität:
wohlschmeckender, feiner Tee,
der nicht bittert

Zubereitung:
1 leicht gehäufter Teelöffel Blätter pro Tasse, kochendes Wasser

Ziehzeit:
3 bis 5 Minuten, kann auch länger ziehen

Tassenfarbe:
bräunlich

Infusion:
nussbraun

Haltbarkeit:
2 bis 3 Jahre

Info!
Ein idealer Tee für Anfänger, da leicht und dennoch recht geschmackvoll. Besonders jene Tees aus der Frühlingsernte duften und schmecken sehr gut!

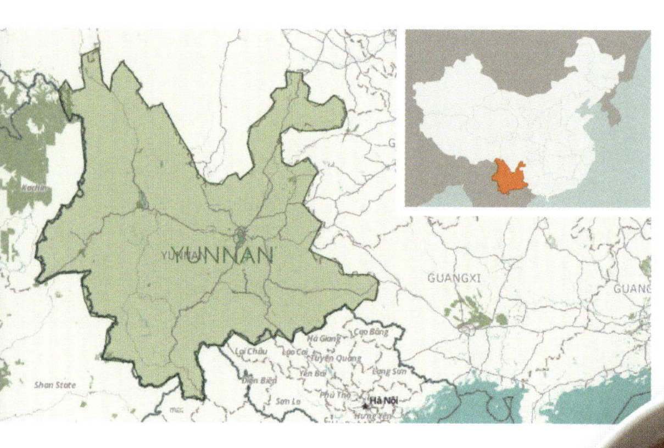

CHINA GOLDEN BUDS

Herkunft:
Südchina; Yunnan

Erntezeit:
feinste Qualitäten im April,
gute Qualitäten auch bis August

Blattbeschaffenheit:
grobes, unregelmäßiges, langes, fleischiges, goldfarbenes Blatt – ausschließlich Tips

Geschmack:
cremig-honigweich, vollmundig,
bittert nicht

Qualität:
hervorragender Spitzentee, handverlesen

Zubereitung:
1 gehäufter Teelöffel Blätter pro Tasse,
kochendes Wasser

Ziehzeit:
3 bis 5 Minuten,
darf auch länger ziehen, Tee bittert nicht

Tassenfarbe:
bräunlich

Infusion:
hellbraun

Haltbarkeit:
2 bis 3 Jahre

Info!
Eine nicht bitternde Rarität und Besonderheit – jährlich sind davon nur wenige Kilogramm verfügbar!
Die goldenen Buds werden in Handarbeit aus dem hergestellten schwarzen Tee herausgelesen. Preiswertere Sorten beinhalten häufig noch Schwarzteeblätter, feinste Sorten hingegen nicht.

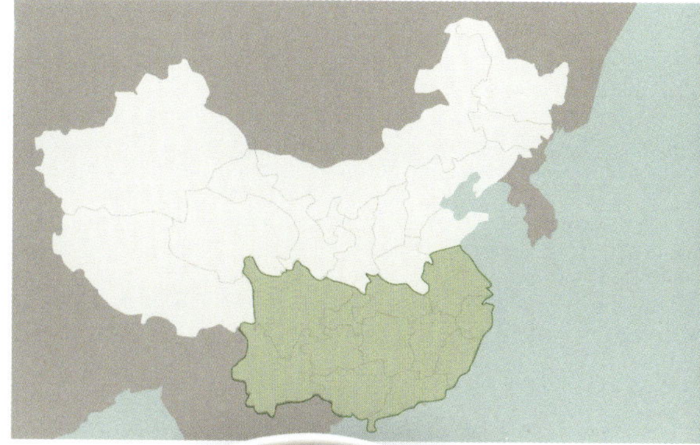

CHINA GREEN FANNINGS

Herkunft:
China

Erntezeit:
Sommer

Blattbeschaffenheit:
kleinblättrige, staubige Aussiebung

Geschmack:
herb bis bitter

Qualität:
vorwiegend recht einfache Qualitäten

Zubereitung:
möglichst nur als Aufgussbeutel zu konsumieren

Ziehzeit:
1 Minute

Tassenfarbe:
dunkelgrün

Infusion:
graugrün

Haltbarkeit:
1 Jahr

Info!

Die preiswerteste Variante grüner Tees – sollte möglichst nicht als loser Tee getrunken werden. Hierbei handelt es sich um die Aussiebung bei der Grünteeherstellung.

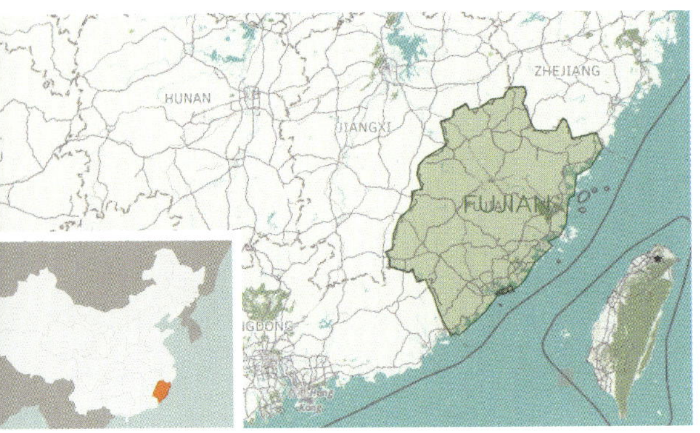

CHINA GREEN POUCHONG

Herkunft:
Fujian, Taiwan

Erntezeit:
April bis Mai

Blattbeschaffenheit:
unregelmäßig langes, dunkelgrünes Blatt

Geschmack:
cremig, blumig, dezent süß

Qualität:
teilweise hervorragende Frühlingstees

Zubereitung:
1 gehäufter Teelöffel Blätter pro Tasse, etwa 90° C heißes Wasser

Ziehzeit:
2 bis 3 Minuten

Tassenfarbe:
gelbgrün

Infusion:
grün

Haltbarkeit:
1 bis 2 Jahre

Info!

Ein leicht fermentierter Tee, der nicht nur geschmacklich etwas Besonderes ist, sondern auch noch viele gesundheitsfördernde Wirkungen besitzt. Hilft zum Beispiel dabei, sich das Rauchen abzugewöhnen.

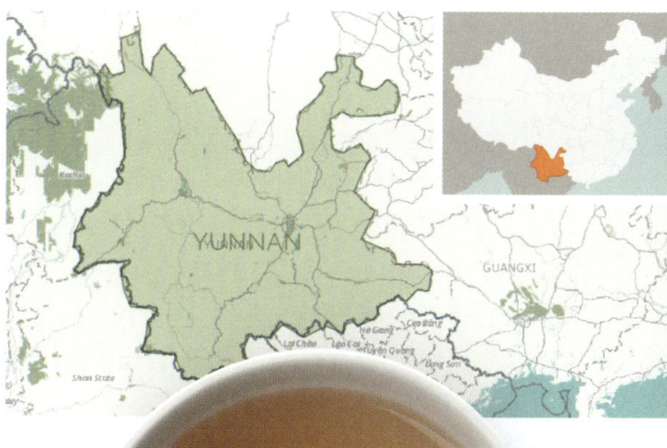

CHINA GREEN PU ERH

Herkunft:
südliches China; Yunnan

Erntezeit:
Sommermonate

Blattbeschaffenheit:
grüne Blätter in unterschiedlichen Größen und Schattierungen, häufig auch als gepresster Tee („Tuo Cha“) in unterschiedlichsten Formen erhältlich

Geschmack:
erdig, muffig

Qualität:
abhängig vom Alter und der Blattbeschaffenheit von niedriger bis Top-Qualität; guter Pu Erh muss mindestens 5 Jahre gelagert worden sein

Zubereitung:
1 gehäufter Teelöffel pro Tasse, frisch kochendes Wasser, den ersten Aufguss sofort wieder abgießen; anschließend erneut kochendes Wasser auf die Blätter geben und gegebenenfalls auch mehrfach aufbrühen

Ziehzeit:
entsprechend der Aufgüsse zwischen 2 und 10 Minuten: erster Aufguss 30 Sekunden, zweiter 2 Minuten, dritter 5 Minuten, vierter Aufguss 7 Minuten, …

Tassenfarbe:
grünbraun

Infusion:
hellbraun

Haltbarkeit:
unbegrenzt

Info!

Die Blätter wurden sofort nach der Ernte gedämpft und anschließend mindestens 4 Monate gereift. Gute Pu-Erh-Tees können mehrfach aufgebrüht werden.

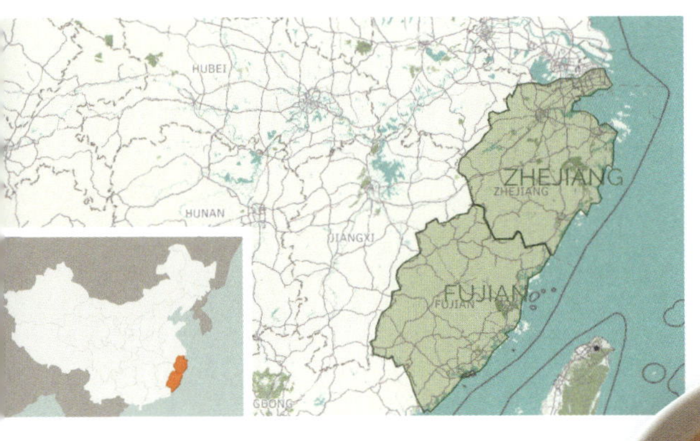

CHINA GUI HUA (OSMANTHUS-BLÜTENTEE)

Herkunft:
Fujian und Zhejiang

Erntezeit:
Tee im April bis Mai,
Osmanthusblüten im August

Blattbeschaffenheit:
gekräuseltes, kleines, dunkelgrünes Blatt

Geschmack:
zarter Orchideenduft mit mild-herbem Tee

Qualität:
Jeder Tee wird durch Osmanthusblüten aufgewertet

Zubereitung:
1 leicht gehäufter Teelöffel Blätter pro Tasse,
90° C heißes Wasser

Ziehzeit:
2 bis 3 Minuten

Tassenfarbe:
gelbgrün

Infusion:
grün

Haltbarkeit:
1 bis 2 Jahre

Info!

Es gibt unterschiedliche Qualitäten bei diesem Tee. Etwas kräftiger ist der Gui Hua mit grünem Oolong-Tee, etwas zarter der Jin Xian Te Jian, ein leichter Blatt-Tee der Frühlingsernte. Osmathusblüten gehören schon seit sehr vielen Jahren zum Tee und sind eine chinesische Spezialität!

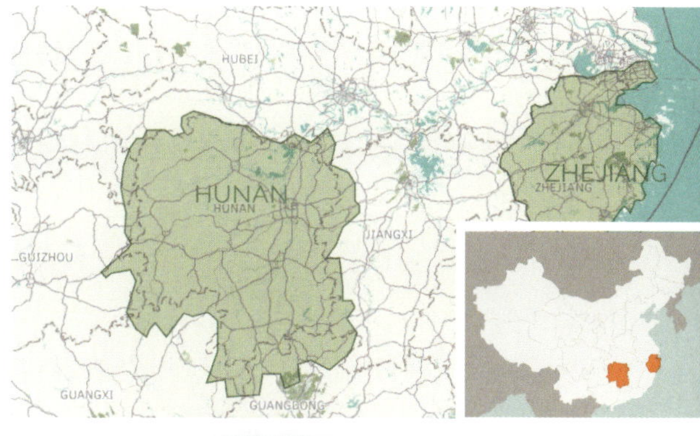

CHINA GUNPOWDER

Herkunft:
Zhejiang, Hunan

Erntezeit:
von Ende Mai bis Mitte August

Blattbeschaffenheit:
kleine, kugelige, dunkelgrüne bis olivfarbene Blätter

Geschmack:
sehr herb, etwas würzig

Qualität:
abhängig von der Erntezeit von gutem Mediumtee bis zu einfachstem, teilweise sogar ordinärem Tee

Zubereitung:
1 gestrichener Teelöffel pro Tasse, kochendes Wasser

Ziehzeit:
1 bis 3 Minuten, Tee bittert sehr schnell

Tassenfarbe:
milchig-grün

Infusion:
dunkelgrün

Haltbarkeit:
1 bis 2 Jahre

Info!

Mit einem Blatt Pfefferminze lässt sich der bittere Charakter dieses Tees gut überdecken. Sollte er fischig oder nach Algen schmecken, ist er zu hoch dosiert worden.

CHINA HALF-GUNPOWDER

Herkunft:
Hunan, Zhejiang, Fujian

Erntezeit:
August

Blattbeschaffenheit:
offene, kleine Kugeln

Geschmack:
sehr herb, etwas würzig

Qualität:
einfacher und preiswerter End-of-Season-Tee

Zubereitung:
1 gestrichener Teelöffel pro Tasse, kochendes Wasser

Ziehzeit:
1 bis 3 Minuten, Tee bittert sehr schnell

Tassenfarbe:
milchig-grün

Infusion:
dunkelgrün

Haltbarkeit:
1 bis 2 Jahre

Info!

Half-Gunpowder sollte keineswegs überdosiert werden, da er sonst sehr bitter schmecken kann.
Mit einem Blatt Pfefferminze lässt sich der bittere Charakter dieses Tees außerdem gut überdecken.

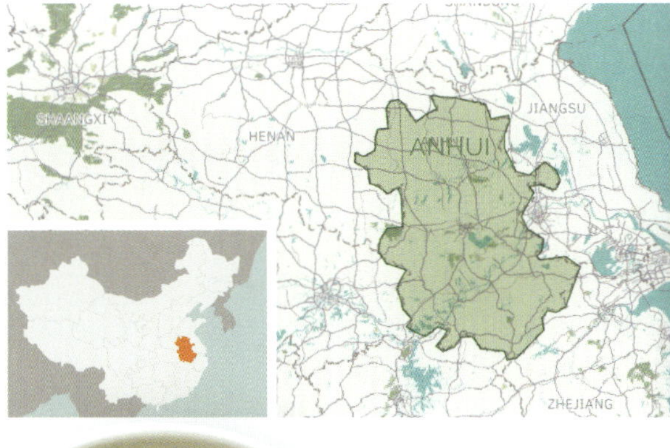

CHINA HUANG SHAN MAO FENG

Herkunft:
Zentralchina; Anhui

Erntezeit:
März/April

Blattbeschaffenheit:
langes, smaragdgrünes Blatt mit vielen silbrigen Tips

Geschmack:
fein-fruchtig, mild, leichte Süße

Qualität:
exquisite Rarität, sehr weicher und milder Tee

Zubereitung:
1 gehäufter Teelöffel Blätter pro Tasse, abgekochtes, auf 80° C erkaltetes Wasser

Ziehzeit:
5 Minuten und länger, Tee bittert nicht

Tassenfarbe:
smaragdfarben

Infusion:
gelbgrün

Haltbarkeit:
1 bis 2 Jahre

Info!

Ein gelber Tee, der nur aus noch nicht geöffneten Blattspitzen hergestellt wird – eine Rarität! Der Huang Shan Mao Feng gehört zu den 10 berühmtesten Teesorten Chinas und ist angenehm leicht und zart.

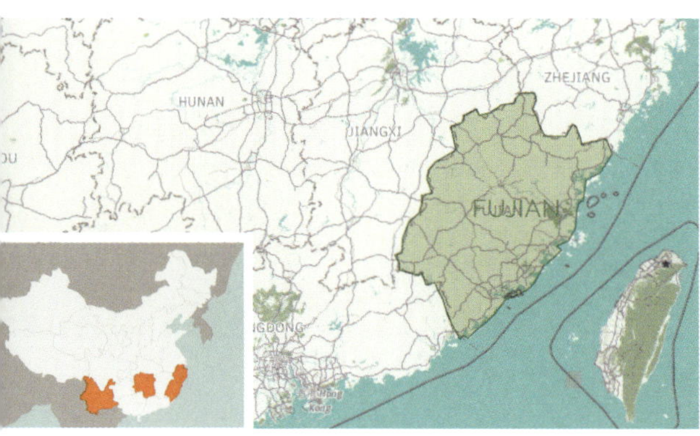

CHINA JASMINTEE

Herkunft:
vorwiegend Fujian, aber auch Hunan, Zhejiang, Yunnan

Erntezeit:
Sommer, besonders zur Jasminblüte im Juni/Juli

Blattbeschaffenheit:
abhängig von der Qualität – offenes, braunes Blatt bis zarte, feinste, handgerollte Blätter

Geschmack:
wunderbar frischer Jasminduft

Qualität:
abhängig von der Qualität, von hervorragend bis einfach

Zubereitung:
bei den besseren Sorten reichen meist 6 bis 8 Blätter pro Tasse völlig aus, abgekochtes, wieder leicht erkaltetes Wasser verwenden; trinkbereit, sobald der Jasminduft aufsteigt

Ziehzeit:
2 bis 6 Minuten

Tassenfarbe:
gelbgrün bis braungrün

Infusion:
jadegrün bis bräunlich

Haltbarkeit:
1 bis 2 Jahre

Info!
Aus qualitativ guten bis hochwertigen Jasmintees werden die Blüten wieder entfernt, da sie ohnehin keinen Geschmack mehr haben. Deshalb beim Einkauf auf Jasmintees ohne Blüten achten! Auf die Dosierung achten, da sonst der Jasmingeschmack sehr lange am Gaumen haftet.

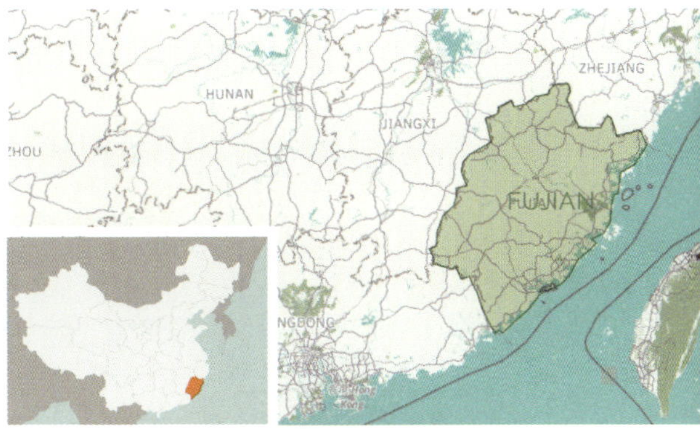

CHINA JASMIN DRAGON PEARLS

Herkunft:
Fujian

Erntezeit:
Mai bis Juli

Blattbeschaffenheit:
zu kleinen Kugeln geformte Teeblätter

Geschmack:
zarter, feiner Jasminduft und -geschmack

Qualität:
optische Besonderheit – im heißen Wasser entfalten sich die Pearls zur ursprünglichen Blattform und geben ihren Geschmack ab

Zubereitung:
3 bis 4 Pearls pro Tasse, ca. 90° C heißes Wasser, gern nochmals nachschenken, Tee bittert nicht

Ziehzeit:
trinkbereit, sobald sich die Pearls entfaltet haben

Tassenfarbe:
grün bis gelbgrün

Infusion:
hellgrün bis dunkelgrün

Haltbarkeit:
1 bis 2 Jahre

Info!

Ein interessanter Tee zum Nachtisch oder auch für unterwegs – gelingt immer und kann mehrfach aufgegossen werden!

CHINA JASMIN YIN HAO FS 901

Herkunft:
Fujian

Erntezeit:
für den Tee Mai,
Jasminblüten im Spätsommer

Blattbeschaffenheit:
ausgesuchte, feine, nadelförmig zarte, jadegrüne Blätter

Geschmack:
wunderbarer zarter Jasminduft

Qualität:
hervorragende Qualität, die über einen Zeitraum mehrerer Wochen meist siebenmal mit frischen Jasminblüten zur Übertragung des Aromas bedeckt wurde

Zubereitung:
6 bis 8 Blätter pro Tasse,
ca. 90° C heißes Wasser, gern nochmals nachschenken, Tee bittert nicht

Ziehzeit:
trinkbereit, sobald der Jasminduft sich entfaltet

Tassenfarbe:
grün bis gelbgrün

Infusion:
hellgrün

Haltbarkeit:
4 bis 5 Jahre

Info!
Ein leichter, zarter und blumiger Tee, passend zum Abschluss eines guten Essens und ideal zum Herstellen von außergewöhnlichen Sorbets!

CHINA KEEMUN

Herkunft:
Zentralchina;
Qimen in der Provinz Anhui

Erntezeit:
Mai bis September

Blattbeschaffenheit:
schwarzes Blatt, je qualitativ hochwertiger, desto zarter, feiner und gleichmäßiger die Blattbeschaffenheit, gelegentlich auch mit wenigen zarten Tips

Geschmack:
nussig, vollmundig

Qualität:
von sehr zart und fein bis einfacher Blatt-Tee

Zubereitung:
1 leicht gehäufter Teelöffel pro Tasse, frisch kochendes Wasser

Ziehzeit:
3 bis 4 Minuten

Tassenfarbe:
rötlich-braun

Infusion:
einfache Qualität: dunkelbraun bis schwarz
bessere Qualität: hellbraun mit leicht rötlichem Schimmer

Haltbarkeit:
2 bis 4 Jahre

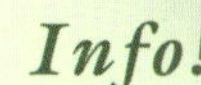

Info!

Einfache Qualitäten weisen eine graubraune Tassenfarbe mit leicht bläulichem Schimmer und dunklem Absatz in der Tasse auf, bessere bis gute Qualitäten erkennt man an der goldbraunen Tassenfarbe mit bräunlichem Absatz am Tassenrand.
Bei Magen- und Darmproblemen ein wohltuender Tee – allerdings sollte er dann mindestens 6 bis 8 Minuten gezogen haben.

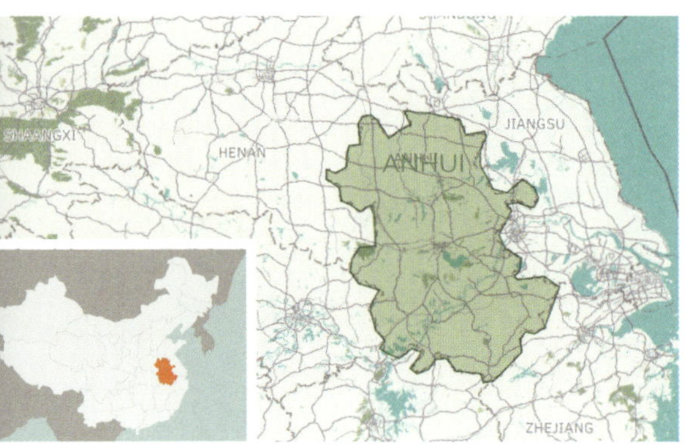

CHINA KEEMUN HAO YA A & B

Herkunft:
Zentralchina; Qimen in der Provinz Anhui

Erntezeit:
Mai

Blattbeschaffenheit:
nadelförmiges, kleines, zartes Blatt mit einigen goldenen Tips

Geschmack:
absolut mild und nicht bitternd, dezenter Mandel- und Nussgeschmack, zarter Honigduft, süßlich

Qualität:
hochwertiger, handwerklich erstklassiger, feiner schwarzer Tee, der nicht bittert, Selfdrinker

Zubereitung:
1 gestrichener bis leicht gehäufter Teelöffel pro Tasse, frisch kochendes Wasser

Ziehzeit:
3 bis 4 Minuten

Tassenfarbe:
goldbraun/rötlich

Infusion:
hellbraun mit dezent rötlichem Schimmer

Haltbarkeit:
3 bis 4 Jahre

Info!
Ein Tee, der schmeckt! Leider nur in ausgesuchten Teegeschäften erhältlich.

CHINA KEEMUN MAO FENG

Herkunft:
Zentralchina; Qimen in der Provinz Anhui

Erntezeit:
Mai/Juni

Blattbeschaffenheit:
unregelmäßig langes, schwarzes, drahtiges Blatt, kaum Tips

Geschmack:
milder, weicher, blumiger, dezent nussiger Geschmack, leichter Honigduft

Qualität:
hochwertiger, feiner Selfdrinker, der seinen Geschmack auch in hartem Wasser entwickelt

Zubereitung:
1 leicht gehäufter Teelöffel pro Tasse, frisch kochendes Wasser

Ziehzeit:
3 bis 4 Minuten

Tassenfarbe:
goldbraun

Infusion:
hellbraun mit dezent rötlichem Schimmer

Haltbarkeit:
3 bis 4 Jahre

Info!

Ein recht magenfreundlicher Tee, ideal auch für den Abend, da koffeinarm. Ein Keemun hilft auch bei Magenbeschwerden – dazu allerdings 6 bis 8 Minuten ziehen lassen!

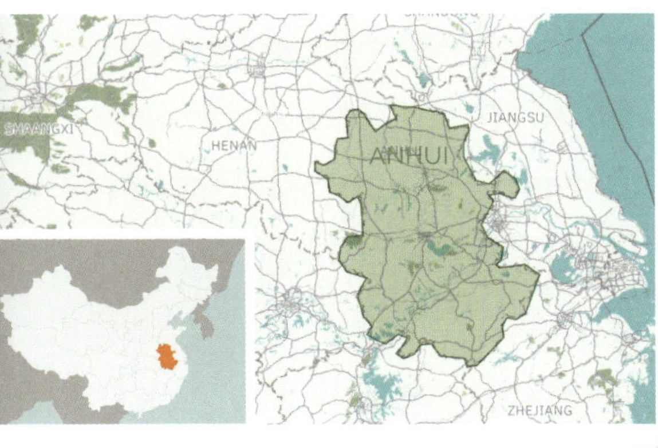

CHINA LU AN GUA PIAN

Herkunft:
Zentralchina; Anhui

Erntezeit:
April/Mai

Blattbeschaffenheit:
grobes, fleischiges, langes, dunkelgrünes Blatt

Geschmack:
mild, weich, süßlich-fruchtig und frisch blumig

Qualität:
ein wohlschmeckender, weicher Tee von sehr guter Qualität

Zubereitung:
1 gehäufter Teelöffel Blätter pro Tasse, abgekochtes, auf ca. 85° C erkaltetes Wasser

Ziehzeit:
2 bis 3 Minuten, Tee bittert nicht

Tassenfarbe:
sehr klar, frisch grün

Infusion:
jadegrün

Haltbarkeit:
1 bis 2 Jahre

Info!

Der Lu An Gua Pian ist für hartes Wasser sehr gut geeignet.
Er gehört zu den 10 berühmtesten Teesorten Chinas und besitzt einen leichten Röstcharakter durch die besondere Herstellungsweise.

CHINA LU SHANG YUN WU

Herkunft:
Provinz Jiangxi

Erntezeit:
Sommer

Blattbeschaffenheit:
zarte, unregelmäßig lange, jadegrüne Blätter

Geschmack:
eleganter Tee, wunderbar klare Tassenfarbe, mild und dennoch ausdrucksstarkes, frisches Aroma

Qualität:
Top-Qualität – gehört zu den 10 berühmtesten chinesischen Teesorten

Zubereitung:
leicht gehäufter Teelöffel Blätter in ein Glas füllen, mit aufgekochtem, wieder auf 85° C erkaltetem Wasser auffüllen und gern mehrfach nachschenken

Ziehzeit:
erster Aufguss nach 60 Sekunden, zweiter nach 2 Minuten, dritter nach 5 bis 6 Minuten

Tassenfarbe:
dunkelgrün

Infusion:
jadegrün

Haltbarkeit:
1 Jahr

Info!

Ein Spitzentee, von dem es meist nur geringe Mengen gibt. Lu Shang Yun Wu sollte man möglichst schnell nach der Ernte trinken, da er im Laufe des Jahres an Aroma und Duft verliert.

CHINA MENG DING GAN LU

Herkunft:
Provinz Sichuan

Erntezeit:
März/April

Blattbeschaffenheit:
unregelmäßige, jadegrüne Blätter mit zartem, weißem Flaum

Geschmack:
blumig-süßlicher Duft und Geschmack, kulinarische Besonderheit

Qualität:
feinste Qualität – gehört zu den 10 berühmtesten chinesischen Teesorten

Zubereitung:
leicht gehäufter Teelöffel Blätter in ein Glas füllen, mit aufgekochtem, wieder auf 75° C erkaltetem Wasser auffüllen und gern mehrfach nachschenken

Ziehzeit:
trinkbereit, sobald die Blätter auf den Boden der Tasse gesunken sind (circa 2 ½ Minuten)

Tassenfarbe:
hellgrün, klar

Infusion:
jadegrün

Haltbarkeit:
1 bis 2 Jahre

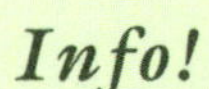

Ein absoluter Spitzentee, von dem es meist nur geringe Mengen gibt. Auch ein guter Kaltwettertee. Während der Tang-Dynastie musste der Meng Ding Gan Lu als Tribut an den kaiserlichen Hof abgeliefert werden und ist wohl die älteste bekannte Teesorte Chinas.

CHINA MILKY OOLONG

Herkunft:
Fujian und Hubei

Erntezeit:
April bis Oktober

Blattbeschaffenheit:
kleines, kurzes, braunes Blatt

Geschmack:
milchig-würzig

Qualität:
zum Teil hervorragende Qualitäten, besonders während der Frühlingsernte

Zubereitung:
1 gestrichener Teelöffel Blätter pro Tasse, nicht mehr sprudelnd kochendes Wasser

Ziehzeit:
2 bis 3 Minuten,
Tee bittert auch bei längerer Ziehzeit nicht

Tassenfarbe:
rotbraun

Infusion:
braun

Haltbarkeit:
1 bis 2 Jahre

Info!

Ein idealer Tee für alle Wasserqualitäten, Selfdrinker, der gegebenenfalls mit etwas Zucker und einem zusätzlichen Tropfen Sahne oder Milch serviert werden kann.

Während der kurzen Fermentation wird zerstäubte Milch auf das Blattgut gesprüht, daher der milchig-cremige Charakter.

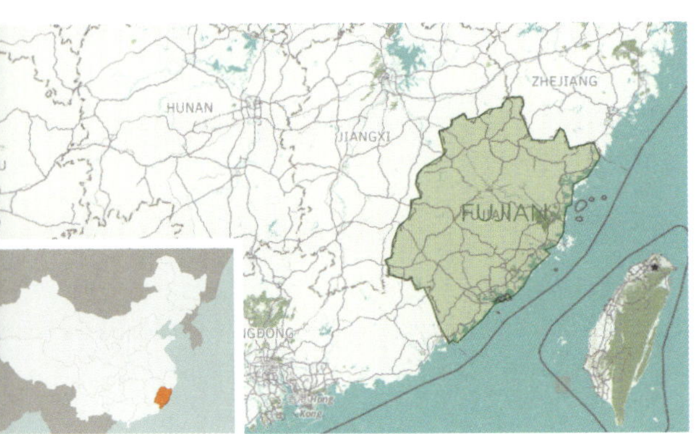

CHINA PAI MU TAN (WHITE PEONY)

Herkunft:
vorrangig Fujian

Erntezeit:
Juni bis August

Blattbeschaffenheit:
große, teiwleise weiße Blätter, sehr wenig grünes Blatt, End-of-Summer-Produktion hat ein dunkelbraunes bis schwarzes Blatt, offen, wenige Tips

Geschmack:
dezent süß, mild

Qualität:
je nach Erntezeit hervorragende bis gute weiße Tees

Zubereitung:
1 gehäufter Teelöffel pro Tasse, abgekochtes, auf 80° C erkaltetes Wasser

Ziehzeit:
7 bis 10 Minuten, Tee bittert nicht

Tassenfarbe:
hellgelb bis hellbraun, je nach Erntezeit

Infusion:
gelblich-grün bis braungrün

Haltbarkeit:
1 bis 2 Jahre

Info!

Ein leichter Wellness-Tee zum ständigen Nebenbeitrinken. Möglichst auf geschmackvollere Frühlingstees achten! Feinster Tee ist der STD 6900 – höhere Nummern (6901, 6902, ...) bedeuten eine mindere Qualität.

CHINA PAI MU TAN AUSLESE (WHITE PEONY)

Herkunft:
Fujian

Erntezeit:
Mai

Blattbeschaffenheit:
kleinere, noch nicht voll aufgegangene Blätter mit viel silbrigem Flaum

Geschmack:
dezent süß, mild, fruchtig

Qualität:
zum Teil absolute Spitzentees mit wunderbarem Duft

Zubereitung:
1 gehäufter Teelöffel pro Tasse, abgekochtes, auf 80° C erkaltetes Wasser

Ziehzeit:
7 bis 10 Minuten, Tee bittert nicht

Tassenfarbe:
hellgelb mit bräunlichem Touch

Infusion:
gelblich-grün

Haltbarkeit:
1 bis 2 Jahre

Info!

Übersetzt bedeutet der Name „weiße Pfingstrose". Nach dem Essen sehr bekömmlich, abends zu empfehlen, da koffeinarm und leicht.
Auf gute Qualitäten achten – zu erkennen durch ein hellgrünes, teilweise gelbliches Blatt mit silbrigen Tips und weißem Flaum.

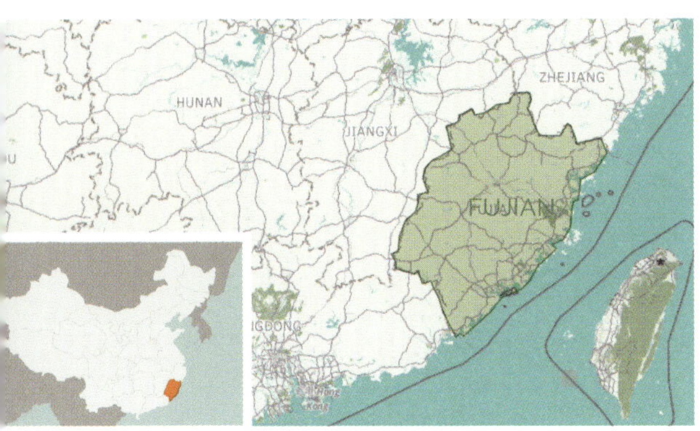

CHINA PHOENIX OOLONG (STONE GROUND OOLONG)

Herkunft:
China, Fujian

Erntezeit:
Mai/Juni

Blattbeschaffenheit:
fleischige, lange, schwarze Blätter mit einigen Stalks

Geschmack:
herb, erdig, kräftig

Qualität:
hochwertiger Tee

Zubereitung:
1 leicht gehäufter Teelöffel Blätter pro Tasse, frisch kochendes Wasser

Ziehzeit:
4 Minuten, Tee bittert nicht

Tassenfarbe:
dunkelbraun

Infusion:
dunkelbraun

Haltbarkeit:
6 Jahre

Info!

Angenehm mit einem Löffel Honig oder Zucker. Zudem ein idealer Tee für hartes Wasser und ein Selfdrinker! Häufig kommt dieser Tee aus verschiedenen Regionen und wird manchmal als Black Leaf Oolong gehandelt.

CHINA PI LO CHUN

Herkunft:
Zentralchina; Jiangxi

Erntezeit:
von der Tages- und Nachtgleiche bis ungefähr 20. April

Blattbeschaffenheit:
kleines, zartes, leicht gekräuseltes, jadegrünes Blatt, bedeckt mit einem Hauch weißen Flaums

Geschmack:
dezent süßlich, weich, mild, fruchtig

Qualität:
hervorragende Qualität – erste Ernte meist mit sehr viel weißem Flaum, zweite dann eher mit grünem Blatt

Zubereitung:
1 gestrichener Teelöffel Blätter pro Tasse, abgekochtes, auf 80° C erkaltetes Wasser

Ziehzeit:
trinkbereit, sobald die Blätter auf den Tassenboden sinken, also nach ungefähr 2 bis 3 Minuten, Tee bittert auch bei langer Ziehzeit nicht

Tassenfarbe:
zarte, gelbgrüne, klare Tassenfarbe

Infusion:
graugrün bis gelbgrün

Haltbarkeit:
1 bis 2 Jahre

Info!
Ein besonderer Tee für fast jede Tageszeit, der noch am späten Nachmittag getrunken werden kann. Der Pi Lo Chun gehört zu den 10 berühmtesten Teesorten Chinas und ist angenehm leicht und zart.

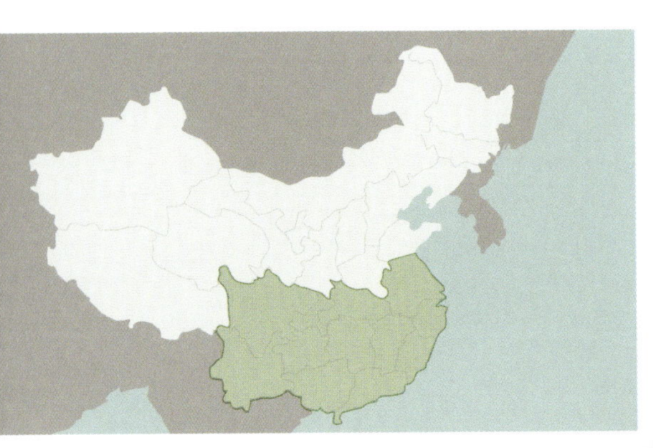

CHINA PINHEAD GUNPOWDER

Herkunft:
China

Erntezeit:
von Ende Mai bis Juli

Blattbeschaffenheit:
stecknadelkopfgroße, zu kleinen Kugeln geformte Blätter

Geschmack:
mild-würzig (bei richtiger Dosierung)

Qualität:
abhängig von der Erntezeit ein guter und interessanter Mediumtee

Zubereitung:
1 gestrichener Teelöffel pro Tasse, kochendes Wasser

Ziehzeit:
1 bis 3 Minuten

Tassenfarbe:
grün

Infusion:
jadegrün

Haltbarkeit:
3 bis 4 Jahre

Info!
Pinhead Gunpowder kann nur aus feinen, kleinen Blättern hergestellt werden, daher ist er meist von recht guter Qualität.
Nicht überdosieren: Wenige Blätter reichen bereits für eine Tasse Tee!

CHINA PU ERH

Herkunft:
südliches China; Yunnan

Erntezeit:
Sommermonate

Blattbeschaffenheit:
bräunliches Blatt, unregelmäßig bis gleichmäßig, leicht fleischig, häufig auch als gepresster Tee in unterschiedlichsten Formen mit verschiedenen Motiven

Geschmack:
erdig, muffig, leicht schimmelig

Qualität:
einfach bis sehr fein, abhängig von der Blattbeschaffenheit und dem Alter

Zubereitung:
1 gehäufter Teelöffel pro Tasse, frisch kochendes Wasser, den ersten Aufguss sofort wieder abgießen. Anschließend wieder kochendes Wasser auf die Blätter geben und gegebenenfalls auch mehrfach aufbrühen

Ziehzeit:
entsprechend der Aufgüsse zwischen 2 und 10 Minuten: erster Aufguss 30 Sekunden, zweiter 2 Minuten, dritter 5 Minuten, vierter Aufguss 7 Minuten, ...

Tassenfarbe:
dunkelrot, braun

Infusion:
braun bis dunkelbraun

Haltbarkeit:
unbegrenzt

Info!
Pu-Erh-Tee ist eher ein Gesundheitstee. Die Blätter fermentieren bei bestimmten Temperaturen und regelmäßiger Zugabe von Feuchtigkeit. Pu Erhs werden nach Jahrgängen gehandelt. Für 60 bis 80 Jahre alte Tiegel werden Preise bis zu 1.000 US-Dollar bezahlt. Gute Pu-Erh-Tees können bis zu siebenmal aufgebrüht werden und können auch aus grünem Tee bestehen.

CHINA RED KING'S PU ERH

Herkunft:
südliches China; Yunnan, Pu Erh

Erntezeit:
Frühling

Blattbeschaffenheit:
gleichmäßige, ausgesucht feine Blätter

Geschmack:
erdig, muffig, etwas fischig

Qualität:
wenn mindestens 5 Jahre alt, dann sehr gute Qualität

Zubereitung:
1 gehäufter Teelöffel pro Tasse, frisch kochendes Wasser, den ersten Aufguss sofort wieder abgießen; anschließend erneut kochendes Wasser auf die Blätter geben und gegebenenfalls auch mehrfach aufbrühen

Ziehzeit:
entsprechend der Aufgüsse zwischen 2 und 10 Minuten: erster Aufguss 30 Sekunden, zweiter 2 Minuten, dritter 5 Minuten, vierter Aufguss 7 Minuten, …)

Tassenfarbe:
haselnussbraun

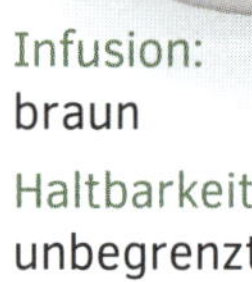

Infusion:
braun

Haltbarkeit:
unbegrenzt

Info!

Ein besonderer Tee, bei dem die erdige Note sich harmonisch in den Teegeschmack einfügt.
Wenn von guter Qualität, kann auch dieser Pu Erh mehrfach aufgegossen werden.

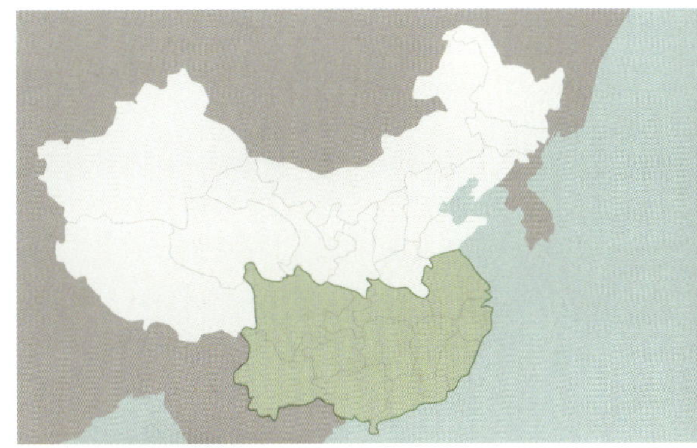

CHINA SENCHA

Herkunft:
China

Erntezeit:
Sommer

Blattbeschaffenheit:
langes, schlankes, gepresstes, hell- bis dunkelgrünes Blatt

Geschmack:
zartblumig bis herb, je nach Erntezeit

Qualität:
meist ein relativ einfacher Tee, der auch gern zum Aromatisierten verwendet wird.

Zubereitung:
1 gestrichener Teelöffel Blätter pro Tasse, 90° C heißes Wasser

Ziehzeit:
2 bis maximal 3 Minuten

Tassenfarbe:
grün

Infusion:
graugrün

Haltbarkeit:
1 bis 2 Jahre

Info!
Ein in großen Mengen hergestellter Tee ohne besondere Geschmacksmerkmale. Mittlerweile werden viele chinesische Senchas als Japan Sencha angeboten.

CHINA TAI PING HOU KUI

Herkunft:
Zentralchina; Anhui

Erntezeit:
April bis Juni

Blattbeschaffenheit:
sehr langes, offenes, jadegrünes Blatt (3 bis 5 Zentimeter lang)

Geschmack:
frisch, fruchtig, sehr mild

Qualität:
hervorragende Besonderheit aus China, malerisch gearbeitete, lange Teeblätter, die sich kunstvoll im heißen Wasser öffnen

Zubereitung:
8 bis 10 lange Blätter pro Tasse, abgekochtes Wasser ungefähr 5 Minuten offen stehen lassen, damit es auf 80° C erkaltet und dieses auf die Blätter geben

Ziehzeit:
trinkbereit, sobald die Blätter sich geöffnet haben, also nach etwa 3 Minuten; Tee bittert aber auch bei längerer Ziehzeit nicht

Tassenfarbe:
gelbgrün

Infusion:
gelbgrün

Haltbarkeit:
2 Jahre

Info!

Der Tai Ping Hou Kui gehört zu den 10 berühmtesten Teesorten Chinas. Er lässt sich zudem ideal im schönen Sektglas servieren: Einfach die langen Blätter in ein Sektglas stellen und zur Hälfte mit 80° C heißem Wasser füllen. Kurz vor dem Servieren mit warmem Wasser auffüllen – schon hat man einen besonderen Digestif!

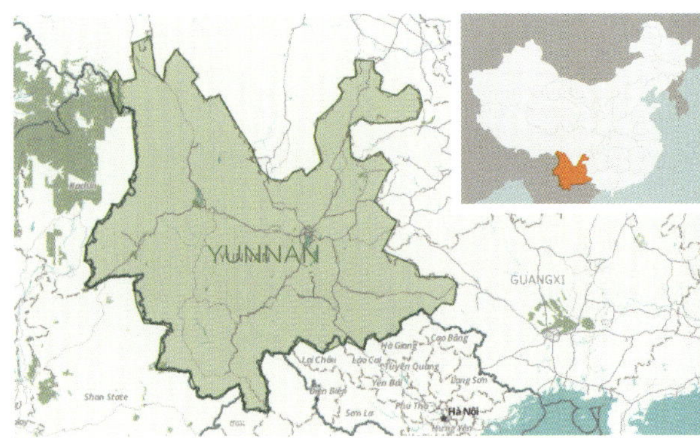

CHINA TEEZIEGEL

Herkunft:
südliches China; Yunnan, Pu Erh

Erntezeit:
ganzjährig

Blattbeschaffenheit:
Blätter unterschiedlicher Struktur werden zusammengefügt und unter Hinzugabe einer Haftmasse gepresst.

Geschmack:
eher für die Optik gedacht

Qualität:
Vorrangig ist das eingepresste Dekor wichtig, Qualität ist bei diesem Tee zweitrangig

Zubereitung:
Möglichst nicht zubereiten. Wenn doch: Teeblätter aus dem Ziegel raspeln und 10 Minuten kochen, gegebenenfalls auch mit Milch und Honig trinken. Anschließend durch ein Sieb geben und mit Zucker servieren.

Ziehzeit:
10 Minuten

Tassenfarbe:
dunkelbraun

Infusion:
dunkelbraun

Haltbarkeit:
unbegrenzt

Info!

Verzehr in dieser Form nicht empfehlenswert, da die verwendeten Bindemittel unbekannt sind. Mittlerweile sind Teeziegel nur als Souvenir gedacht, früher wurden diese an die Karawanen verkauft, die dann abends einen Ziegel in den großen Topf auf dem Lagerfeuer warfen und ihn zusammen mit Butter, Milch und Zucker kochten und tranken. Wenn der Tee für den Verzehr geeignet sein soll, besser einen tellerförmigen, der nicht zu einem Bild gepresst wurde, kaufen.

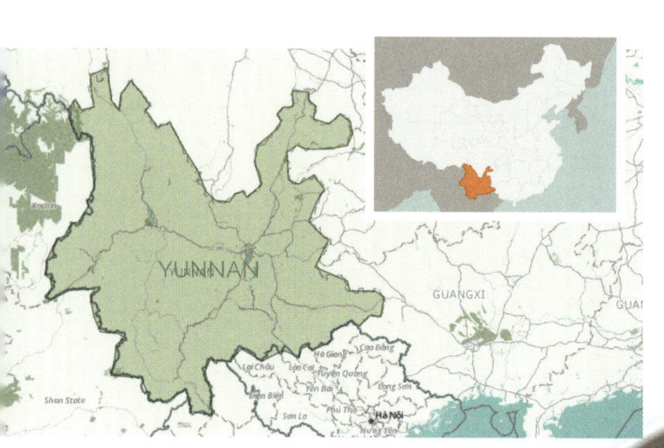

CHINA TUO CHA (SCHWALBEN-NESTERTEE)

Herkunft:
südliches China; Yunnan, Pu Erh

Erntezeit:
ganzjährig

Blattbeschaffenheit:
Blätter unterschiedlicher Struktur werden zusammengefügt und unter Hinzugabe einer Haftmasse zu einer Nestform gepresst

Geschmack:
auch zum Verzehr geeignet, obwohl es unserem Geschmacksempfinden nicht sehr nahe kommt – muffig, grasig, erdig

Qualität:
einfacher Tee

Zubereitung:
in kleiner Form von etwa 2 bis 3 Gramm portionsgerecht für 2 bis 3 Tassen, kochendes Wasser

Ziehzeit:
nach circa 10 Minuten abseihen

Tassenfarbe:
dunkelbraun bis dunkelgrün

Infusion:
dunkelbraun bis dunkelgrün

Haltbarkeit:
unbegrenzt

Info!

Ein eher ungewöhnlicher Digestif, der aber nach dem Essen das Völlegefühl unterdrückt. Am besten so zubereitet, ohne Milch und Zucker genießen!

CHINA WESTLAKE LUNG CHING (DRACHENBRUNNENTEE)

Herkunft:
Zhejiang

Erntezeit:
Top-Qualitäten im April,
Medium-Qualitäten bis Ende Juli

Blattbeschaffenheit:
breites, flach gepresstes, gelbgrünes Blatt

Geschmack:
zarter Orchideenduft bis leicht nussig, abhängig von der Erntezeit mild und weich, süßlicher Nachgeschmack

Qualität:
teilweise hervorragende Qualitäten, besonders jene vom Westlake, ideal für jede Wasserhärte

Zubereitung:
1 gehäufter Teelöffel Blätter pro Tasse, abgekochtes, auf 80° C erkaltetes Wasser

Ziehzeit:
2 bis 3 Minuten, Tee bittert aber auch nach längerer Ziehzeit nicht

Tassenfarbe:
hellgrün, leicht gelblich

Infusion:
gelbbraun bis grünbraun

Haltbarkeit:
1 bis 2 Jahre

Info!

Übersetzt heißt Lung Ching „Guter Drache" – ein angenehmer Tee, der auch den Kopf von Stress befreien kann. Die besten Lung-Ching-Tees kommen aus dem Ort Dragon's Well am westlichen Westlake.

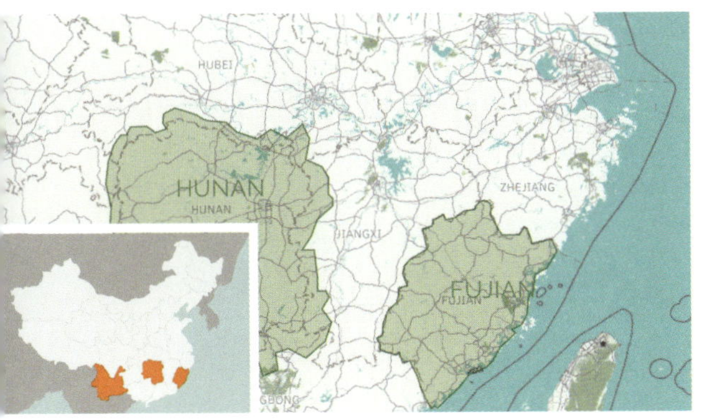

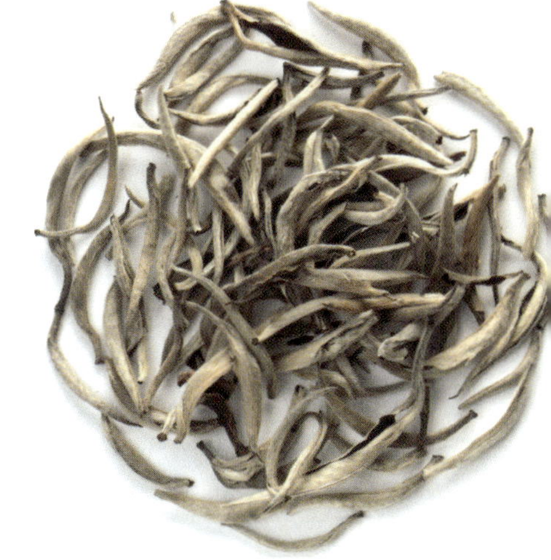

CHINA WHITE FLOWERY PEKOE

Herkunft:
Fujian, Hunan, Yunnan

Erntezeit:
April/Mai

Blattbeschaffenheit:
weiße, silberfarbene Blattspitzen,
besetzt mit zartem Flaum

Geschmack:
frisch, dezent süßlich, etwas fruchtig

Qualität:
handverlesene, noch nicht entfaltete Blätter
(Blattknospen, Blattspitzen),
erlesener weißer Tee

Zubereitung:
1 gehäufter Teelöffel pro Tasse,
abgekochtes, auf 75 bis 80° C erkaltetes Wasser

Ziehzeit:
3 bis 10 Minuten,
Tee bittert nicht

Tassenfarbe:
sehr hell mit gelb-bräunlichem Schimmer

Infusion:
zartgrün, gelblich

Haltbarkeit:
unbegrenzt

Info!
Wunderbarer Wellness-Drink – leicht, unaufdringlich und durstlöschend, schmeckt kalt wie warm.

CHINA WHITE MONKEY (BAIMAO HOU)

Herkunft:
Hunan

Erntezeit:
April/Mai

Blattbeschaffenheit:
zarte, hellgrüne Blattspitzen, besetzt mit zartem Flaum

Geschmack:
fruchtig mild, etwas grasig

Qualität:
handverlesene, kaum entfaltete Blätter (Blattknospen, Blattspitzen), recht guter weißer Tee

Zubereitung:
1 gehäufter Teelöffel pro Tasse, abgekochtes, auf 75 bis 80° C erkaltetes Wasser

Ziehzeit:
6 bis 10 Minuten, Tee bittert nicht

Tassenfarbe:
gelb-bräunlich

Infusion:
grün-gelblich

Haltbarkeit:
1 bis 2 Jahre

Info!

Ein weißer Tee mit intensivem Geschmack! „Monkey" als Zusatz im Namen wurde gewählt, weil dieser Tee mit einem weißen Flaum umhüllt ist, der im Aussehen an Affenhaare erinnert.

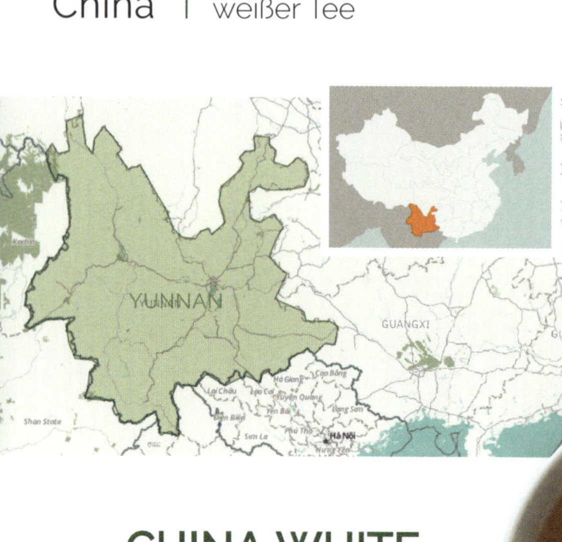

CHINA WHITE MOON PAI MU TAN EXKLUSIV

Herkunft:
südliches China; Yunnan

Erntezeit:
letzte März- bis erste Aprilwoche

Blattbeschaffenheit:
ausgesucht zarte Blattspitzen, auf der einen Seite weiß, auf der anderen dunkel – schwarz oder braun, gelegentlich auch grün

Geschmack:
cremig mild und weich

Qualität:
handverlesene, kaum entfaltete Blätter (Blattknospen, Blattspitzen), hervorragender weißer Tee

Zubereitung:
1 gehäufter Teelöffel pro Tasse, abgekochtes, auf 80° C erkaltetes Wasser

Ziehzeit:
6 bis 10 Minuten, Tee bittert nicht

Tassenfarbe:
gelb-bräunlich

Infusion:
grün-gelblich

Haltbarkeit:
1 bis 2 Jahre

Info!
Ein weißer Tee der Extraklasse! Kunstvoll werden die „two leaves and a bud" nach der händischen Ernte zum Trocknen ausgelegt, damit auch kein Blatt zerbricht und die zauberhafte Optik erhalten bleibt.

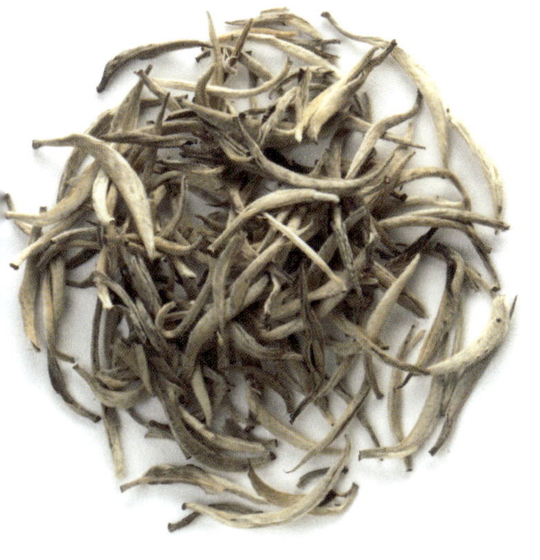

CHINA YIN ZHEN (SILVER NEEDLE/SILVER TIPS/ SILVERY BUDS)

Herkunft:
Fujian, Hunan, Yunnan

Erntezeit:
ausgesuchte Tage im April/Mai

Blattbeschaffenheit:
weiße, silberfarbene Blattspitzen, besetzt mit zartem Flaum

Geschmack:
frisch, dezent süßlich, etwas fruchtig

Qualität:
handverlesene, noch nicht entfaltete Blätter (Blattknospen, Blattspitzen), erlesener weißer Tee

Zubereitung:
1 gehäufter Teelöffel pro Tasse, abgekochtes, auf 75 bis 80° C erkaltetes Wasser

Ziehzeit:
3 bis 10 Minuten, Tee bittert nicht

Tassenfarbe:
sehr hell mit gelb-bräunlichem Schimmer

Infusion:
zartgrün, gelblich

Haltbarkeit:
unbegrenzt

Info!

„Yin Zhen" bedeutet übersetzt „Silbernadeln". Aus 20.000 bis 22.000 handverlesenen Blattknospen wird 1 Kilogramm weißer Tee hergestellt. Er kann eine homöopathische Wirkung entfalten und soll besonders bei Fieber und Erkältungen helfen. Ein sehr leichter, feiner Tee, wunderbar als Digestif oder als Wellness-Tee!

CHINA YUNNAN

Herkunft:
Südchina; Provinz Yunnan, Himalajagebirge

Erntezeit:
April bis September/Oktober

Blattbeschaffenheit:
großes, glattes, fast schwarzes Blatt, häufig mit goldenen Tips

Geschmack:
mildwürzig, malzig, gelegentlich auch etwas rauchig

Qualität:
Selfdrinker, zum Teil hervorragende Qualitäten, ideal auch für hartes Wasser, Tee bittert kaum

Zubereitung:
1 leicht gehäufter Teelöffel Blätter pro Tasse, frisch kochendes Wasser, Milch oder Sahne, Zucker

Ziehzeit:
2 bis 3 Minuten

Tassenfarbe:
rötlich braun bis rotgold

Infusion:
hellbraun bis braun

Haltbarkeit:
3 bis 4 Jahre

Info!
Tees dieser Region werden gern als die Assamtees Chinas bezeichnet. Unterschied: Diese Tees bittern kaum bis gar nicht! Ein dezent rauchiger Duft weist zudem auf die Herstellung in kleinen bäuerlichen Betrieben hin.

CHINESISCHER ROSENTEE

Herkunft:
vorwiegend Fujian

Erntezeit:
Juli/August

Blattbeschaffenheit:
schwarzes, gleichmäßiges Blatt mit Rosenblüten

Geschmack:
Rosenduft, der sich mit dem weichen und zarten Charakter der Basismischung hervorragend verträgt

Qualität:
ordentlicher Mediumtee mit betörendem Rosenduft

Zubereitung:
1 gehäufter Teelöffel Blätter pro Tasse, kochendes Wasser

Ziehzeit:
4 Minuten

Tassenfarbe:
rötlich mit grünem Touch

Infusion:
braun bis dunkelbraun

Haltbarkeit:
2 Jahre

Info!

Dieser Tee verbreitet seinen Duft auch im Raum und sorgt für ein angenehmes Aroma. Gelegentlich getrunken eine Besonderheit!

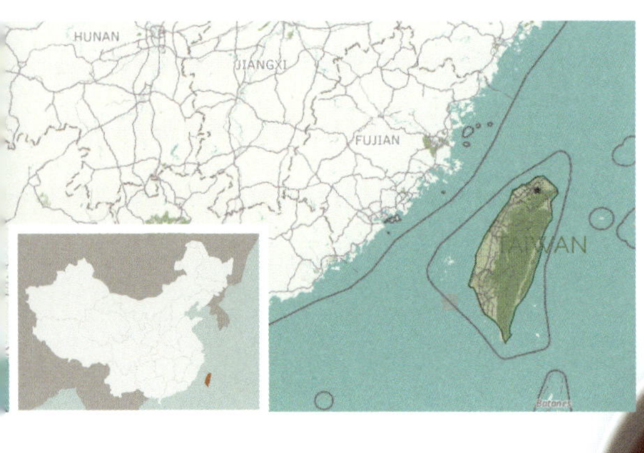

TARRY LAPSANG SOUCHONG

Herkunft:
China; Taiwan

Erntezeit:
Sommermonate

Blattbeschaffenheit:
grobes, schwarzes Blatt

Geschmack:
intensiv rauchig, teilweise sogar etwas bitter, kräftig

Qualität:
einfache bis gute Qualität, je nach Blattbeschaffenheit und Herstellung

Zubereitung:
6 bis 8 Blätter pro Tasse, kochendes Wasser

Ziehzeit:
2 bis 4 Minuten

Tassenfarbe:
braun bis goldbraun

Infusion:
braun bis rötlich-braun

Haltbarkeit:
unbegrenzt

Info!

Ein wunderbarer Tee zum Mischen, zum Beispiel für die russische Teemischung, aber auch für den klassischen Earl Grey. Empfehlung: 2 bis 3 Blätter Rauchtee in den Second-Flush-Darjeeling geben oder der Earl-Grey-Mischung hinzufügen. In Taiwan werden die Raucharomen häufig in den Tee gesprüht, in China wird der Tee vorrangig über Holzkohle aus Zedernholz geräuchert.

INDIEN

In Indien gab es unterschiedliche Versuche, Tee zu kultivieren. Man importierte auf legalem Wege Stecklinge und Saaten aus China. Viele Versuchsanpflanzungen misslangen jedoch. Um 1861 herum gelang es endlich, die Stecklinge in größerer Anzahl in Darjeeling gedeihen zu lassen. Aufgrund des Erfolgs weitete man den Ausbau deutlich aus und erzeugte bereits um 1860 herum etwa 200 Tonnen Tee. Mit der Ausweitung der Anbauflächen reduzierte sich aber auch der notwendige Urwald, was besonders in den letzten Jahren zu erheblichen qualitativen Einbußen führte.

Nilgiri
aus Südindien

Südindien

Tees dieser Region sind eigentlich nur lokal von Bedeutung, da in den Gebieten Travancore, Mudi, Anaimalai und Nilgiri mittlerweile vorrangig CTC-Tees hergestellt werden.

Im qualitativen Vergleich, z. B. zu den Assam-Tees, sind diese Sorten selbst für die Aufgussbeutelproduktion bei uns nicht einzusetzen.

Nilgiris von den Blue Mountains Südindiens werden gelegentlich bei uns angeboten, besonders, wenn die Qualitäten im Frühjahr ein gutes, Ceylon-ähnliches Flavour aufweisen. Den Verkauf dieser Tees arrangieren lokale Auktionen. Hauptverladehafen ist Kochi in der gleichnamigen bekannten Gewürzstadt.

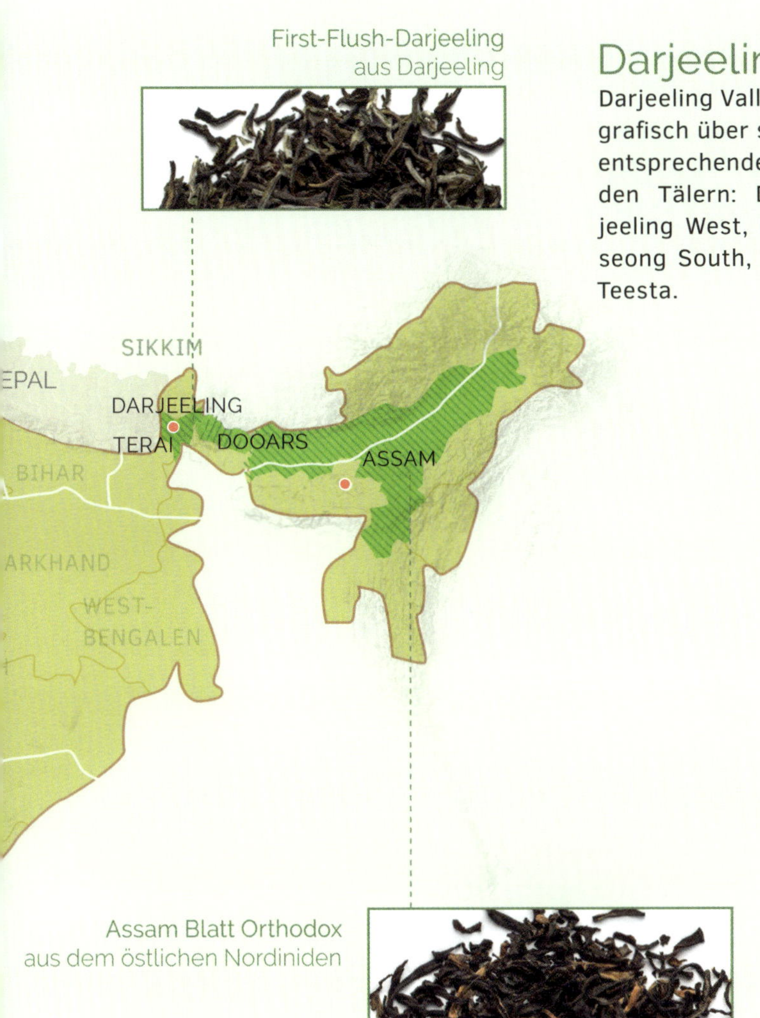

Darjeeling

Darjeeling Valley erstreckt sich geografisch über sieben Berge und den entsprechenden Anbaugebieten in den Tälern: Darjeeling East, Darjeeling West, Kurseong North, Kurseong South, Mirik, Rungbong und Teesta.

Assam

Das größte zusammenhängende Tee-Anbaugebiet der Welt liegt im Nordosten Indiens – der Bundesstaat Assam. Im Norden grenzt Assam an Bhutan und China, im Süden an Bangladesch.

Assam wird vom wasserreichsten Strom Asiens durchquert, dem Brahmaputra. Subtropische Temperaturen von über 30° C, heftige Regenfälle und mehrfache Flussüberschwemmungen im Jahr sorgen für fast uneingeschränktes Wachstum, besonders beim Tee.

Assam, Dooars und Terai

Mittlerweile sind Assamtees ein Hauptbestandteil unserer Sortenvielfalt – gemischt und pur. Besonders in Ostfriesland bevorzugt man diese Tees, da sie intensiv kräftig, malzig, würzig und dunkel färbend sind. Auch als Aufgussbeuteltees sind sie kaum noch wegzudenken, da sie ihren Charakter auch durch das Papier hindurch bestens durchsetzen können.

Second-Flush-Assamtees zeichnen sich durch ein dunkles Blatt mit vielen goldenen Tips aus. Die Tassenfarbe ist goldbraun mit rötlichem Touch. Gute Assamtees verändern ihre Tassenfarbe schnell. Sie cremen, das heißt, dass die reichlich vorhandenen ätherischen Öle beim Erkalten eine milchartige, cremige Verfärbung bewirken. Je schneller der Tee cremt, desto hochwertiger ist er einzustufen. In der Tasse (und der Kanne) hinterlassen diese Tees häufig einen sichtbaren Rand. Auch dieser deutet auf einen qualitativ guten bis hochwertigen Tee hin.

Tees aus Dooars und Terai, jenen Anbaugebieten, die zwischen Assam und Darjeeling liegen, sind ideale Ergänzungen zu den First-Flush-Darjeelings. Das Aroma ist zwar nicht so fein und ausgeprägt, dafür sind diese Tees meist etwas kräftiger, dunkel färbender und deutlich preisgünstiger – ideale Mischtees für die leichten First Flushs. Nach der recht kurzen Frühlingsernte wird die Produktion auf CTC-Basis umgestellt.

Teegärten in Assam

Teegarten	BIO	geogr. Lage	Pflanzen	Teeanbau (ha)	Ernte	Mitarbeiter
Bherjan	nein	-	-	16	25.000 kg	25
Doomni	nein	Nalbari Distr.	Clonals	817	1.450.000 kg	420
Halmari	nein	Upper Assam	Clonals	-	-	-
Mangalam	nein		Clonals	114	-	-
Manjushree	nein	Sonari	Saat + Clonals	615	1.300.000 kg	1650
Maud	ja	-	-	156	175.000 kg	274
Meleng	nein	Jorhat	20 % Chinasaat 80 % Clonals	846	1.500.000 kg	1700
Mokalbari	nein	Upper Assam	Clonals	780	1.865.000 kg	1533
Nahorhabi	nein	Sibsagar	60 % Saat 40 % Clonals	695	1.200.000 kg	1600
Sankar	nein	-	-	129	300.000 kg	245
Sewpur	ja	-	-	195	225.000 kg	330
Tonganagaon	ja	-	-	538	600.000 kg	905
Towkok	nein	Sonari	Saat + Clonals	751	1.300.000 kg	1750

Stand 2016

ASSAM BLATT

Herkunft:
östliches Nordindien

Erntezeit:
teilweise ganzjährig, vorwiegend aber ab März bis November/Dezember; beste Second Flushs von Ende Mai bis Anfang Juli

Blattbeschaffenheit:
ansprechendes, fast schwarzes Blatt mit sehr vielen goldenen Tips

Geschmack:
First Flush: leichte, zarte, mildwürzige Tees, die kaum bittern
Second Flush: vollmundig, würzig, kräftig, malzig; bei zu langer Ziehzeit herb und bitter

Qualität:
Selfdrinker, geeignet für jedes Wasser, teilweise hervorragende Qualitäten

Zubereitung:
1 gehäufter Teelöffel Blätter pro Tasse, frisch kochendes Wasser, mit Milch/Sahne und Zucker/Kandis servieren

Ziehzeit:
2 bis 4 Minuten, möglichst nicht länger!

Tassenfarbe:
goldbraun bis rotbraun

Infusion:
braun in unterschiedlichen Schattierungen

Haltbarkeit:
3 bis 4 Jahre, eventuell sogar länger

Info!

Beim Einkauf auf die goldenen Tips als Qualitätsmerkmal achten! Der Blatt-Tee sollte nicht staubig oder mit viel Brokenblättern durchsetzt sein – dann ist er qualitativ geringwertiger.

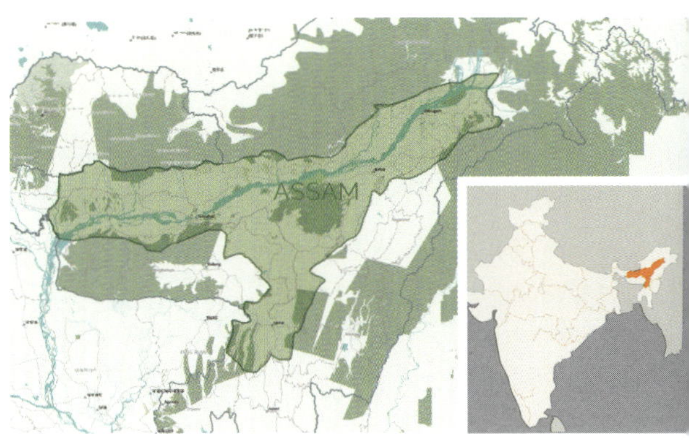

ASSAM BLATT GOLDEN TIPS

Herkunft:
östliches Nordindien

Erntezeit:
teilweise ganzjährig, vorwiegend aber ab März bis November/Dezember; beste Second Flushs von Ende Mai bis Anfang Juli

Blattbeschaffenheit:
hervorragendes Blatt mit sehr vielen goldenen Tips

Geschmack:
vollmundig, würzig, mild, deutlich malzig

Qualität:
Selfdrinker, geeignet für jedes Wasser, teilweise hervorragende Qualitäten

Zubereitung:
1 gehäufter Teelöffel Blätter pro Tasse, frisch kochendes Wasser, mit Milch/Sahne und Zucker/Kandis servieren

Ziehzeit:
2 bis 4 Minuten, möglichst nicht länger!

Tassenfarbe:
goldbraun bis rotbraun

Infusion:
braun in unterschiedlichen Schattierungen

Haltbarkeit:
3 bis 4 Jahre, eventuell sogar länger

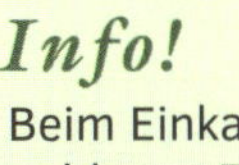

Beim Einkauf auf die goldenen Tips als Qualitätsmerkmal achten!

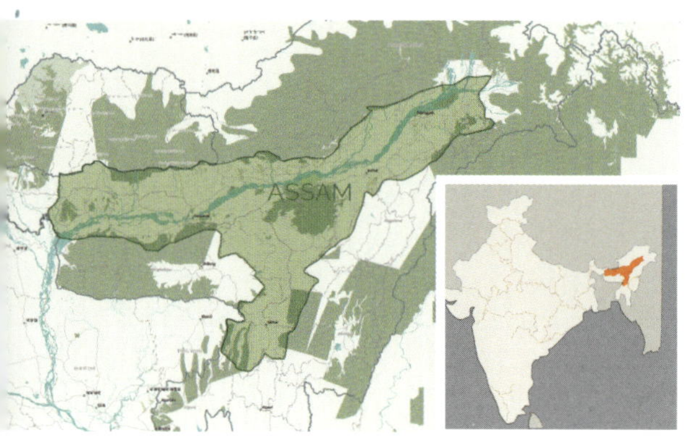

ASSAM FBOP

Herkunft:
östliches Nordindien

Erntezeit:
teilweise ganzjährig, vorwiegend aber ab März bis November/Dezember; Beste Second Flushs von Ende Mai bis Anfang Juli

Blattbeschaffenheit:
ansprechendes, fast schwarzes, flaches, grobes Blatt mit einigen Tips

Geschmack:
angenehm mild-würzig und malzig

Qualität:
geeignet für jedes Wasser, sehr kräftige und dunkel ziehende Tees

Zubereitung:
1 gestrichener Teelöffel Blätter pro Tasse, frisch kochendes Wasser, gerne Milch oder Sahne, Zucker oder Kandis

Ziehzeit:
1 ½ bis 2 Minuten

Tassenfarbe:
dunkles Goldbraun bis dunkles Rotbraun; gute Tees cremen beim Erkalten (Qualitätsmerkmal)

Infusion:
goldbraun bis rotbraun
Spätsommertee wird dunkelbraun

Haltbarkeit:
Second Flush: 3 bis 4 Jahre
Spätsommertee: 1 bis 2 Jahre

Info!
Besonders in Irland und den Niederlanden findet man häufig FBOPs. Für den ostfriesischen Teetrinker sind diese meist zu leicht im Geschmack und der Tassenfarbe. Ein idealer Tee für Konsumenten, die keine kräftigen und herben Tees mögen.

ASSAM ORTHODOX OF

Herkunft:
östliches Nordindien

Erntezeit:
teilweise ganzjährig, vorwiegend aber ab März bis November/Dezember; beste Second Flushs von Ende Mai bis Anfang Juli

Blattbeschaffenheit:
kleinste Aussiebung der orthodoxen Teeproduktion

Geschmack:
dezent malzig und würzig

Qualität:
hervorragende Mischtees für leichte und kaum färbende Darjeeling-Fannings-Tees

Zubereitung:
wird meist nur als Aufgussbeuteltee eingesetzt

Ziehzeit:
1 ½ bis 2 Minuten

Tassenfarbe:
dunkles Goldbraun bis dunkles Rotbraun; gute Tees cremen beim Kälterwerden (Qualitätsmerkmal)

Infusion:
Second Flush: goldbraun bis rotbraun
Spätsommertee: dunkelbraun

Haltbarkeit:
Second Flush: 3 bis 4 Jahre
Spätsommertee: 1 bis 2 Jahre

Info!

In einigen Teilen Ostfrieslands, zum Beispiel im Gebiet um die Stadt Weener herum, bevorzugt man diese Blattsortierung, da einerseits die sonst angebotenen GFBOPs und FBOPs sehr teuer sind und andererseits , weil diese Blattgrade das dortige weiche Wasser hervorragend färben.

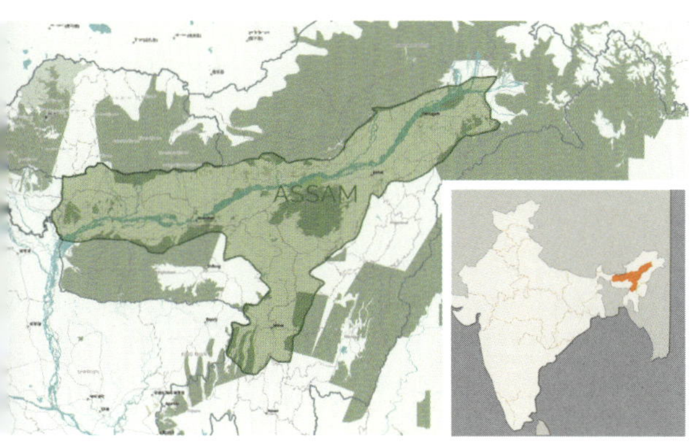

ASSAM CTC B(O)P

Herkunft:
östliches Nordindien

Erntezeit:
teilweise ganzjährig, Hauptproduktionszeit vor und nach der Second-Flush-Ernte

Blattbeschaffenheit:
grobes braunes Korn

Geschmack:
sehr kräftig, bitter

Qualität:
Tee zum Mischen mit geschmacklich leichteren und heller abgießenden Teesorten

Zubereitung:
pur zubereitet: ½ Teelöffel pro Tasse, kochendes Wasser, Zucker, Milch

Ziehzeit:
1 bis maximal 2 Minuten

Tassenfarbe:
dunkelbraun

Infusion:
rotbraun

Haltbarkeit:
circa 1 Jahr

Info!
Idealer Tee für Teemaschinen und großen Filtertüten! Gute CTC-Tees finden beispielsweise in Ostfriesenmischungen oder English Breakfast Tea Verwendung.

ASSAM CTC DUST

Herkunft:
östliches Nordindien

Erntezeit:
teilweise ganzjährig; Hauptproduktionszeit vor und nach der Second-Flush-Ernte

Blattbeschaffenheit:
staubgroßes, braunes Korn

Geschmack:
sehr kräftig, extrem bitter

Qualität:
nutzbar für Aufgussbeutel

Zubereitung:
Teelöffelboden bedeckende Menge pro Tasse, kochendes Wasser, Zucker, Milch

Ziehzeit:
1 Minute

Tassenfarbe:
dunkelbraun

Infusion:
rotbraun

Haltbarkeit:
circa 1 bis 2 Jahre

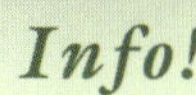

Info!
Die Mundschleimhäute zusammenziehender Tee, wird allerdings selten bei uns verwendet.
Dust-Tee ist häufig bereits daran zu erkennen, dass sich Staubreste in der Packung oder Cellophanierung sammeln.
Dusts sind überwiegend minderwertige und sehr preiswerte Qualitäten.

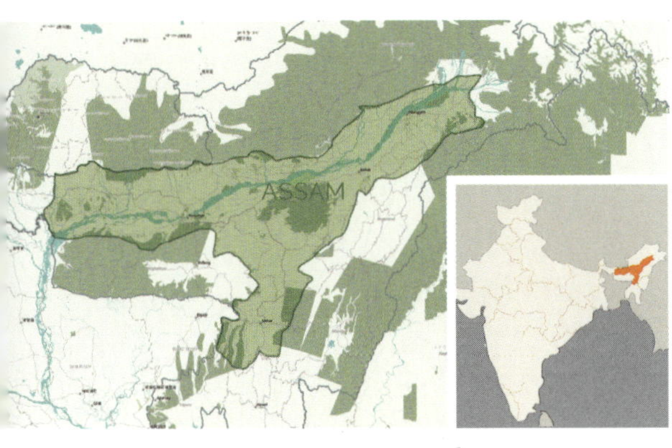

ASSAM CTC PF

Herkunft:
östliches Nordindien

Erntezeit:
teilweise ganzjährig; Hauptproduktionszeit vor und nach der Second-Flush-Ernte

Blattbeschaffenheit:
nadelkopfgroßes braunes Korn

Geschmack:
sehr kräftig, bitter

Qualität:
Tee zum Mischen und für Aufgussbeutel

Zubereitung:
pur zubereitet: ½ Teelöffel pro Tasse, kochendes Wasser, Zucker, Milch

Ziehzeit:
1 bis maximal 2 Minuten

Tassenfarbe:
dunkelbraun

Infusion:
rotbraun

Haltbarkeit:
circa 1 bis 2 Jahre

Info!
Gut geeignet für Teemaschinen!

ASSAM GFBOP

Herkunft:
östliches Nordindien

Erntezeit:
teilweise ganzjährig, vorwiegend aber ab März bis November/Dezember; beste Second Flushs von Ende Mai bis Anfang Juli

Blattbeschaffenheit:
ansprechendes, fast schwarzes Blatt mit sehr vielen goldenen Tips

Geschmack:
Second Flush: vollmundig, kräftig, würzig, malzig;
Spätsommertees: kräftig, sehr dunkel färbend; Tees bittern sehr schnell

Qualität:
geeignet für jedes Wasser, sehr kräftige und dunkel ziehende Tees

Zubereitung:
1 gestrichener Teelöffel Blätter pro Tasse, frisch kochendes Wasser, gerne Milch oder Sahne, Zucker oder Kandis dazu

Ziehzeit:
1 ½ bis 2 Minuten

Tassenfarbe:
dunkles Goldbraun bis dunkles Rotbraun; gute Tees cremen beim Erkalten (Qualitätsmerkmal)

Infusion:
Second Flush: goldbraun bis rotbraun
Spätsommertee: dunkelbraun

Haltbarkeit:
Second Flush: 3 bis 4 Jahre
Spätsommertees: 1 bis 2 Jahre

Info!
Gute Assam Broken cremen recht schnell, was ein Merkmal für gute Qualität ist und sich auch in der öligen Schicht auf dem aufgebrühten Tee zeigt.

DOOARS-TEE

Herkunft:
Nordindien, direkt an das Himalajagebirge angrenzend

Erntezeit:
Februar/März bis Oktober/November

Blattbeschaffenheit:
Croppy Dooars: zartes unregelmäßiges Blatt mit einigen silbrigen Tips, First-Flush-Darjeeling sehr ähnlich

Geschmack:
vollmundig, frisch, kräftig

Qualität:
bis Anfang/Mitte April zum Teil hervorragende Qualitäten, danach Wechsel zur CTC-Produktion

Zubereitung:
1 gehäufter Teelöffel pro Tasse, frisch kochendes Wasser

Ziehzeit:
1 bis 2 Minuten, Blatt-Tees bis zu 3 Minuten

Tassenfarbe:
rötlich-braun

Infusion:
kupferfarben, braun

Haltbarkeit:
1 Jahr

Info!

Dooars produziert interessante Mischtees, besonders für teure First-Flush-Darjeelings. Aber vorsicht: Croppy Dooars werden häufig als First-Flushs angeboten. Sie besitzen zwar nicht die Spritzigkeit der Darjeelings, sind dafür aber etwas kräftiger und färben das Wasser sehr gut.

TERAI-TEE

Herkunft:
Nordindien, direkt an das Himalajagebirge und Dooars angrenzend

Erntezeit:
März bis November

Blattbeschaffenheit:
grobes, drahtiges Blatt, silbrige Tips, First-Flush-Darjeeling sehr ähnlich

Geschmack:
blumig, frisch

Qualität:
im April teilweise hervorragende Qualitäten, danach Wechsel zur CTC-Produktion

Zubereitung:
1 gehäufter Teelöffel pro Tasse, frisch kochendes Wasser

Ziehzeit:
1 bis 2 Minuten, Blatt-Tees bis zu 3 Minuten

Tassenfarbe:
braun, mit einem grünlichen Touch

Infusion:
hellgrün, leicht kupferfarben

Haltbarkeit:
1 Jahr

Info!

Terai erzeugt mitunter gute Ersatztees für teure First-Flush-Darjeelings.

Darjeeling

Das Darjeeling Valley erstreckt sich geografisch über 7 Berge und den entsprechenden Anbaugebieten in den Tälern: Darjeeling East, Darjeeling West, Kurseong North, Kurseong South, Mirik, Rungbong und Teesta.

First-Flush-Darjeeling

Traditionell startet man in Darjeeling mit der Ernte der ersten frischen Teeblätter nicht vor dem 15. März eines Jahres – in Regionen über 2.000 Meter sogar erst am 1. April – und endet mit dieser am 20. Mai. Ab 21. Mai beginnt bereits die Ernte der Second Flushs, die mit dem Einsetzen des Monsunregens Ende Juni/Anfang Juli endet. Der im Frühling einsetzende Wachstumsschub aus den Wurzeln in die Zweige bewirkt das Wachstum der ersten Teeblätter. Nur diese sollten geerntet als reine First-Flush-Tees bezeichnet werden dürfen. Schon die anschließend nachwachsenden Teeblätter beinhalten nicht mehr so viel Kraft, Frische, Aroma und Duft wie die ersten. Bei reinen First-Flush-Darjeelings spielt das Aussehen der Teeblätter auch eine untergeordnete Rolle – sie können grob oder fein, lang oder kurz, breit oder spitz sein. Tips – also silberne, zart gearbeitete Blattspitzen – haben in diesem Tee eigentlich keine Bedeutung.

Das Wachstum der Teepflanzen aus Saaten kann man bisher kaum beeinflussen, das Wachstum von geklonten Büschen oder Hybridpflanzen hingegen deutlich. Um mengenmäßig ertragreich zu arbeiten, finden heute mehr und mehr geklonte Büsche und Hybridpflanzen auch in Darjeeling Verwendung. Der verstärkte Einsatz führt zwangsläufig zu einer Egalisierung der Frühlingsqualitäten, zu quantitativ höherem Ertrag bei deutlicher qualitativer Einbuße.

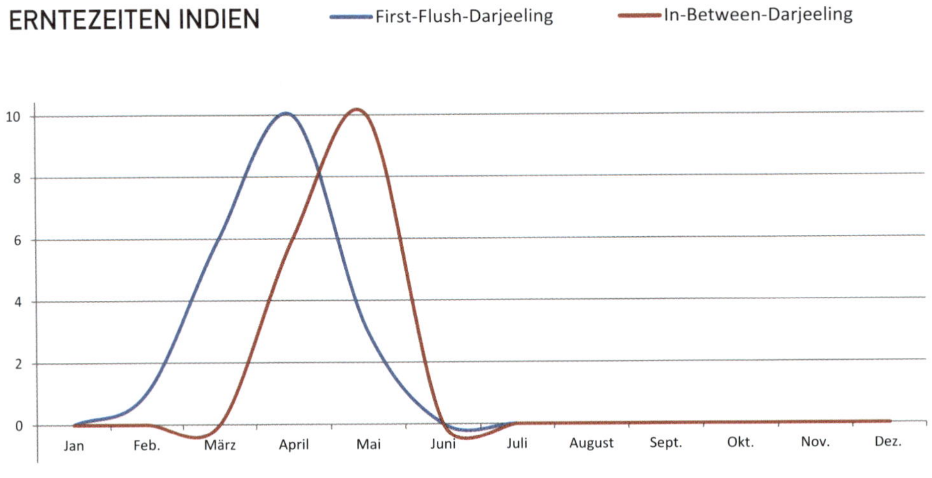

0 = keine Ernte 1 = geringe Qualität 5 = ordentliche Qualität 10 = Top-Qualitäten

Es war immer spannend für die Teeimporteure und -geschäfte, den aromatischsten und feinsten First Flush der Saison zu „erobern“. Mittlerweile hat das Tea Board of India entschieden, dass nur jene Tees, die vom Beginn der Ernte bis zum 20. Mai eines Jahres geerntet werden, als First Flushs deklariert werden dürfen. Den Beginn der Ernte kann jeder Teegartenmanager selbst entscheiden.

Was zeichnet nun einen wirklich hochwertigen First-Flush-Darjeeling aus? Eine gräuliche Blattfarbe mit leichtem Grünschimmer, kaum oder wenige silbrig-weiße Tips, die aufgebrühten Blattrückstände duften blütenreich, fast wie Maiglöckchen, die Farbe ist hellbraun mit einem hellgrünen Touch, die Tassenfarbe ist hellgelb, dezent grünlich, der Geschmack gern etwas herb, umgeben aber von einem intensiv blumigen Beisatz und Duft.

Worauf sollte man beim Kauf eines erstklassigen First-Flush-Darjeelings achten?

- Es sollte ein Original-Plantagentee sein.
- Eine Invoice- bzw. Partie-Nummer sollte mit Jahreszahl vermerkt sein.
- Er sollte einen intensiv frischen, blumigen Duft versprühen und
- ein dunkelgraues Blatt mit zartem, grünlichem Schimmer haben.

Mischungen sind zwar in Ordnung, aber selten habe ich erlebt, dass eine Teequalität durch Mischung verbessert wurde. Sie egalisieren den Geschmack und die Tassenfarbe und sorgen vor allen Dingen für ein einheitliches Abpackvolumen, sowie für einen günstigeren Durchschnittspreis. Eigentlich alles Kriterien, auf die man beim Teegenuss deutlich verzichten kann.

First-Flush-Darjeelings sollten in dem Jahr, in dem sie geerntet und hergestellt wurden, auch konsumiert werden. Der Duft und der Geschmack dieser besonderen Qualität verliert sich im Laufe der Monate deutlich.

In-Between-Darjeeling

Ursprünglich wurden jene Teesorten als Inbetweens bezeichnet, die zwischen der First-Flush- und der sommerlichen Second-Flush-Ernte geerntet und hergestellt wurden. Regen lässt die Büsche schneller wachsen, der erste Saftschub aus den Wurzeln ist verbraucht. Geschmacklich sind diese Tees deutlich „neutraler“, also leichte, vielleicht sogar etwas inhaltslose Tees. Qualitäten, die man regelmäßig nebenbei trinken kann, Qualitäten, die sich hervorragend zum Mischen mit den First Flushs eignen und somit dann auch einen günstigeren Preis bringen.

Das Tea Board in Indien hat entschieden, dass diese Tees als First Flushs in den Handel gelangen dürfen. Vorteilhaft für überregionale Anbieter, die preisgünstige Packungen unter der Qualitätsbezeichnung First-Flush-Tee vermarkten dürfen, vorteilhaft auch für die Produzenten, die für diese qualitativ einfacheren Tees nun einen zugkräftigen Namen erhielten und somit auf bessere Preise hoffen dürfen. Nachteilig allerdings für den Konsumenten, der aufgrund der gewaltigen Preisunterschiede für First-Flush-Darjeelings verunsichert ist.

Second-Flush-Darjeeling

Diese Tees sind der absolute Gegensatz zu den First Flushs. Charakteristisch für diese Sommerernte ist eine dunkelbraune, ins Schwarze übergehende Blattfarbe mit teilweise goldenen Tips, eine kräftige, dunkelrote bis dunkelbraune Tassenfarbe, ein deutlich kräftiger, vollmundiger Geschmack, der blumig sein darf und bei hochwertigeren Tees auch von einer milden Süße begleitet wird. Die aufgebrühten Blattrückstände scheinen bräunlich. Haltbare Tees schimmern kupferfarben. Second-Flush-Tees sind sehr lange haltbar, sie entwickeln häufig noch in den Monaten nach der Ernte ihren Geschmack und Duft. Die Qualität ist stark witterungsabhängig; in regenreichen Jahren fehlt es den Tees beispielsweise an blütenreichem Duft. Meist gibt es nur geringe Mengen allerfeinster Spitzenqualitäten, die dann auch teilweise den Zusatz „Muskatel" oder andere extravagante Blattbezeichnungen erhalten.

Darjeeling First Flush · *Darjeeling In Between* · *Darjeeling Second Flush*

Besonders feine ausgesuchte Second-Flush-Tees werden auch als Lagentees bezeichnet und gehandelt. Meist gibt es nur geringe Mengen aller feinster Spitzenqualitäten, die dann auch zum Teil den Zusatz „Muskatel“ oder „fancy“ für ihre Blattbezeichnungen erhalten.

Achten Sie beim Einkauf auf:

- eine tiefbraune Blattfarbe,
- goldene Tips und
- einen kräftigen, teilweise leicht würzigen Duft.

Gute Tees halten ihre Qualität über mehrere Jahre und müssen nicht unbedingt aus der laufenden Ernte stammen. Beim Second-Flush-Darjeeling sollte die Ziehzeit möglichst nicht länger als drei Minuten betragen, da diese Tees sonst bitter werden können. Ein leicht gehäufter Teelöffel Blätter pro Tasse reicht meist vollkommen aus und serviert dürfen diese feinen Sorten auch mit Milch oder Sahne und Zucker oder Kandis werden.

Üblicherweise endet die Second-Flush-Ernte in Darjeeling mit dem Einsetzen des Monsunregens Ende Juni/Anfang Juli.

Regentee

Regentees werden in Indien mittlerweile zum Teil als „Inbetweens“ bezeichnet. Je mehr und je länger der Regen fällt, desto geschmackloser werden die Tees. Tees der Augusternte haben häufig Schwierigkeiten, das Teewasser überhaupt zu färben – Inhaltsstoffe sind kaum noch vorhanden. Allerdings verändern einige Teehersteller die Fermentationszeit der Teeblätter deutlich. Hatte man früher durch längere Fermentationszeiten wenigstens noch eine dunklere und kräftigere Tassenfarbe erreicht, produziert man heute Tees, die den ursprünglichen Inbetweens aus dem Mai sehr ähneln und als wertvolle Untermischer und Verlängerer der First-Flush-Tees eingesetzt werden können.

Geschmacklich bringen diese Tees kaum etwas. Zu erkennen sind sie am relativ hohen Volumen – der Regen lässt die Blätter schneller wachsen und bläht diese auch etwas auf. Auch interessant: Ende August bis in den September hinein werden auf einigen Teegärten grüne Tees hergestellt.

Autumnal-Tee

Autumnals werden – sofern der Herbst es witterungsbedingt zulässt – Ende Oktober/ Anfang November geerntet und produziert. Es sollte wirklich ein typischer „Indian Summer" sein, um auch etwas Geschmack und Qualität in die Blätter zu bekommen; es bedarf also Sonne, trockener Tage und kühler Nächte.

Autumnals sind geradezu bunte Tees, bräunlich, mit dunklen und hellen Blättern dazwischen, gern mit einigen Tips und Stalks dazu. Ein herbes, nach Herbstlaub duftendes Aroma zeichnet diese Sorten aus, welches sich aber recht schnell verflüchtigen kann. Häufig sind davon bei Ankunft des Schiffes in Hamburg leider nur noch Nuancen spürbar. Herbsttees lassen sich gut mit First Flushs mischen, sie verderben nicht den Geschmack.

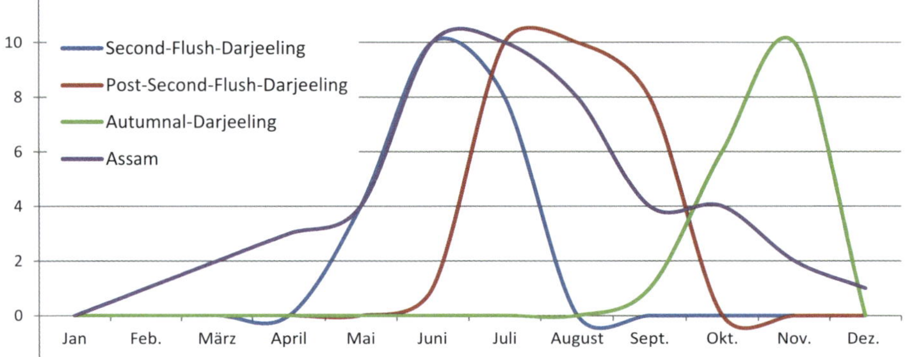

Teegärten in Darjeeling

Teegarten	BIO	Höhenlage	geogr. Lage	Pflanzen	Tee-anbau (ha)	Ernte	Mitar-beiter
Ambootia	ja	950 bis 1450 m	Kurseong North	Chinasaat Assam-Hybriden	340	180.000 kg	900
Arya	ja	900 bis 1800 m	Darjeeling East	Assam-Hybriden	123	70.000 kg	-
Avongrove	ja	650 bis 1850 m	Rungbong	Chinasaat Hybriden Clonals	316	70.000 kg	471
Badamtam	ja	300 bis 1830 m	Darjeeling West	25 % Chinasaat 10 % Clonals Rest Assamsaat + Assam-Hybriden	321	270.000 kg	1150
Balasun	ja	365 bis 1375 m	Kurseong North	51 % Chinasaat 9 % Highgrown Clonals 40 % Assam-Clonals	181	100.000 kg	900
Bannock-burn	ja	850 bis 1600 m	Darjeeling West	96 % China 4 % Clonals	143	75.000 kg	500
Barnesbeg	ja	240 bis 970 m	Darjeeling West	vorwiegend Assamsaat	-	-	-
Castleton	nein	915 bis 1830 m	Kurseong South	vorwiegend Chinasaat	170	-	-
Chamong	ja	1150 bis 1850 m	Rungbong	Chinasaat	138	75.000 kg	527
Dilaram	nein	760 bis 1950 m	Kurseong North	-	-	-	-
Dhajea	ja	900 m	-	Rungbong	177	90.000 kg	500
Gielle	nein	1100 bis 1200 m	Teesta	75,55 % Chinasaat 10,64 % Clonals 13,79 % Hybriden	251	150.000 kg	708
Ging	ja	600 bis 1800 m	Darjeeling West	76,63 Chinasaat 18,20 % Clonals 5,17 % Assam-Hybriden	230	175.000 kg	800
Glenburn	nein	1200 m	Teesta	36,8 % Chinasaat 40,4 % Assamsaat 22,8 % Clonals	-	150.000 kg	285
Goomtee	nein	900 bis 1650 m	Kurseong South	Chinasaat	124	80.000 kg	-
Gopaldhara	nein	1500 bis 2300 m	Mirik	100 % Chinasaat	172	90.000 kg	-
Happy Valley	ja	-	Darjeeling West	-	177	75.000 kg	-
Highland	ja	800 bis 1000 m	Kurseong South	-	-	-	-
Jogmaya	nein	850 bis 1000 m	Kurseong South	Clonals	100	50.000 kg	-
Jungpana	nein	800 bis 1800 m	Kurseong South	Chinasaat	-	80.000 kg	-
Lingia	ja	850 bis 1850 m	Darjeeling East	98 % Chinasaat 2 % Clonals + Assam-Hybriden	141	85.000 kg	474
Longview	nein	-	Kurseong South	Assam-Hybriden Clonals	506	700.000 kg	2000

Stand 2016

Teegarten	BIO	Höhenlage	geogr. Lage	Pflanzen	Tee-anbau (ha)	Ernte	Mitar-beiter
Makaibari	ja	1500 m	Kurseong South	15 % Clonals 70 % Chinasaat 15 % Hybriden	270	150.000 kg	700
Margaret's Hope	nein	915 bis 1830 m	Kurseong North	Chinasaat Clonals	-	180.000 kg	915
Marybong & Kyle	ja	900 bis 1820 m	Darjeeling East	Chinasaat	285	175.000 kg	700
Millikthong (Gyabaree)	nein	800 bis 1100 m	Mirik	Chinasaat	310	250.000 kg	805
Mim	ja	600 bis 1900 m	Darjeeling East	Chinasaat Assam-Hybriden	188	115.000 kg	503
Moondako-tee	ja	-	Kurseong North	81 % Chinasaat 14 % Assam-Hybriden 5 % Clonals	-	400.000 kg	-
Monteviot	ja	950 bis 1700 m	Kurseong South	Chinasaat	77	15.000 kg	-
Mullotar	ja	-	Kurseong South	-	-	-	1380
Nagri	ja	-	Rungbong	-	306	300.000 kg	-
Nagri Farm	ja	760 bis 2000 m	Rungbong	China-Hybriden Assam-Hybriden	256	200.000 kg	900
Namring	nein	1300 bis 2200 m	Teesta	50 %Chinasaat 15 % Assam-Hybriden 35 % China-Hybriden	476	275.000 kg	2000
North Tukvar	nein	500 bis 850 m	Darjeeling West	40 % Chinasaat 40 % Assam-Hybriden 20 % Clonals	195	110.000 kg	647
Nurbong	ja	-	Kurseong South	dieser Teegarten stellt schon länger als 30 Jahre keinen Tee mehr her	-	300.000 kg	-
Oaks	ja	1300 bis 1820 m	Kurseong North	Chinasaat Assam-Hybriden	-	120.000 kg	-
Okayti	nein	1200 bis 1960 m	Mirik	96 % Chinasaat + China-Hybriden 4 % Assam-Hybriden	208	150.000 kg	710
Orange Val-ley	ja	850 bis 1800 m	Darjeeling East	Chinasaat	220	130.000 kg	-
Phoobsering	ja	900 bis 1800 m	Darjeeling West	34 % Clonal 32 % Chinasaat 34 % Assam-Hybriden	282	130.000 kg	722
Phuguri	nein	900 bis 1500 m	Mirik	Chinasaat Clonals	220	170.000 kg	600
Poobong	ja	750 bis 1400 m	Ghoom	Chinasaat	190	70.000 kg	500
Pussimbing	ja	1500 bis 2200 m	Darjeeling East	80 % Chinasaat 20 % Assam-Hybriden	201	90.000 kg	531

Stand 2016

Teegarten	BIO	Höhenlage	geogr. Lage	Pflanzen	Tee-anbau (ha)	Ernte	Mitar-beiter
Puttabong (Tukvar)	ja	450 bis 2000 m	Darjeeling West	33 % Darj.-Hybriden 65 % Chinasaat 2 % Clonals	436	245.000 kg	1476
Risheehat	ja	560 bis 1600 m	Darjeeling East	Chinasaat Assam-Hybriden	256	180.000 kg	1300
Rohini	nein	800 bis 1500 m	Kurseong South	22,2 % Chinasaat 77,8 % Clonals	138	50.000 kg	271
Runglee Rungliot	nein	800 bis 1500 m	Teesta	50 % Chinasaat + China_Hybriden 50 % Clonals + Assam-Hybriden	184	160.000 kg	500
Seeyok	ja	1300 bis 1600 m	Mirik	65 % Chinasaat Hybriden	160	60.000 kg	420
Selimbong	ja	1180 bis 1655m	Rungbong	Chinasaat Assam-Hybriden	160	50.000 kg	450
Singell	ja	1000 bis 1600 m	North Kurse-ong	Chinasaat	242	70.000 kg	570
Singbulli	ja	400 bis 1250 m	Mirik	75 % Chinasaat 25 % Clonals	474	245.000 kg	1320
Sirisi/ Chongtong	nein	750 bis 1500 m	Darjeeling East	50 % Chinasaat 40 % Assam-Hybriden 10 % Clonals	370	200.000 kg	-
Snowview	ja	-	Teesta	80 % Assam-Hybriden 20 % Chinasaat	-	400.000 kg	-
Soom	ja	-	Darjeeling West	Chinasaat Assam-Hybriden	235	220.000 kg	692
Singtom/ Steinthal	ja	-	Darjeeling West	-	-	70.000 bis 80.000 kg	-
Sourenee	ja	1300 m	Mirik	80 % Assam-Hybriden 20 % Chinasaat	96	85.000 kg	226
Springside	nein	15 bis 1830 m	Kurseong North	70 % Chinasaat 30 % Assam-Hybriden	-	85.000 kg	-
Sungma	ja	1100 bis 1700 m	Rungbong	50 % Clonals 50 % Chinasaat	281	150.000 kg	1030
Teesta Val-ley	nein	650 bis 1300 m	Rungbong	60 % Chinasaat 8 % Clonals 32 % Hybriden	-	230.000 kg	1007
Thurbo	nein	760 bis 1890 m	Mirik	25 % Chinasaat 10 % Clonals 65 % Assam/ Assam-Hybriden	172	250.000 kg	1750
Tindharia	ja	400 bis 1000 m	Kurseong South	40 % Chinasaat 30 % Hybriden 30 % Assam-Hybriden	146	70.000 kg	-
Tukdah	ja	750 bis 1700 m	Rungbong	32,75 % Clonals 59,12 % China-Hybriden 8,18% Assam-Hybriden	288	200.000 kg	752
Tumsong	ja	1500 m	Darjeeling East	Chinasaat Assam-Hybriden	114	70.000 kg	427
Vah Tukvar	nein	-	Darjeeling	-	120	40.000 kg	200

Stand 2016

TUKVAR
BARNESBEG
NORTH TUKVAR
BADAMTAM
VAH TUKVAR
GLENBURN
RANGIT R.
SOOM
PHOOBSERING
1
TUKVAR
GING
LOPCHU
7
CHONGTONG
SINGTOM
KANCHAAN VIEW
BANNOCKBURN
TUKDAH
LIZA HILL
HAPPY VALLEY
Planters' Club
DTRC
STEINTHAL
ARYA
DARJEELING
LINGIA
RISHEEHAT
Gymkhana Club
TUMSONG
MARYBONG
ORANGE VALLEY
PANDAM
MIM
ALLOOBARI
RANGAROON
RUNGLEE RUNGLIOT
GIELLE
NAMRING
GHUM
POOBONG
TIGER HILL
PUSSIMBING
KALEJ VALLEY
SONADA
OAKS
CHAMONG
2
DOOTERIAH
RUNGMOOK CEDARS
8
SELIMBONG
TURZUM
AVONGROVE
RINGTONG
DHAJEA
SEEYOK
SUNGMA
MOONDAKOTEE
DILARAM
GOPALDHARA
NAGRI
NAGRIFARM
TUNG
NARBADA MAJHUA
EDENVALE
MOHAN MAJHUA
BALASUN
MARGARET'S HOPE
MAHALDERAM
OKAYTI
MIRIK
PHUGURI
SINGELL
JUNGAPANA
THURBO
GOOMTEE
MULLOOTAR
MONTEVIOT
DTRC
Kurseong Tea Research Centre
SOURENI
KURSEONG
MAHANADI
AMBOOTIA
SIVITAR
SPRINGSIDE
CASTLETON
GIDDAPAHAR
TINDHARIA
GYABAREE
JOGAMAYA
PHUGURI
3
SINGBULLI
MAKAIBARI
TINDHARIA
NURBONG
9
ROHINI
SELIM HILL
CHUNABATI
LONGVIEW
GYABAREE
SEPOYDHOORAH
RONGTONG
SEPOYDHOORAH
R. MECHI
R. BALASAN
SUKNA
4
10

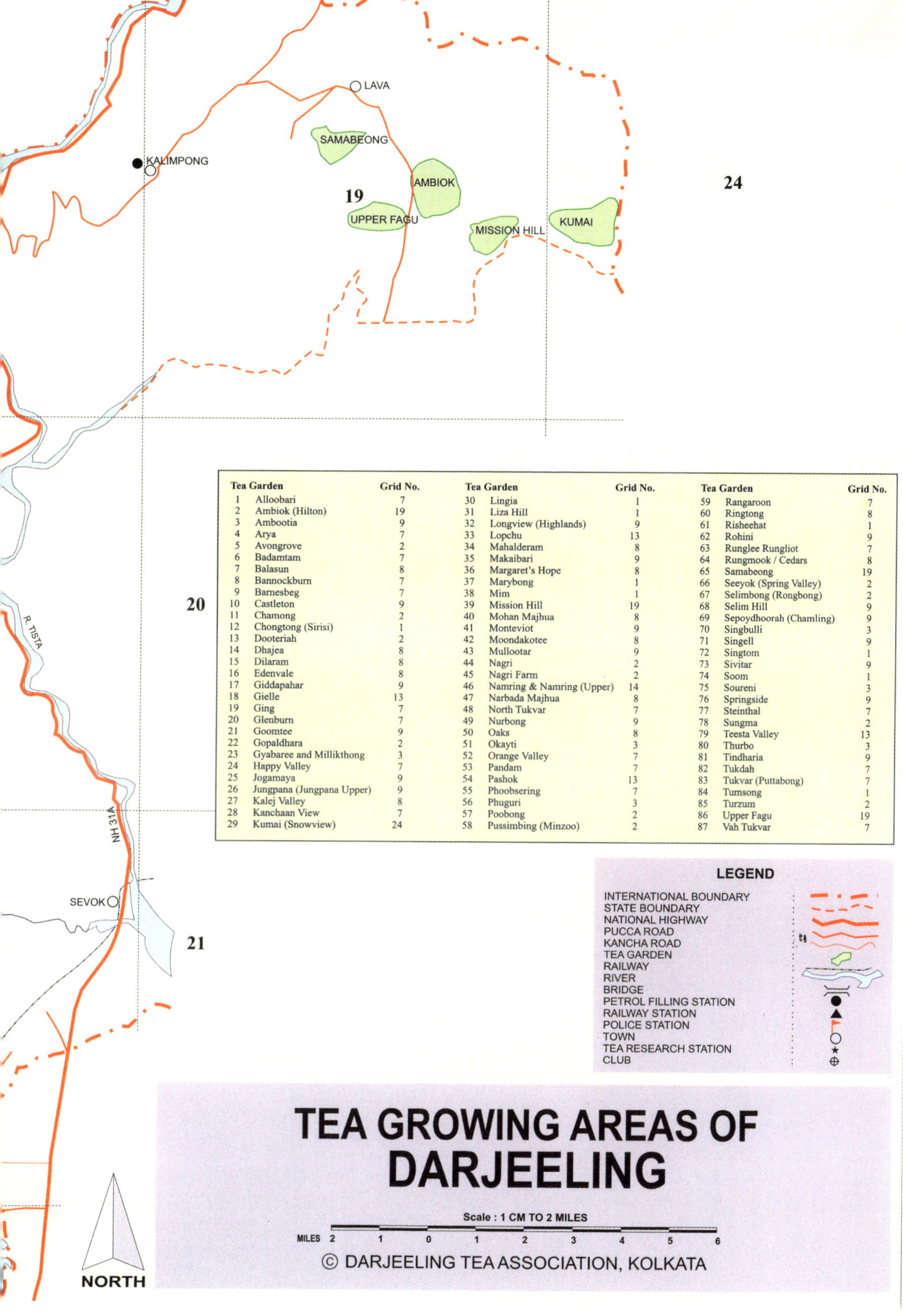

	Tea Garden	Grid No.		Tea Garden	Grid No.		Tea Garden	Grid No.
1	Alloobari	7	30	Lingia	1	59	Rangaroon	7
2	Ambiok (Hilton)	19	31	Liza Hill	1	60	Ringtong	8
3	Ambootia	9	32	Longview (Highlands)	9	61	Risheehat	1
4	Arya	7	33	Lopchu	13	62	Rohini	9
5	Avongrove	2	34	Mahalderam	8	63	Runglee Rungliot	7
6	Badamtam	7	35	Makaibari	9	64	Rungmook / Cedars	8
7	Balasun	8	36	Margaret's Hope	8	65	Samabeong	19
8	Bannockburn	7	37	Marybong	1	66	Seeyok (Spring Valley)	2
9	Barnesbeg	7	38	Mim	1	67	Selimbong (Rongbong)	2
10	Castleton	9	39	Mission Hill	19	68	Selim Hill	9
11	Chamong	2	40	Mohan Majhua	8	69	Sepoydhoorah (Chamling)	9
12	Chongtong (Sirisi)	1	41	Monteviot	9	70	Singbulli	3
13	Dooteriah	2	42	Moondakotee	8	71	Singell	9
14	Dhajea	8	43	Mullootar	9	72	Singtom	1
15	Dilaram	8	44	Nagri	2	73	Sivitar	9
16	Edenvale	8	45	Nagri Farm	2	74	Soom	1
17	Giddapahar	9	46	Namring & Namring (Upper)	14	75	Soureni	3
18	Gielle	13	47	Narbada Majhua	8	76	Springside	9
19	Ging	7	48	North Tukvar	7	77	Steinthal	7
20	Glenburn	7	49	Nurbong	9	78	Sungma	2
21	Goomtee	9	50	Oaks	8	79	Teesta Valley	13
22	Gopaldhara	2	51	Okayti	3	80	Thurbo	3
23	Gyabaree and Millikthong	3	52	Orange Valley	7	81	Tindharia	9
24	Happy Valley	7	53	Pandam	7	82	Tukdah	7
25	Jogamaya	9	54	Pashok	13	83	Tukvar (Puttabong)	7
26	Jungpana (Jungpana Upper)	9	55	Phoobsering	7	84	Tumsong	1
27	Kalej Valley	8	56	Phuguri	3	85	Turzum	2
28	Kanchaan View	7	57	Poobong	2	86	Upper Fagu	19
29	Kumai (Snowview)	24	58	Pussimbing (Minzoo)	2	87	Vah Tukvar	7

DARJEELING AUTUMNAL (HERBSTTEE)

Herkunft:
Nordindien, Himalajagebirge

Erntezeit:
Oktober bis November – entsprechend der Witterung

Blattbeschaffenheit:
offenes, braunschwarzes Blatt mit rötlichen Anteilen, unregelmäßig, Stalks, wenige Tips, bunt wie Herbstlaub

Geschmack:
wenn kurzfristig nach der Ernte getrunken ist der Tee frisch, blumig und mit angenehm herbstlicher Würze

Qualität:
überraschend ansprechender Qualitätstee, der allerdings sein Aroma schnell verliert

Zubereitung:
1 gehäufter Teelöffel pro Tasse, frisch kochendes Wasser, Zucker, Sahne oder etwas Zitrone

Ziehzeit:
3 Minuten

Tassenfarbe:
rötlich-braun

Infusion:
dunkelbraun mit einem Hauch kupferner Bräune

Haltbarkeit:
6 bis 8 Monate

Info!
Während einer trockenen und sonnenreichen Herbstperiode werden diese interessanten Tees geerntet. Gute Autumnals treffen meist erst dann bei uns ein, wenn die Tee-Saison bereits beendet ist – also Ende Februar/Anfang März, fast parallel zu den ersten Frühlingstees der Saison.

DARJEELING BROKEN

Herkunft:
Nordindien, Himalajagebirge

Erntezeit:
Ende April bis Oktober

Blattbeschaffenheit:
kleines, offenes Blatt mit vielen grünen Anteilen während der Frühlingsernte und hell- bis dunkelbraunen Anteilen während der restlichen Erntezeiten

Geschmack:
teilweise bitter, herb

Qualität:
sehr einfacher Konsumtee

Zubereitung:
1 gestrichener Teelöffel pro Tasse, frisch kochendes Wasser, Zucker und Milch

Ziehzeit:
circa 2 Minuten – bei längerer Ziehzeit wird der Tee recht bitter

Tassenfarbe:
braungrün bis braun

Infusion:
dunkelgrün bis braunschwarz

Haltbarkeit:
1 bis 2 Jahre

Info!

Für Freunde eines herben und bitteren Geschmacks ist das der richtige Tee. Broken-Darjeelings sind allerdings selten im Handel erhältlich, da diese meist bereits auf der Plantage in die deutlich teureren Blatt-Tees gemischt werden.

DARJEELING FANNINGS

Herkunft:
Nordindien, Himalajagebirge

Erntezeit:
Absiebung während der gesamten Erntezeit

Blattbeschaffenheit:
kleines, feines, fast staubiges Korn, je nach Erntezeit im Frühling grün bis grüngelb, im Sommer bräunlich bis schwarzbraun, zur Regenzeit bräunlich bis hellbraun

Geschmack:
äußerst mild bis herb-kräftig, entsprechend der Erntezeit

Qualität:
qualitativ einfache Aufgussbeuteltees, deren milder und einfacher Geschmack sich sehr selten durch das Filterpapier der Aufgussbeutel durchsetzen kann

Zubereitung:
1 Aufgussbeutel pro Tasse; wird als loser Tee kaum angeboten, häufig mit Zucker und/oder Milch getrunken

Ziehzeit:
ungemischt in Aufgussbeuteln mindestens 4 bis 5 Minuten, als Mischung mit Tees anderer Ursprungsländer 2 bis maximal 3 Minuten

Tassenfarbe:
grüngelb bis rotbraun

Infusion:
gelbgrün bis dunkelbraun

Haltbarkeit:
1 bis 2 Jahre

Info!

Fannings-Grade sind reine Aufgussbeuteltees. Die Blattteile sind sehr klein und können daher hervorragend vom Wasser ausgelaugt werden. Daher bittern diese Tees aber auch merklich schneller als Blatt-Tees.

DARJEELING FIRST FLUSH

Herkunft:
Nordindien, Himalajagebirge

Erntezeit:
Ende Februar bis Mitte April; Version Tea Board of India: vom Austrieb der ersten zarten Teeblätter im Frühling bis 20. Mai.Frühlingstees.

Blattbeschaffenheit:
grün-gräulich bis schwarz mit grünen Blattteilen, silbrige Blattspitzen, kaum Stalks

Geschmack:
frisch, belebend, spritzig, dezent herb aber nicht bitter, frischer, grasiger Duft, Maiglöckchenaroma

Qualität:
in witterungsbedingt guten Jahren wunderbares Aroma, intensiver mild-herber Duft

Zubereitung:
1 gehäufter Teelöffel Blätter pro Tasse, kochendes Wasser, eventuell mit etwas Zucker, Milch oder Sahne würden das zarte Aroma völlig überdecken und zerstören

Ziehzeit:
3 bis 4 Minuten

Tassenfarbe:
zartgrün bis gelblich

Infusion:
hellgrün mit leicht bräunlichem Schimmer

Haltbarkeit:
eingeflogene Tees möglichst rasch konsumieren, Flavour hält nur kurzzeitig; per Schiff eingetroffene Tees halten durchweg 12 Monate

Info!

Flugtees bitte nur mit Plantagennamen erwerben. Tees mit dunkelgrüner Infusion halten nur sehr kurze Zeit das Aroma und bittern sehr schnell. Sind First-Flush-Darjeelings aufgrund der kurzen Fermentation sehr gerbstoffhaltig und könnten beim Konsum auf nüchternen Magen auf die Magennerven wirken, daher ist Vorsicht geboten.

DARJEELING GREEN TEA

Herkunft:
Nordindien, Himalajagebirge

Erntezeit:
End of Season – ab Ende August

Blattbeschaffenheit:
grau-schwarz mit einem Hauch Grün

Geschmack:
herb-frisch, relativ „neutral"

Qualität:
sehr einfacher grüner Tee

Zubereitung:
1 gestrichener Teelöffel pro Tasse, abgekochtes Wasser, Temperatur unerheblich, da kaum Geschmacksstoffe zerstört werden können

Ziehzeit:
circa 3 Minuten – bei längerer Ziehzeit bittert der Tee

Tassenfarbe:
grüngelb

Infusion:
dunkelgrün

Haltbarkeit:
1 bis 2 Jahre

Info!

In Darjeeling werden hervorragende schwarze Tees produziert – das Know-how für gute grüne Tees ist aber leider nicht vorhanden. Deshalb sind die Grüntees dieser Region meist recht gewöhnungsbedürftig und können mit Qualitäten aus China, Japan oder Vietnam nicht mithalten. Viele grüne Darjeelings werden in Fabriken außerhalb der Region hergestellt, was lange Transportwege notwendig macht, auf denen die Teeblätter eventuell vorhandene wichtige Inhaltsstoffe verlieren.

DARJEELING IN BETWEEN

Herkunft:
Nordindien, Himalajagebirge

Erntezeit:
direkt nach der First-Flush-Ernte – Ende April bis Mitte/Ende Mai

Blattbeschaffenheit:
unregelmäßiges schwarzgrünes fleischiges Blatt, hellgrüne Einzelblätter, etwas Einwurf

Geschmack:
herbwürzig bis leicht bitter

Qualität:
preiswerte Mischtees, einfach, aber gut zum regelmäßigen Nebenbeitrinken

Zubereitung:
1 leicht gehäufter Teelöffel Blätter pro Tasse, frisch kochendes Wasser

Ziehzeit:
3 bis 4 Minuten

Tassenfarbe:
grün bis gelb-braun

Infusion:
dunkelgrün

Haltbarkeit:
6 bis 8 Monate

Info!
Inbetween-Tees werden meist als First Flush verkauft, vor allem bei Großpackungen ist Vorsicht geboten. First Flushs sind gut an der dunkelgrünen Infusion und dunkelgrünen Tassenfarbe zu erkennen.

DARJEELING POST SECOND FLUSH (REGENTEE)

Herkunft:
Nordindien, Himalajagebirge

Erntezeit:
ab Mitte Juli bis Ende September. Regentees.

Blattbeschaffenheit:
anfangs schwarzbraunes, später dunkelbraunes, leicht offenes Blatt, leicht und voluminös, zum Teil mit leuchtend goldenen Tips, braune Blattteile

Geschmack:
einfacher Tee ohne geschmackliche Höhepunkte, mild-würzig

Qualität:
einfache Mediumtees, die, wenn nur kurz fermentiert, auch als Untermischer für Frühlingstees Verwendung finden

Zubereitung:
1 gehäufter Teelöffel pro Tasse, frisch kochendes Wasser, Zucker, Milch oder Sahne

Ziehzeit:
3 bis 4 Minuten, bei längerer Ziehzeit bittert der Tee

Tassenfarbe:
dunkelbraun

Infusion:
dunkelbraun

Haltbarkeit:
je später im Jahr die Tees geerntet werden, desto kürzer die Haltbarkeit; im Durchschnitt 1 bis 2 Jahre

Info!

Ende August bis Ende September ist die Produktion geschmacklich sehr „neutral“. Gern werden die Regentees als Second Flushs verkauft. Optisch gut beim Kauf zu erkennen – diese Tees sind meist deutlich voluminöser und füllen die Tüten „randvoll“.

DARJEELING SECOND FLUSH

Herkunft:
Nordindien, Himalajagebirge

Erntezeit:
Mitte/Ende Mai bis Ende Juni/Anfang Juli, beziehungsweise bis zum Einsetzten der Regenzeit. Sommertees.

Blattbeschaffenheit:
unregelmäßig braunes, leicht offenes Blatt mit silbrigen oder goldenen Blattspitzen

Geschmack:
kräftig, blumig, mild, dezent süßlich, sehr fein, lange anhaltender Geschmack

Qualität:
meist sehr hochwertig, feinster Tee der Saison

Zubereitung:
1 leicht gehäufter Teelöffel pro Tasse, frisch kochendes Wasser, Zucker oder Kandis, Milch oder Sahne – je weicher das Wasser, desto ausdrucksvoller der Geschmack

Ziehzeit:
3 Minuten

Tassenfarbe:
goldbraun

Infusion:
goldbraun

Haltbarkeit:
je kupferfarbener die Infusion, desto länger hält der Tee; allgemein bis zu 6 Jahre haltbar

Info!

Ein wunderbarer Nachmittagstee! Kenner bevorzugen den Second Flush aufgrund seiner dunklen Tassenfarbe, seines kräftigeren Geschmacks und seiner zarten Süße. Bedenkenlos kann man auch ältere Second Flushs kaufen. In Teefachgeschäften gern nach besonderen Jahrgangstees fragen. Gute Second-Flush-Tees erkennt man optisch an einigen silbernen oder goldenen Teespitzen. Kleinblatt (Broken) sollte kaum/nicht vorhanden sein. Staubt der Tee, ist er bereits recht alt!

SIKKIM TEMI

Herkunft:
Nordindien, Sikkim

Erntezeit:
April bis Oktober

Blattbeschaffenheit:
gleichmäßig langes braunes Blatt
teilweise mit silbrigen oder goldenen Tips

Geschmack:
blumig, mild

Qualität:
parallel zur Darjeelingernte,
zum Teil hervorragende Qualitäten

Zubereitung:
1 gehäufter Teelöffel pro Tasse,
kochendes Wasser

Ziehzeit:
3 bis 5 Minuten

Tassenfarbe:
gelblich-braun

Infusion:
bräunlich in unterschiedlichem Farbspektrum

Haltbarkeit:
2 bis 3 Jahre

Info!
Es gibt nur einen Teegarten in Sikkim – Temi; dieser produziert sehr lange haltbare Tees!

Südindien

Diese Anbaugebiete liegen in Südindien in den Bundesstaaten Kerala und Tamil Nadu und zum geringen Teil auch in Karnataka. Bis etwa Mitte der Siebzigerjahre waren die Qualitäten aus Mudi und Anamalai für Europa interessante Mischtees. Mittlerweile stellt man dort fast ausschließlich CTC-Tees für den lokalen Markt her. Im Vergleich zu den Assam-Tees sind diese Qualitäten für unsere heimische Aufgussbeutelproduktion kaum einsetzbar.

Tees dieser Region sind daher eher nur lokal von Bedeutung, da in den Gebieten Travancore, Mudis, Anaimalai und Nilgiri mittlerweile vorrangig CTC-Tees hergestellt werden. Im Vergleich zu beispielsweise Assam-Tees sind diese Qualitäten selbst für die Aufgussbeutelproduktion bei uns nicht einzusetzen. Fast am südlichsten Punkt Indiens gibt es noch ein kleines Anbaugebiet rund um die Plantagen Oothu. Ein Teil der dortigen Produktion wird biologisch durchgeführt, die Mehrzahl der Tees aber auf CTC-Basis.

Nilgiris aus den Blue Mountains Südindiens werden gelegentlich bei uns angeboten, besonders, wenn die Qualitäten im Frühjahr ein gutes, dem Ceylon ähnliches Flavour aufweisen. Den Verkauf dieser Tees arrangieren lokale Auktionen. Hauptverladehafen ist Kochi (Cochin), die bekannte Gewürzstadt.

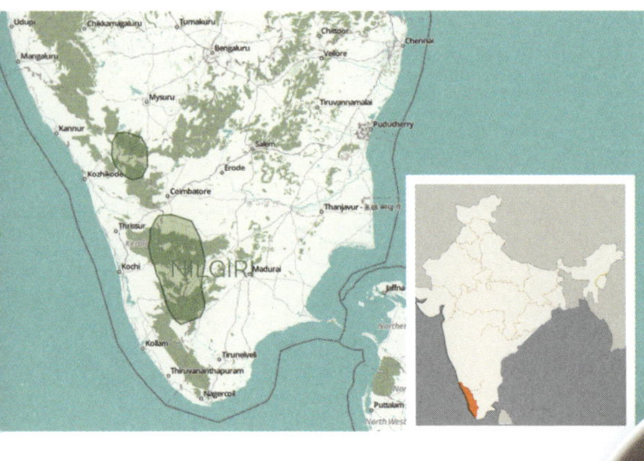

NILGIRI (F)OP

Herkunft:
Südindien

Erntezeit:
ganzjährig, Top-Qualitäten von Januar bis März

Blattbeschaffenheit:
braunes Blatt, teilweise recht grob

Geschmack:
fruchtig frisch, zitrusartig, kräftig

Qualität:
9 Monate gute, kräftige Bread-and-Butter-Tees, gute Mischtees, im Frühjahr typische English Breakfast Teas

Zubereitung:
1 gestrichener Teelöffel pro Tasse, frisch kochendes Wasser

Ziehzeit:
1 bis 2 Minuten, Blatt-Tees bis zu 3 Minuten

Tassenfarbe:
goldbraun bis rötlich

Infusion:
im Frühjahr goldbraun, später braun bis dunkelgrün

Haltbarkeit:
1 bis maximal 2 Jahre

Info!

Interessant sind besonders die während des Frühjahres hergestellten Sorten, die teilweise sogar ein Darjeelingblatt und -flavour besitzen. Südindische Tees verlieren ihr Aroma rasch. Zudem haben Nilgiri- und Anaimalai-Tees bisher bei uns kaum Interesse gefunden. Deshalb besser frische Tees aus Ceylon kaufen, diese sind qualitativ einander sehr ähnlich.

NILGIRI (F)BOP

Herkunft:
Südindien

Erntezeit:
ganzjährig, Top-Qualitäten von Januar bis März

Blattbeschaffenheit:
braunes Blatt, FBOP: grobes, breites Blatt Broken: kleines, gleichmäßiges Blatt

Geschmack:
fruchtig frisch, zitrusartig, kräftig

Qualität:
9 Monate gute kräftige Bread-and-Butter-Tees, gute Mischtees, im Frühjahr typische English Breakfast Teas

Zubereitung:
1 gestrichener Teelöffel pro Tasse, frisch kochendes Wasser

Ziehzeit:
1 bis 2 Minuten

Tassenfarbe:
goldbraun bis rötlich

Infusion:
im Frühjahr goldbraun, später braun bis dunkelgrün

Haltbarkeit:
1 bis maximal 2 Jahre

Info!

Auch dieser Nilgiri ähnelt sehr den ceylonesischen Teesorten. Generell lässt sich sagen: FBOP gleicht Sri Lankas Pekoe, GBOP/BOP dem ceylonesischen BOP. Nilgiris sind ordentliche Mischtees, die allerdings aufgrund des relativ hohen Preises selten bei uns eingesetzt werden.

INDONESIEN

Indonesische Tees werden bei uns vorrangig in Mischungen eingesetzt. Auf den riesigen Teeplantagen Sumatras wird ganzjährig geerntet. Zwar mag es während des Jahres eine kurze Periode mit geringfügig besseren Qualitäten geben, aber im Grunde ist die Produktion über das gesamte Jahr hinweg mehr oder weniger qualitativ gleichbleibend. Tees aus Sumatra eignen sich aufgrund ihres „neutralen“ Geschmacks unter anderem für die Ostfriesenmischung oder auch für den English Breakfast Tea. Die indonesischen Tees färben das Wasser gut, sollten aber möglichst zeitnah nach der Ernte getrunken werden.

Sumatra BOP

Javatees sind besonders während der Trockenzeit im Juli/August und September mit guten Ceylons zu vergleichen; sie sind frisch, leicht fruchtig und hell abgießend. Leider sind dies nicht die Kriterien für preiswerte Teemischungen bei uns, weshalb sie selten als Mischer Verwendung finden. Lediglich die Teefachgeschäfte führen manchmal recht gute Java-Blatt-Tees.

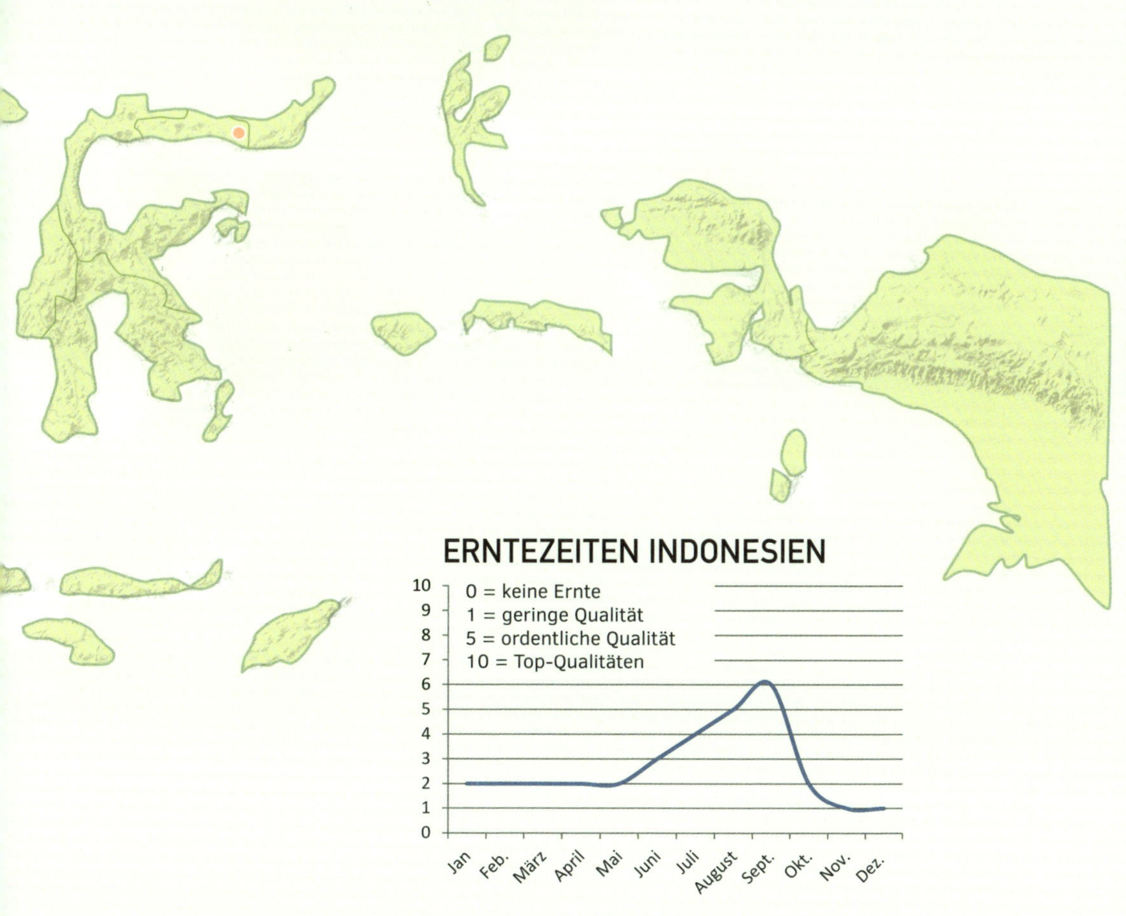

JAVA BOP

Herkunft:
Indonesien, Insel Java

Erntezeit:
ganzjährig

Blattbeschaffenheit:
braunes Blatt, teilweise recht grob

Geschmack:
kleines, braunschwarzes Korn

Qualität:
während der Trockenzeit von Juli bis September hervorragende Qualitäten, sonst gute Mediumtees

Zubereitung:
1 gestrichener Teelöffel pro Tasse, frisch kochendes Wasser

Ziehzeit:
2 Minuten

Tassenfarbe:
rötlich-braun

Infusion:
braun bis dunkelbraun

Haltbarkeit:
2 Jahre

Info!

Der Java BOP ist qualitativ den ceylonesischen Tees sehr ähnlich, besonders die während der Trockenzeit geernteten Sorten. Er ist ein guter Mischtee, vor allem für den English Breakfast Tea, aber leider selten im Handel zu erwerben.

JAVA OP

Herkunft:
Indonesien, Insel Java

Erntezeit:
ganzjährig

Blattbeschaffenheit:
drahtiges, langes Blatt

Geschmack:
fruchtig, frisch

Qualität:
während der Trockenzeit von Juli bis September hervorragende Qualitäten, sonst gute Mediumtees

Zubereitung:
1 gehäufter Teelöffel pro Tasse, frisch kochendes Wasser

Ziehzeit:
4 Minuten

Tassenfarbe:
rötlich-braun

Infusion:
braun bis dunkelbraun

Haltbarkeit:
2 Jahre

Info!
Javanische Blatt-Tees wurden lange Zeit in Ostfriesland bevorzugt gekauft, da sie besonders für die ostfriesische Teemischung gute Mischtees sind.

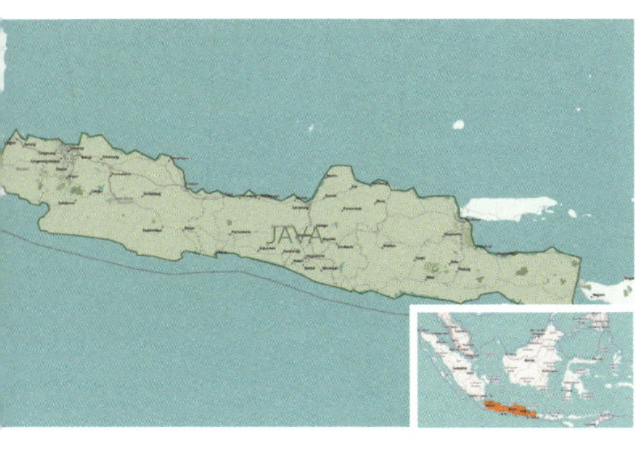

JAVA OP SUP

Herkunft:
Indonesien, Insel Java

Erntezeit:
ganzjährig

Blattbeschaffenheit:
kurzes, drahtiges Blatt
mit vielen goldenen Tips

Geschmack:
mild, dezent würzig

Qualität:
eleganter, hochwertiger Tee

Zubereitung:
1 gehäufter Teelöffel pro Tasse,
frisch kochendes Wasser

Ziehzeit:
3 bis 4 Minuten

Tassenfarbe:
rötlich-braun

Infusion:
braun bis dunkelbraun

Haltbarkeit:
2 Jahre

Info!
Zur Hälfte mit Assam-Blatt-Tee gemischt schmeckt diese Sorte typisch ostfriesisch! Leider ist dieser Tee nur in wenigen Geschäften erhältlich.

SUMATRA-TEE

Herkunft:
Indonesien, Sumatra

Erntezeit:
ganzjährig

Blattbeschaffenheit:
vorwiegend kleinblättriger Broken mit sehr geringem Tips-Anteil

Geschmack:
fruchtig neutral, kräftig

Qualität:
ordentlicher Mediumtee

Zubereitung:
1 gestrichener Teelöffel pro Tasse, frisch kochendes Wasser, Zucker, Milch

Ziehzeit:
2 Minuten

Tassenfarbe:
rötlich-braun

Infusion:
braun bis dunkelbraun

Haltbarkeit:
1 bis maximal 2 Jahre

Info!
Verwendung in preiswerten Ostfriesen-Broken-Mischungen. Indonesische Blatt-Tees können, wenn sie relativ frisch sind, geschmacklich eine attraktive Besonderheit sein. Diese Tees sollten schnell getrunken werden, da sie durch den Alterungsprozess schnell an Geschmack verlieren.

JAPAN

Traditionell wird schon seit mehreren tausend Jahren in Japan Tee angebaut und getrunken. Die wichtigsten und größten Anbaugebiete liegen weit im Süden – das Gebiet rund um Shizuoka produziert nahezu 50 Prozent der Gesamternte. Etwa 80 Prozent wird maschinell geerntet, circa 20 Prozent per Hand. Man züchtete Teepflanzen mit ovalen Blättern, da die normalerweise spitz zulaufenden durch die Schneidemesser der Erntemaschinen zerschnitten wurden und eine beginnende Oxidation der Zellsäfte die Herstellung hervorragender Grüntees verhinderte. In Japan werden vorwiegend grüne, zum geringen Teil aber auch Oolong-Tees hergestellt.

Geradezu akribisch findet die Produktion statt, also das Rollen, Blanchieren, Trocknen und das spätere Sieben. Viele Teeplantagen verwenden zum Sieben fototechnisch betriebene Maschinen. Jedes einzelne Blatt durchläuft geradezu einen Irrgarten von Schleusen und Kanälen, wo es nach Farbe, Größe und Beschaffenheit mehrfach sortiert wird. Broken- oder gar Fannings-Teile werden aussortiert und entweder zermahlen und mit einem Bindemittel zu Kokeicha gepresst oder aber exportiert.

Die Ernte beginnt spät im April mit den ersten zarten Blättern, die in Steinmühlen zu feinstem Matchapulver verarbeitet werden. Allerdings wird mittlerweile sehr viel Matcha in China hergestellt. Da der Arbeitslohn dort deutlich günstiger als in Japan ist, haben viele Teegärten ihre Steinmühlen ins Land der Mitte verlagert. Anschließend folgt die Ernte der First-Flush- und Gyokuro-Tees. Erst Mitte Mai beginnt die mengenmäßige Produktion, die dann im August mit der Herstellung des Bancha endet.

Gesamtfläche Teeanbau: 56.682 ha
Erntemenge: 90.000 bis 100.000 t

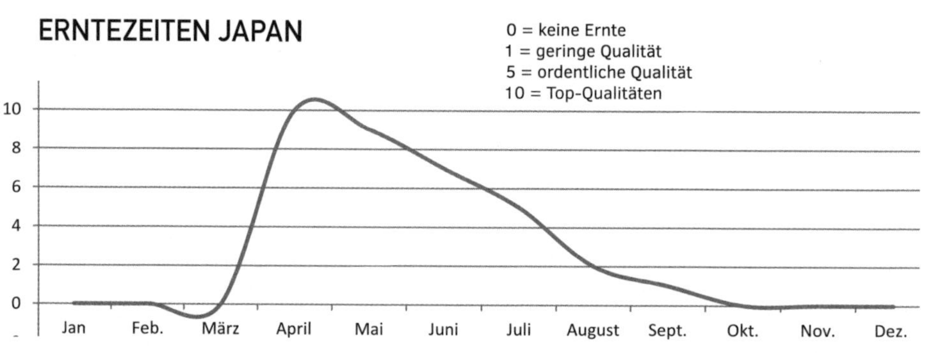

DIE BEKANNTESTEN JAPANISCHEN TEESORTEN SIND:

- Matcha (Teepulver)
- Gyokuro
- (First-Flush-)Sencha
- Tamaryokucha
- Bancha
- Kukicha (Tee mit hohem Blattrippenanteil)
- Kokeicha (malerisch gepresste, zarte, dunkelgrüne Blätter)
- Genmaicha (Grüntee mit geröstetem und teilweise gepufftem Naturreis)
- Hōjicha (gerösteter Grüntee)

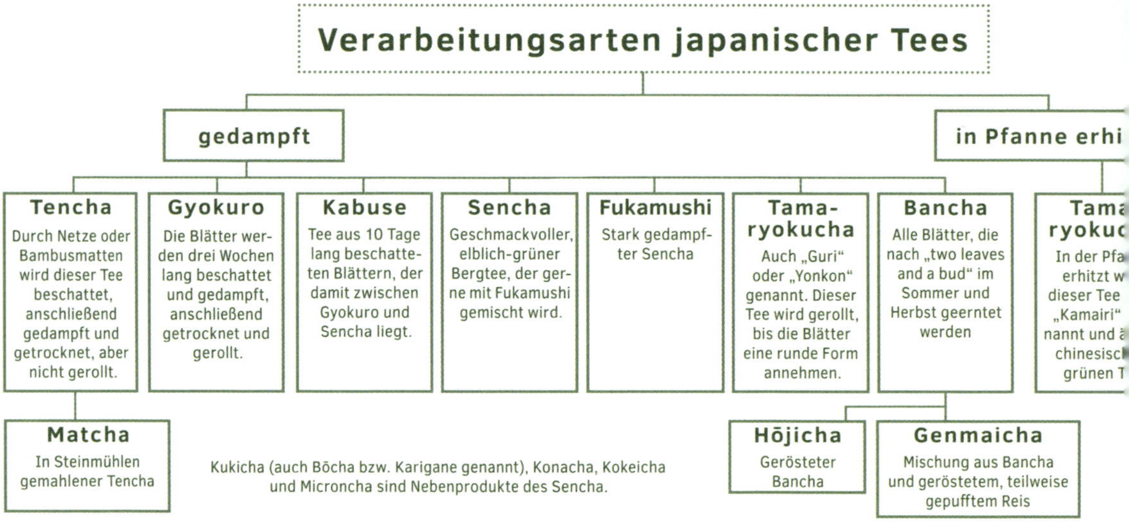

Verarbeitungsarten japanischer Tees

Einige bekannte Plantagen in Japan

Präfektur Shizuoka: Makinohara, Honyama, Kawane, Ogasa, Fuji, Tenryū, Hatsukura, Sakab
Präfektur Kagoshima: Ariake, Makurazaki, Osumi,
Präfektur Kyōto: Uji, Ujitawara, Ayabe, Yamashiro
Präfektur Mie: Suizawa, Tochihara, Kameyama
Präfektur Nara: Yamato, Tsukigase

Präfektur	Anbaufläche	Prozent der Gesamternte
01. Shizuoka	22.800	49,1
02. Kagoshima	7.560	16,2
03. Mie	3.910	7,7
04. Nara	1.380	3,1
05. Kyōto	1.700	3,0
06. Miyazaki	1.980	3,0
07. Kumamoto	.980	2,4
08. Saga	1.060	2,1
09. Fukuoka	1.580	2,0
10. Saitama	2.360	1,5
11. Nagasaki	805*	
12. Aichi	796	
13. Gifu	1.310	
14. Shiga	1.090	
15. Kōchi	935	
16. Ōita	851	
17. Shimane	338	
18. Ibaragi	962	
19. Tokushima	400	
20. Okayama	258	
21. Hyōgo	285	
22. Kagawa	299	
23. Kanagawa	297	
24. Yamaguchi	143	

Präfektur	Anbaufläche
25. Chiba	410
26. Ehime	255
27. Hiroshima	216
28. Yamanashi	218
29. Tokyo	332
30. Okinawa	63
31. Wakayama	80
32. Nagano	111
33. Tottori	23
34. Niigata	30
35. Gunma	103
36. Tochigi	195
37. Fukui	8
38. Toyama	9
39. Miyagi	21
40. Ishikawa	15
41. Iwate	7
42. Ōsaka	3
43. Fukushima	3
44. Akita	1
45. Yamagata	0
46. Aomori	0
47. Hokkaidō	0

* Werte unter 1,5 Prozent wurden nicht berücksichtigt

Stand 2014

JAPAN BANCHA

Herkunft:
Japan und China

Erntezeit:
Ende Juli/August

Blattbeschaffenheit:
grobes, unregelmäßiges und breites Blatt, gelbgrün mit braunen Anteilen und Stalks

Geschmack:
herb, leicht fischig oder „spinatig“

Qualität:
sehr einfacher Konsum- und End-of-Season-Tee

Zubereitung:
1 Teelöffel Blätter pro Tasse, kochendes Wasser

Ziehzeit:
2 bis 3 Minuten, Tee wird schnell bitter

Tassenfarbe:
braungrün

Infusion:
bräunlich-dunkelgrün

Haltbarkeit:
1 Jahr

Info!
Der Rückschnitt der Teebüsche zur winterlichen Vegetationsruhe gelangt als Bancha in den Handel. Er wird häufig als Basis für aromatisierte Teemischungen verwendet.

JAPAN GENMAICHA

Herkunft:
Japan

Erntezeit:
Juli bis Ende August

Blattbeschaffenheit:
offene, grüne Blätter vermischt mit geröstetem und teilweise gepufftem Reis

Geschmack:
süßliches Getränk, wenig geschmackliche Ähnlichkeit mit Tee

Qualität:
erinnert geschmacklich an Kaugummi

Zubereitung:
1 leicht gehäufter Teelöffel pro Tasse, kochendes Wasser

Ziehzeit:
3 bis 4 Minuten

Tassenfarbe:
gelbgrün

Infusion:
dunkelgrün mit weißen und braunen Teilen

Haltbarkeit:
2 bis 3 Jahre

Info!
Eine preiswerte Variante eines aromatisierten Grüntees.

JAPAN GYOKURO („TAUTROPFEN“)

Herkunft:
Japan

Erntezeit:
Ende April/Anfang Mai

Blattbeschaffenheit:
zartes, nadelförmiges, dunkelgrünes Blatt

Geschmack:
fruchtig-trockener Geschmack, süßlich im Abgang

Qualität:
feinster Tee des Jahres, nach besonderem Verfahren hergestellt, meist sogar handgepflückt, hoher Koffeinanteil, viele Gerbstoffe; eine sehr teure Rarität

Zubereitung:
Teelöffelboden bedeckende Menge Blätter pro Tasse, abgekochtes, auf 70° C erkaltetes Wasser; bei sehr teuren Tees sogar auf 65° C erkalten lassen (Thermometer hilft); Tee bittert nicht, gern nochmals etwas Wasser nachschenken

Ziehzeit:
erster Aufguss bereits nach 23 bis 30 Sekunden, zweiter nach 2 bis 3 Minuten

Tassenfarbe:
neongrün

Infusion:
hellgrün

Haltbarkeit:
vakuumverpackt mehrere Jahre, geöffnet oder lose 1 bis 2 Jahre

Info!

Die Teebüsche werden eigens für die Ernte dieses Tees mit Reetmatten 20 bis 21 Tage lang abgedeckt, damit die Sonnenstrahlen keine Inhaltsstoffe eliminieren können. Für Top-Gyokuros werden in Japan Preise von bis zu 4.000 US-Dollar pro Kilogramm bezahlt. Einkaufstipp: Je dunkler und zarter die Blätter, desto hochwertiger der Tee!

JAPAN HŌJICHA

Herkunft:
Japan und China

Erntezeit:
August

Blattbeschaffenheit:
offene, braune Blätter

Geschmack:
Röstaromen, etwas nussig

Qualität:
sehr einfacher gerösteter End-of-Season-Tee

Zubereitung:
1 leicht gehäufter Teelöffel pro Tasse, kochendes Wasser

Ziehzeit:
3 bis 4 Minuten

Tassenfarbe:
dunkelbraun

Infusion:
dunkelbraun bis schwarzbraun

Haltbarkeit:
mindestens 3 Jahre

Info!

Zur Herstellung dieses Tees wird Bancha geröstet. Hōjicha kann auch abends getrunken werden, da der Koffeingehalt sehr gering ist. Zudem wirkt er magenfreundlich!

JAPAN KOKEICHA

Herkunft:
Japan

Erntezeit:
Mai bis Ende August

Blattbeschaffenheit:
kleines, nadelfeines, zartes, fast schwarzes Blatt

Geschmack:
herb, „spinatig“

Qualität:
sehr einfacher Tee, der zum Teil auch in andere Sorten untergemischt wird

Zubereitung:
1 gestrichener Teelöffel Blätter pro Tasse, kochendes Wasser

Ziehzeit:
3 bis 4 Minuten, Tee bittert nicht

Tassenfarbe:
gelb mit dezent grünem Touch

Infusion:
grüngelb

Haltbarkeit:
unbegrenzt

Info!

Ein kräftiger Grüntee. Die aus der Teeproduktion herausgesiebten Dusts und Fannings werden einheitlich geformt, mit einem Bindemittel gemischt und danach durch nadelfeine Düsen gepresst. Das Produkt nennt man Kokeicha.

JAPAN KUKICHA

Herkunft:
Japan

Erntezeit:
Ende April bis Mitte Juli

Blattbeschaffenheit:
gelbe und grüne Stängel und Blattteile

Geschmack:
wunderbar milder und fruchtiger Tee

Qualität:
obwohl von minderer Blattqualität kann es ein qualitativ sehr geschmackvoller Tee sein

Zubereitung:
1 gestrichener Teelöffel Blätter pro Tasse, nicht mehr kochendes Wasser

Ziehzeit:
3 bis 4 Minuten, Tee bittert nicht

Tassenfarbe:
gelb mit dezent grünem Touch

Infusion:
gelbliches Grün

Haltbarkeit:
1 bis 2 Jahre

Info!

Im Vergleich zum First-Flush-Sencha und dem Gyokuro ein preiswerter, aber sehr geschmackvoller Tee! In Japan liebt man es, Genussmittel auch mit den Augen zu genießen und sondert daher optisch nicht einwandfreie Produkte gern aus, unabhängig vom Geschmack, weshalb der Kukicha als eher „minderwertiger“ Tee gilt.

JAPAN MATCHA

Herkunft:
Japan und China

Erntezeit:
April, vor der Ernte der Gyokuroblätter

Blattbeschaffenheit:
in Steinmühlen zu winzigen Blattteilen gemahlene Teeblätter, dunkelgrün

Geschmack:
einfach zubereitet schmeckt er bitter, mit einem Bambusbesen aufgeschlagen herb mit fruchtig süßlichem Abgang

Qualität:
in Vakuumdosen verpackter Matcha meist hervorragend, lose oder in abgeschweißten Tüten verpackte Tees sollten vorrangig zum Kochen eingesetzt werden

Zubereitung:
Eine Messerspitze oder einen Bambuslöffel (chashaku) des Pulvers in eine Schale geben, abgekochtes Wasser auf circa 75° C erkalten lassen und Pulver mit Bambusbesen (chasen) aufschlagen

Ziehzeit:
trinkbereit, sobald der Tee richtig cremig aufgeschlagen ist

Tassenfarbe:
dunkelgrün

Infusion:
keine vorhanden, das Teepulver löst sich großteils im Wasser auf

Haltbarkeit:
vakuumverpackt 1 bis 2 Jahre

Info!
Guter Matcha ist ein Powertee und Muntermacher! Die Preise variieren deutlich, Pulver der unteren Kategorie wird meist aus Grüntee späterer Ernten hergestellt. Geöffnete Dosen/Pakete wieder gut verschließen und nach dem Öffnen schnell verbrauchen, dazwischen am besten im Kühlschrank aufbewahren.

JAPAN SENCHA

Herkunft:
Japan

Erntezeit:
Mitte Mai bis Mitte Juli

Blattbeschaffenheit:
langes, flach gepresstes, breites, hell- bis dunkelgrünes Blatt

Geschmack:
mild-herb bis fruchtig zart

Qualität:
feinster Tee des Jahres, nach besonderem Verfahren hergestellt, meist sogar handgepflückt, hoher Koffeinanteil, viele Gerbstoffe; eine sehr teure Rarität

Zubereitung:
entsprechend der Erntezeit – feinste Qualitäten im Mai mit dunkelgrünem, zartem Blatt, im Juni breiteres, mittelgrünes Blatt mit guter Qualität, im Juli gelbgrünes, bereits mit einigen Stalks versehenes Blatt mit preiswerterer und herber Qualität

Ziehzeit:
trinkbereit, sobald die Blätter herabsinken; im Juni geerntet: 2 bis 3 Minuten; im Juli geerntet: bis zu 5 Minuten

Tassenfarbe:
zartgrün bis gelbgrün

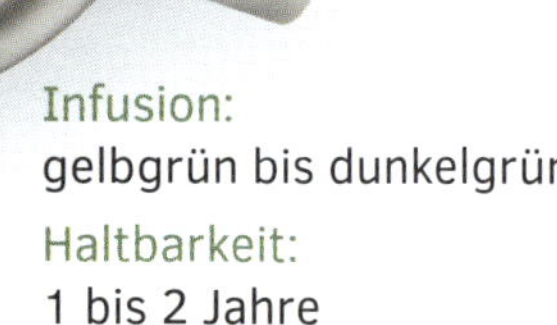

Infusion:
gelbgrün bis dunkelgrün

Haltbarkeit:
1 bis 2 Jahre

Info!
Je dunkler und zarter das Blatt, desto hochwertiger die Qualität. Einfache Senchas haben ein gelbgrünes, flach gepresstes Blatt. Viele Senchas kommen bereits aus Vietnam oder China. Beim Kauf also auf die Herkunft achten! Da man im japanischen Sprachgebrauch eleganter ist, wird die zweite Ernte des japanischen Sencha nie als Second Flush, sondern neutral als „Sencha" bezeichnet.

JAPAN SENCHA FIRST FLUSH

Herkunft:
Japan

Erntezeit:
direkt nach dem Gyokuro, also Ende April/Anfang Mai

Blattbeschaffenheit:
unregelmäßiges, dunkelgrünes, zartes Blatt

Geschmack:
blumig, fruchtig

Qualität:
im Gegensatz zum Gyokuro deutlich milder und fruchtiger

Zubereitung:
Teelöffelboden bedeckende Menge Blätter pro Tasse, abgekochtes, auf ca. 80° C erkaltetes Wasser

Ziehzeit:
trinkbereit, sobald die Blätter herabsinken, meist nach circa 1 Minute; ein zweiter Aufguss ist möglich

Tassenfarbe:
zartgrün bis gelbgrün

Infusion:
gelbgrün bis dunkelgrün

Haltbarkeit:
1 bis 2 Jahre

Info!

Diesen Tee sollte man am besten in Vakuumtüten kaufen. First-Flush-Senchas sind oft recht koffeinhaltig und somit hervorragende Wachmacher, besitzen aber immer noch weniger Koffein als ein Gyokuro. Auch sind sie selten so hervorragend in der Optik, dafür aber deutlich fruchtiger und blumiger.

LAOS

Besonders beliebt in Laos ist der Pu-Erh-Tee aus dem benachbarten China. Kräutertees gelten als Premiumsorten. Interessanterweise trinkt man Tee in den Cafés nach einer Tasse Kaffee! Laotischer Tee wird auf einer Plantage im Dorf Ban Komen hergestellt. Die Teeblätter werden aus bis zu sechs Meter hohen Teebäumen geerntet, anschließend in Bambuszylindern zusammengepresst und danach in zigarrenähnlichen Röhren verkauft. Auf den Teeplantagen werden weder Düngemittel noch Pestizide eingesetzt.

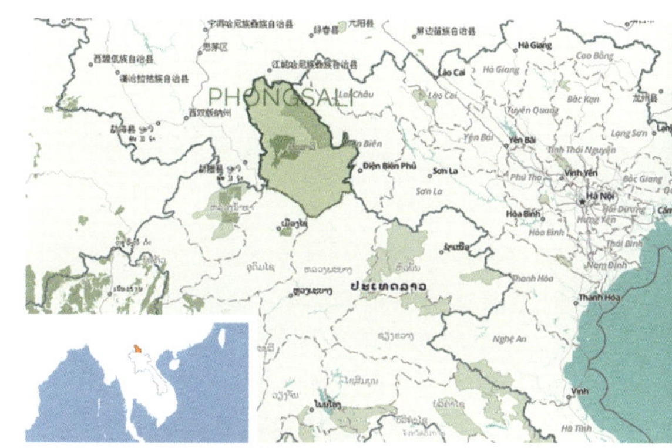

LAOS-TEE

Herkunft:
Nord- und Südlaos, Provinz Phongsali

Erntezeit:
Sommermonate

Blattbeschaffenheit:
sehr großes, schwarzes Blatt

Geschmack:
intensiv, kräftig, erdig

Qualität:
ähnelt sehr dem chinesischen Pu-Erh-Tee

Zubereitung:
1 gehäufter Teelöffel pro Tasse, kochendes Wasser

Ziehzeit:
3 bis 5 Minuten

Tassenfarbe:
nussbraun

Infusion:
dunkelbraun

Haltbarkeit:
3 bis 4 Jahre

Info!
In Laos gibt es auch grüne und weiße Tees, die vorrangig Touristen zum Kauf angeboten werden.

NEPAL

Viele nepalesische Teegärten grenzen direkt an jene in Darjeeling. Häufig werden daher nepalesische Ernten an Darjeeling-Teegärten verkauft, die dann die Vermarktung für sie regeln.

Die nepalesichen Teebauern bemühen sich, den Tee international „hoffähig" zu machen. Mittlerweile spannt sich das Spektrum von schwarzen Tees mit dunkler, assamähnlicher Tasse über kräftig blumige Second- und aromatische First Flushs, sehr geschmackvolle und handwerklich gut hergestellte weiße Tees sowie akzeptable Grüntees mit leicht dunklerer Tassenfarbe, bis hin zu verschiedenen Oolong-Tees, die den taiwanesischen ähneln. Man ist experimentierfreudig und geht sehr gern auf die Wünsche der internationalen Käufer ein.

NEPAL-TEE

Herkunft:
Nepal

Erntezeit:
April bis September

Blattbeschaffenheit:
uneinheitliche Blattstrukturen – teilweise filigran zart, teilweise sehr grob

Geschmack:
weich, blumig, mild, selten bitter

Qualität:
teilweise sehr ansprechende Qualitäten, geschmacklich Darjeeling sehr ähnlich, mit leicht chinesischem Touch

Zubereitung:
1 gehäufter Teelöffel pro Tasse, für schwarze Tees kochendes Wasser, für grüne und weiße abgekochtes, aber wieder auf circa 80° C erkaltetes Wasser

Ziehzeit:
3 bis 5 Minuten

Tassenfarbe:
gelblich-braun bis dunkelbraun

Infusion:
bräunlich in unterschiedlichem Farbspektrum

Haltbarkeit:
2 bis 3 Jahre

Info!

Aufgrund der unmittelbaren Nachbarschaft der Teeplantagen werden diese Tees häufig als Darjeelings angeboten. Beim Einkauf unbedingt darauf achten, dass die Tees auch frisch und aus einer der letzten Ernten stammen. Mittlerweile gibt es zum Teil hervorragende Qualitäten aus Nepal, die geschmacklich an frühere gute Darjeelings erinnern.

NEPAL WHITE TEA

Herkunft:
Nepal

Erntezeit:
April bis September

Blattbeschaffenheit:
unregelmäßiges grobes Blatt mit sehr viel weißem Flaum

Geschmack:
mild und weich, blumig, selten bitter

Qualität:
teilweise sehr ansprechende Qualitäten, geschmacklich Darjeeling sehr ähnlich, mit leicht chinesischem Touch

Zubereitung:
1 gehäufter Teelöffel, abgekochtes, aber wieder auf ca. 80° C erkaltetes Wasser

Ziehzeit:
3 bis 5 Minuten

Tassenfarbe:
gelblich-braun

Infusion:
bräunlich in unterschiedlichem Farbspektrum

Haltbarkeit:
2 bis 3 Jahre

Info!

Beim Einkauf möglichst frische Tees aus der gerade beendeten Erntesaison kaufen.

SRI LANKA (Ceylon)

Bis 1972 wurde der Inselstaat im Indischen Ozean Ceylon genannt. Dieser Name hält sich bis heute in den Bezeichnungen der Tees aus dieser Region. Im Zentrum Sri Lankas gibt es unterschiedliche Anbaugebiete, die ebenso unterschiedliche Teequalitäten herstellen. Lowgrown-Tees wachsen auf bis zu 600 Metern Höhe in unterschiedlichen Gebieten, Mediumqualitäten unter anderem rund um die Kaiserstadt Kandy, Uda Pusselawa, Uva und einigen Regionen in Dickoya in Höhen von bis zu 1.200 Metern und Highgrown-Tees in Nuwara Eliya und Dimbula in Höhen bis zu 2.000 Metern. Vorrangig wird Tee aus den Assamsaatpflanzen angebaut, aber je höher man kommt, desto häufiger findet man auch Chinasaat-Tees. Besonders um Nuwara Eliya herum findet man auch Frost oder gar gelegentlich Schnee.

Die Ernte findet ganzjährig in Intervallen von etwa 21 Tagen statt. Einige Plantagen versuchten sich an der Produktion von sowohl CTC-Tees wie auch der Herstellung von grünen Teesorten. Beides hat sich allerdings nicht wirklich etabliert. Der Verkauf der Tees findet über die Auktion in Colombo statt. Hauptverschiffungshafen ist ebenso nach wie vor Colombo.

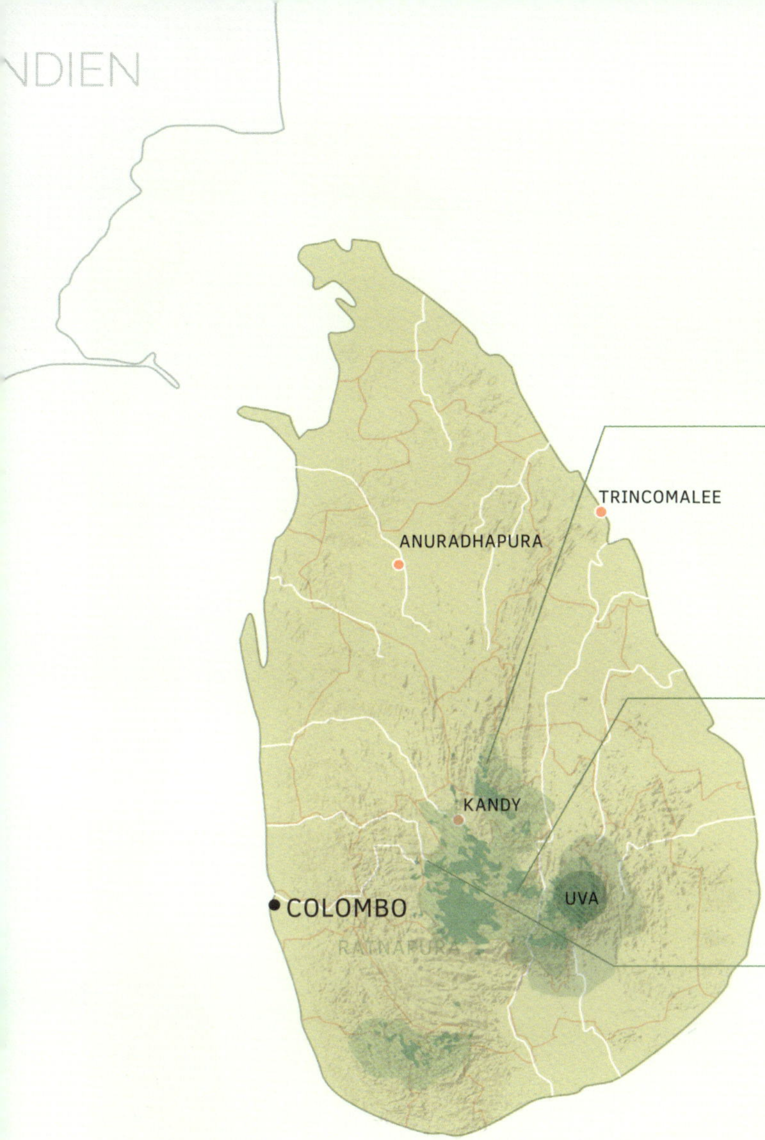

INDIEN

TRINCOMALEE
ANURADHAPURA
KANDY
UVA
COLOMBO
RATNAPURA

Lowgrown
aus Kandy

Nuwara Eliya
aus Zentral-Sri-Lanka

Dimbula und Dickoya
aus dem westlichen Hochland Sri Lankas

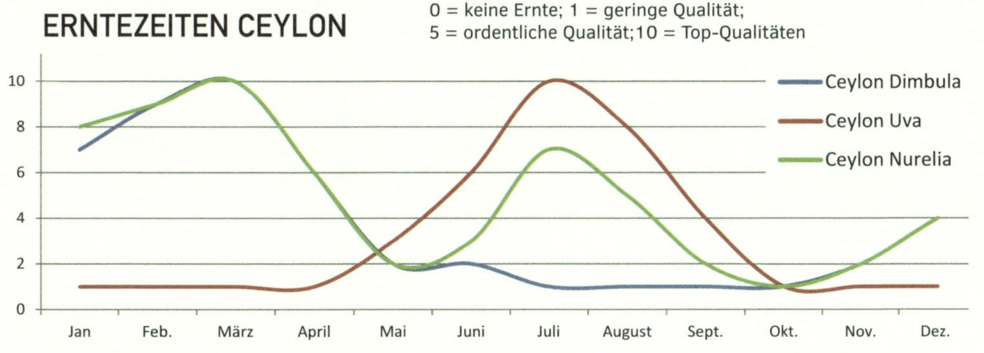

CEYLON GREEN TEA

Herkunft:
Kandy, Ratnapura, Sri Lanka

Erntezeit:
ganzjährig

Blattbeschaffenheit:
unregelmäßiges grünes Blatt

Geschmack:
grasig, herb

Qualität:
ein sehr einfacher grüner Tee, der vorwiegend in Nordafrika gemischt mit Minzblättern getrunken wird

Zubereitung:
1 leicht gehäufter Teelöffel pro Tasse, kochendes Wasser

Ziehzeit:
3 bis 5 Minuten

Tassenfarbe:
dunkelgrün

Infusion:
dunkelgrün bis graugrün

Haltbarkeit:
3 Jahre

Info!

Die Teeblätter können mit einigen Minzeblättern circa 5 bis 8 Minuten gekocht werden und sollten dann mit sehr viel Zucker serviert werden. So zubereitet ist dieser Tee ein intensiver Muntermacher!

CEYLON HIGHGROWN BOP

Herkunft:
Hochland Sri Lankas

Erntezeit:
ganzjährig, feinste Qualitäten; Januar bis Ende März und Juni bis September

Blattbeschaffenheit:
rotbraunes, recht kleines und feines Korn, eventuell etwas Einwurf (Blattstängel)

Geschmack:
kräftig, die Mundschleimhäute zusammenziehend, fruchtig

Qualität:
typischer Early Morning Tea, lange haltbar

Zubereitung:
1 gehäufter Teelöffel pro Tasse, frisch kochendes Wasser, Zucker, Zitrone oder Milch

Ziehzeit:
1 bis maximal 2 Minuten,
danach kann der Tee sehr herb werden

Tassenfarbe:
rotbraun

Infusion:
hellbraun mit kupferfarbenem Touch

Haltbarkeit:
2 bis 3 Jahre

Info!
Je frischer der Tee, desto besser der Geschmack! Aufgrund internationaler Nachfrage sind die Highgrown-Brokentees aus Ceylon in der Blattbeschaffenheit meist nur noch so groß wie Aufgussbeuteltees – daher dann auch sehr herb bis bitter im Geschmack.

CEYLON HIGHGROWN BOPF

Herkunft:
Hochland Sri Lankas

Erntezeit:
ganzjährig, feinste Qualitäten; Januar bis Ende März und Juni bis September

Blattbeschaffenheit:
rotbraunes, sehr feines und kleines Korn

Geschmack:
kräftig, die Mundschleimhäute zusammenziehend, fruchtig

Qualität:
typischer Early Morning Tea, lange haltbar

Zubereitung:
1 gestrichener Teelöffel pro Tasse, frisch kochendes Wasser, Zucker, Zitrone oder Milch

Ziehzeit:
1 Minute, danach kann der Tee bitter werden

Tassenfarbe:
rotbraun

Infusion:
hellbraun mit kupferfarbenem Touch

Haltbarkeit:
2 bis 3 Jahre

Info!

reiner Aufgussbeuteltee
Touristen in Sri Lanka bekommen diesen Tee meist als „beste Qualität“ angeboten und verkauft. Auf dem Teegarten richtig zubereitet schmeckt er – nach unseren Zubereitungsgewohnheiten allerdings kaum noch, da er sehr bitter wird.

CEYLON HIGHGROWN OP

Herkunft:
Hochland Sri Lankas

Erntezeit:
ganzjährig, feinste Qualitäten; Januar bis Ende März und Juni bis September

Blattbeschaffenheit:
rotbraunes Blatt in unterschiedlichen Größen, meist recht grob und ungleichmäßig

Geschmack:
fruchtig frisch, mild, zitrusartig

Qualität:
leichter, blumiger Abendtee

Zubereitung:
1 gehäufter Teelöffel pro Tasse, frisch kochendes Wasser, Zucker, Zitrone oder Milch

Ziehzeit:
3 bis 4 Minuten, ab 3 Minuten Ziehzeit bittert der Tee stark

Tassenfarbe:
hellrot

Infusion:
hellbraun mit kupferfarbenem Touch

Haltbarkeit:
2 bis 3 Jahre

Info!

Ein hervorragender Tee für den Abend, da leicht und mild mit meist geringem Koffeingehalt. Geschmacklich ist er recht unaufdringlich – leicht und dezent blumig.

CEYLON HIGHGROWN PEKOE

Herkunft:
Hochland Sri Lankas

Erntezeit:
ganzjährig, feinste Qualitäten;
Januar bis Ende März
und Juni bis September

Blattbeschaffenheit:
rotbraunes, grobes und breites,
leicht gedrehtes Blatt

Geschmack:
frisch, dezent kräftig, zitrusartig

Qualität:
typischer Early Morning Tea

Zubereitung:
1 gehäufter Teelöffel pro Tasse, frisch
kochendes Wasser, Zucker, Zitrone oder Milch

Ziehzeit:
2 bis 3 Minuten, danach verliert
der Tee an Geschmack und Frische

Tassenfarbe:
hellrot

Infusion:
hellbraun mit kupferfarbenem Touch

Haltbarkeit:
2 bis 3 Jahre

Info!

Ein preiswerter und geschmackvoller Tee; eine Sonderaussiebung, in dieser Form nur in Ceylon bekannt – nicht so kräftig wie ein Broken, deutlich geschmackvoller als ein OP.

CEYLON LOWGROWN BOP

Herkunft:
Kandy, Ratnapura, Sri Lanka

Erntezeit:
ganzjährig

Blattbeschaffenheit:
gleichmäßig kleines, schwarzes Blatt, gelegentlich mit einigen goldenen Tips

Geschmack:
sehr kräftig

Qualität:
guter, kraftvoller Tee, der allerdings hauptsächlich in den orientalischen Ländern (Persien, Irak, Syrien) getrunken wird

Zubereitung:
1 leicht gehäufter Teelöffel pro Tasse, frisch kochendes Wasser, Zucker, Milch

Ziehzeit:
1 bis 2 Minuten

Tassenfarbe:
dunkelbraun

Infusion:
braun bis schwarzbraun

Haltbarkeit:
3 bis 4 Jahre

Info!
Ein guter Tee zum Mischen mit Assam! Ansonsten sollte er möglichst immer mit Milch und Zucker serviert werden.

CEYLON LOWGROWN BOP1

Herkunft:
Kandy, Ratnapura, Sri Lanka

Erntezeit:
ganzjährig

Blattbeschaffenheit:
längeres schwarzes Blatt mit deutlichem Anteil kleinem Unterblattes (Broken)

Geschmack:
kräftig, assamähnlich

Qualität:
hervorragender Tee zum Mischen und zum Aromatisieren

Zubereitung:
1 leicht gehäufter Teelöffel pro Tasse, frisch kochendes Wasser, Zucker, Milch

Ziehzeit:
2 Minuten

Tassenfarbe:
tiefes Rotbraun

Infusion:
braun bis schwarzbraun

Haltbarkeit:
3 bis 4 Jahre

Info!

Ein guter Tee zum Mischen mit Assam, der auch als Samowartee verwendet werden kann.

CEYLON LOWGROWN OPA

Herkunft:
Kandy, Ratnapura, Sri Lanka

Erntezeit:
ganzjährig

Blattbeschaffenheit:
langes schwarzes Blatt, gelegentlich bei preiswerteren Sorten mit einigen Stalks

Geschmack:
würzig, kräftig, assamähnlich

Qualität:
guter Mediumtee, geeignet für den Samowar und zum Aromatisieren

Zubereitung:
1 gehäufter Teelöffel pro Tasse, frisch kochendes Wasser, Zucker, Milch, gern auch ein Blatt frische Minze

Ziehzeit:
2 bis 3 Minuten

Tassenfarbe:
tiefes Rotbraun

Infusion:
braun bis schwarzbraun

Haltbarkeit:
3 bis 4 Jahre

Info!

Im arabischen Raum wird dieser Tee gern entweder mit Kardamom oder einem Blatt frischer Minze serviert. Für den Samowar: 2 Esslöffel Blätter in das Kännchen geben, mit frisch kochendem Wasser bedecken und sofort das Wasser wieder abgießen. Danach Kännchen mit den aufgequollenen Blättern mit frisch kochendem Wasser auffüllen. Blätter können im Kännchen bleiben – sie bittern nicht mehr!

SÜDKOREA

Tee wächst in Korea vorwiegend im Süden. Auf vorgelagerten, zum UNESCO-Weltnaturerbe gehörenden Inseln finden sich besonders feine Sorten. Vulkanisches Gestein, mineralreiche Böden und eine hohe Niederschlagsmenge garantieren bei durchschnittlichen Temperaturen um 15° C ein gutes, aber nicht zu schnelles Wachstum.

Koreanische Tees sind geschmacklich den japanischen sehr ähnlich und werden daher auch seit der Fukushima-Katastrophe ersatzweise getrunken. Heiß oder kalt – diese Tees sind Erfrischer und Muntermacher zugleich!

Woojeon bedeutet übersetzt „vor dem Regen" – er ist der allererste grüne Tee im Jahr und wird von Mitte bis Ende April, bis zum Einsetzen des Frühlingsregens, geerntet. Diese Sorte ist eine Rarität und gilt als der feinste koreanische Tee am Markt.

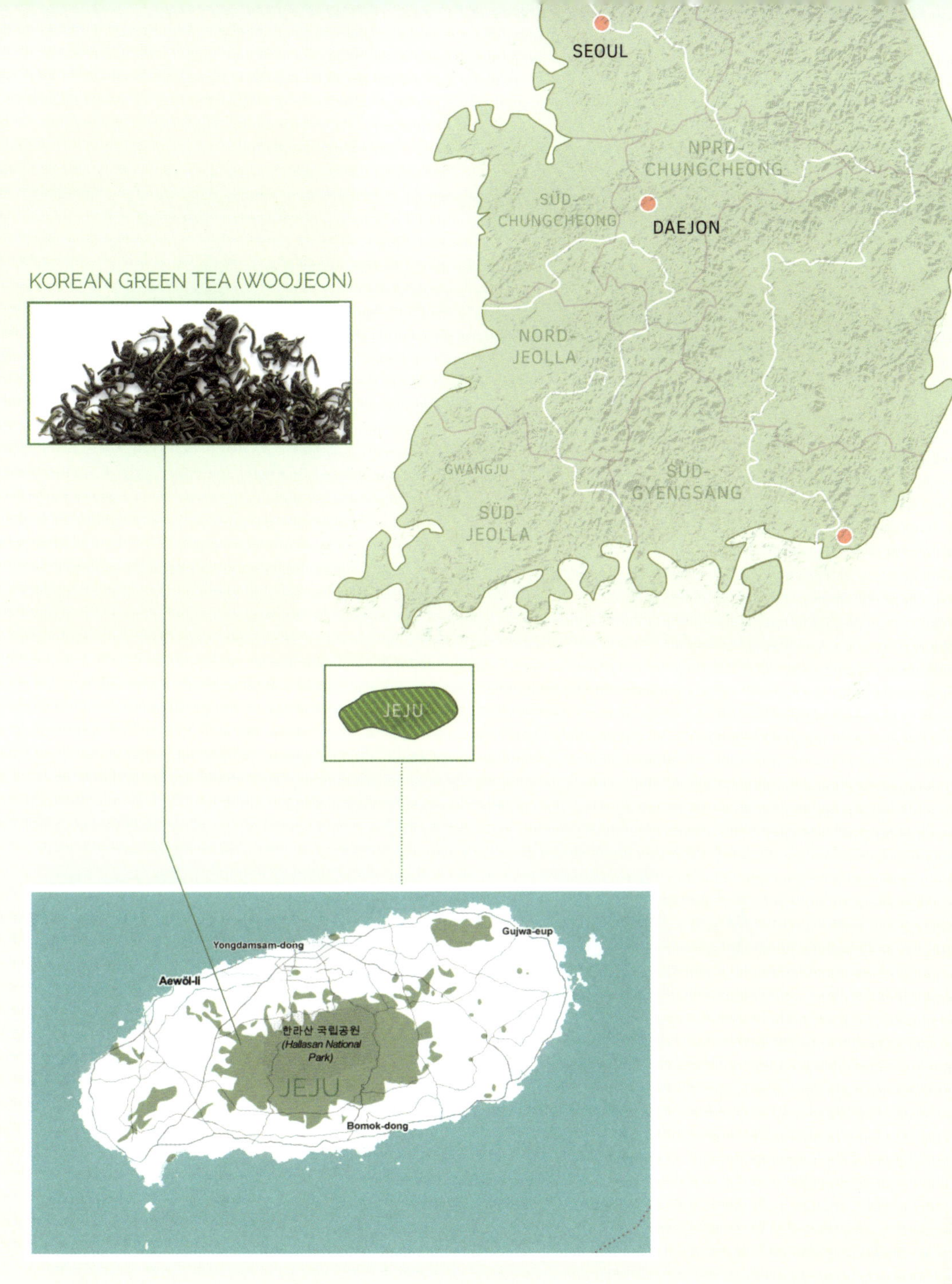
KOREAN GREEN TEA (WOOJEON)
SEOUL
NPRD-
CHUNGCHEONG
SÜD-
CHUNGCHEONG
DAEJON
NORD-
JEOLLA
GWANGJU
SÜD-
JEOLLA
SÜD-
GYENGSANG
JEJU
Yongdamsam-dong
Gujwa-eup
Aewŏl-li
한라산 국립공원
(Hallasan National
Park)
JEJU
Bomok-dong

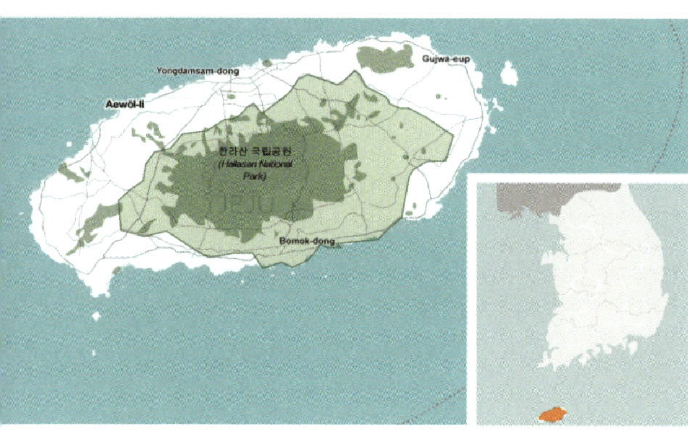

KOREAN GREEN OOLONG TEA

Herkunft:
Südkorea, Jeju-do
(UNESCO World Natural Heritage)

Erntezeit:
April/Mai

Blattbeschaffenheit:
grobes, unregelmäßiges,
leicht gekräuseltes, olivgrünes Blatt

Geschmack:
mild, nussig und süßlich

Qualität:
geschmackvoller Oolong-Tee

Zubereitung:
gestrichener Teelöffel Blätter pro Tasse,
abgekochtes, ca. 90° C heißes Wasser

Ziehzeit:
2 bis 3 Minuten

Tassenfarbe:
hellgrün

Infusion:
grüngelb mit bräunlichem Touch

Haltbarkeit:
1 bis 2 Jahre

Info!

Eine Besonderheit, wenn der Tee frisch ist. Geschmacklich ist der koreanische Oolong etwas kräftiger im Vergleich zu anderen koreanischen Teesorten.

KOREAN GREEN TEA (WOOJEON)

Herkunft:
Südkorea, Jeju-do
(UNESCO World Natural Heritage)

Erntezeit:
Mitte bis Ende April

Blattbeschaffenheit:
zartes, kleines, leicht gekräuseltes, smaragdgrünes Blatt

Geschmack:
mild, nussig und fruchtig, dezent süßlich

Qualität:
Spitzentee der ersten Frühlingsernte vor dem Einsetzen des heftigen Frühlingsregens

Zubereitung:
gestrichener Teelöffel Blätter pro Tasse, abgekochtes, auf ca. 80° C erkaltetes Wasser

Ziehzeit:
2 bis 3 Minuten

Tassenfarbe:
smaragdgrün

Infusion:
grüngelb

Haltbarkeit:
1 bis 2 Jahre

Info!

Ob im Winter heiß oder im Sommer kalt getrunken – dieser Tee ist eine erfrischende Besonderheit aus dem Süden Koreas. Er ist koffeinreich und sehr ähnlich den japanischen Frühlingstees, dabei preisgünstiger und zudem eine köstliche Rarität!

TAIWAN (Formosa)

Das Know-how zu Teeanbau und -herstellung stammt ursprünglich vom Festland Chinas, die Tee-Industrie Taiwans hat jedoch ihre ganz eigenen hervorragenden Qualitäten entwickelt. Trotz der Namensgleichheit verschiedener Sorten sind die taiwanesischen Qualitäten geschmacklich und optisch komplett unterschiedlich. Während in Kontinentalchina zum Beispiel der Pu Lo Chun meist ein kleinblättrig gekräuseltes Blatt und einen dezent süßlich-fruchtigen Geschmack aufweist, sind die Blätter der auf Taiwan hergestellten Tees deutlich größer, unregelmäßiger und der Geschmack zwar auch süßlich-fruchtig, aber deutlich intensiver und kräftiger. So auch beim taiwanesischen Lung-Ching-Tee – eine Augenweide und Blatt für Blatt fast ein kleines Kunstwerk.

Eine Besonderheit stellen die Oolong-Tees der Insel dar. Oolongs sind halbfermentierte Sorten, liegen also zwischen grünem und schwarzem Tee. Sie sind ideale Selfdrinker, geeignet für hartes wie auch für weiches Wasser. Gute Qualitäten bittern nie, egal wie lange der Tee im heißen Wasser zieht. Viele der Teebüsche wachsen unter Obstbäumen; wenn dann im Frühling die Orangenbäume blühen und der Blütenstaub auf die zarten, sich gerade entwickelnden Teeblätter fällt und diese dann rasch geerntet werden, kann dieser besondere Tee einen Hauch feines Orangenaroma besitzen. Für derartige Raritäten und Besonderheiten, von denen es nur wenige Kilogramm pro Jahr gibt, schicken große Industriefirmen ihre Aufkäufer in die Anbaugebiete der Berge und sind bereit, bis zu 3.000 US-Dollar pro Kilogramm zu bezahlen.

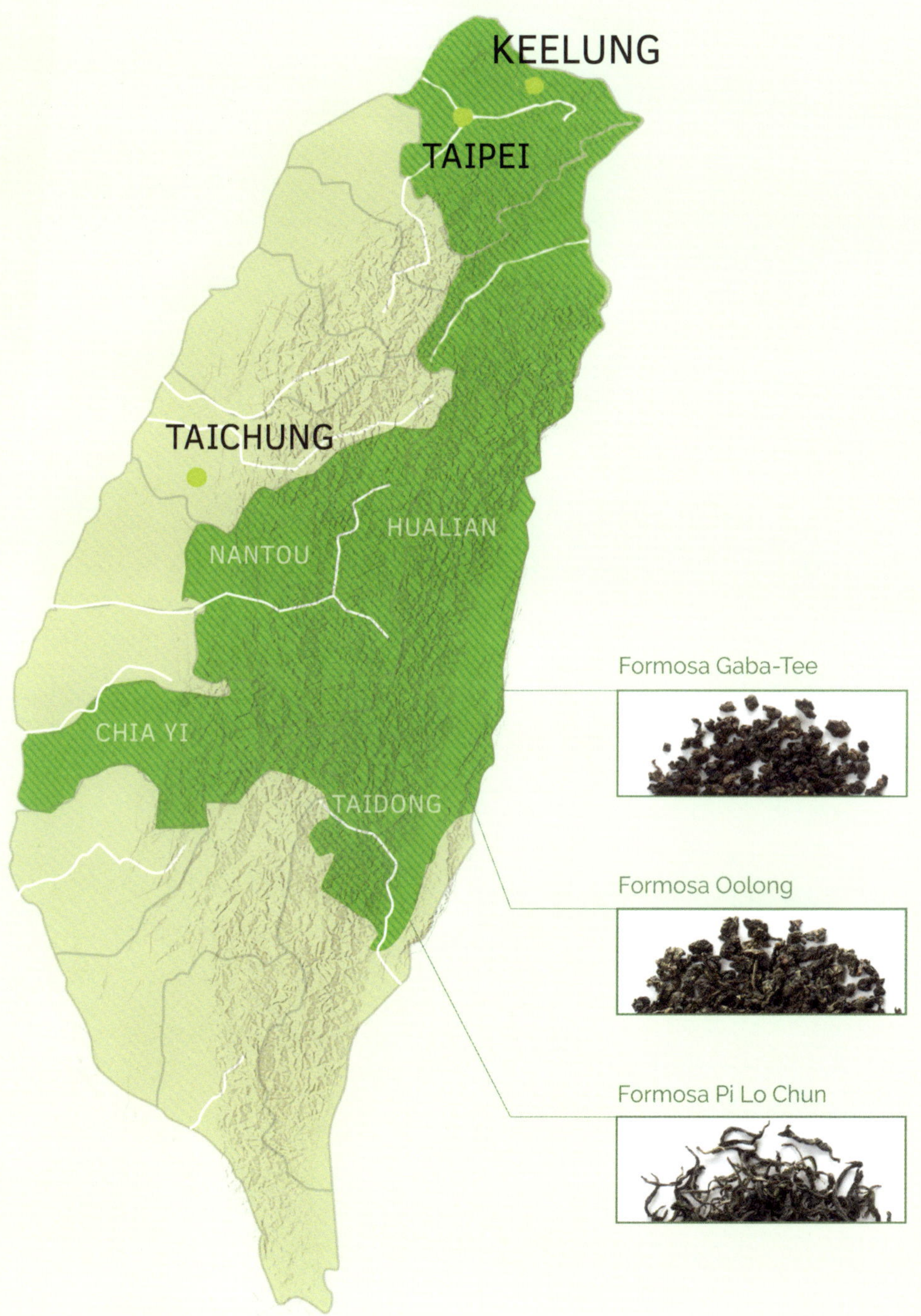

Formosa Gaba-Tee

Formosa Oolong

Formosa Pi Lo Chun

FORMOSA DARK PEARLY OOLONG

Herkunft:
Taiwan

Erntezeit:
Mai bis August

Blattbeschaffenheit:
kleine, fast zu Kugeln zusammengezogene, dunkelgrüne Blätter

Geschmack:
kräftig, fast würzig

Qualität:
geschmackvoller, deftiger Tee, Selfdrinker, gelingt immer

Zubereitung:
5 bis 6 Knoten pro Tasse, ca. 85° C heißes Wasser

Ziehzeit:
3 bis 4 Minuten, Tee bittert nicht

Tassenfarbe:
goldbraun

Infusion:
braun mit grünlichem Touch

Haltbarkeit:
1 bis 2 Jahre

Info!

Mit seinem intensiven Geschmack ist dieser Tee eine Besonderheit.

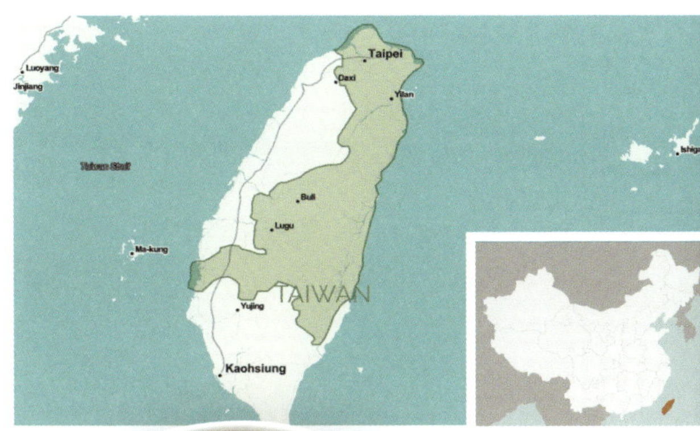

FORMOSA DUNG TING OOLONG

Herkunft:
Taiwan

Erntezeit:
Frühling bis Ende Juni

Blattbeschaffenheit:
kleine, gekräuselte Blätter

Geschmack:
tropische Früchte, etwas nussig, blumig, sehr aromatisch

Qualität:
hochwertiger Tee, gelingt immer, Selfdrinker

Zubereitung:
8 bis 10 Knoten pro Tasse, 90° C heißes Wasser

Ziehzeit:
2 bis 3 Minuten

Tassenfarbe:
hellbraun

Infusion:
grün mit bräunlichem Touch

Haltbarkeit:
2 bis 3 Jahre

Info!
Auch der zweite und dritte Aufguss schmecken noch recht gut! Gute Dung Tings unterscheiden sich schon im Geruch des trockenen Blattes deutlich von einfacheren Qualitäten.

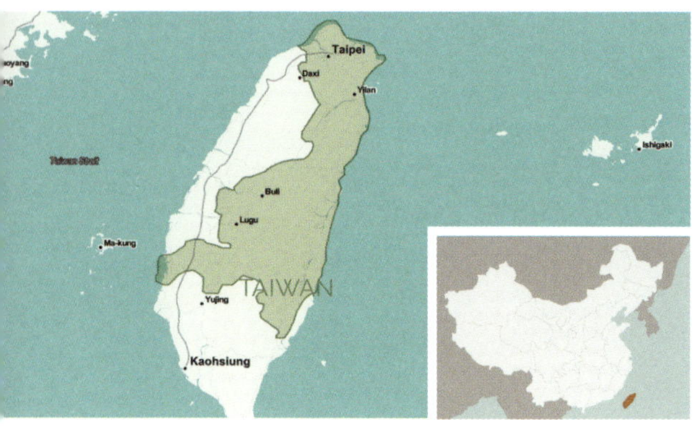

FORMOSA GABA-TEE

Herkunft:
Taiwan

Erntezeit:
Mai bis August

Blattbeschaffenheit:
kleine, fast zu Kugeln zusammengezogene, dunkelgrüne Blätter

Geschmack:
kräftig, fast würzig

Qualität:
geschmackvoller, deftiger Tee, Selfdrinker, gelingt immer

Zubereitung:
5 bis 6 Knoten pro Tasse, ca. 85° C heißes Wasser

Ziehzeit:
3 bis 4 Minuten, Tee bittert nicht

Tassenfarbe:
goldbraun

Infusion:
braun mit grünlichem Touch

Haltbarkeit:
1 bis 2 Jahre

Info!
Mit seinem intensiven Geschmack ist der Gaba-Tee eine Besonderheit! Er wird auf eine außergewöhnliche Herstellungsart erzeugt: Frische Blätter werden unter hohem Druck in einem Kessel gelagert, danach eine sehr lange Zeit in sauerstofffreien Behältnissen fermentiert.

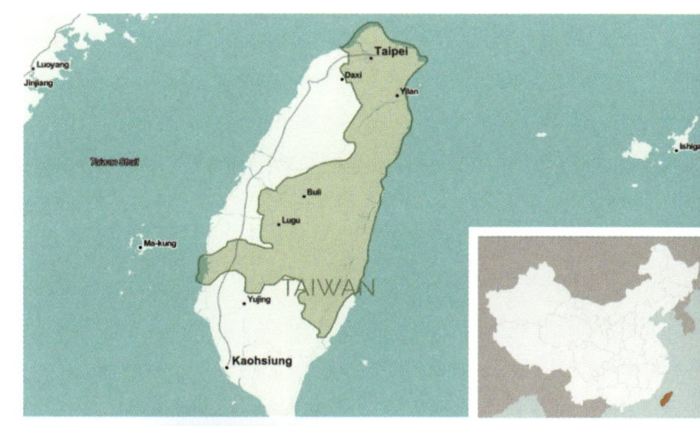

FORMOSA GREEN OOLONG

Herkunft:
Taiwan

Erntezeit:
April bis Ende September

Blattbeschaffenheit:
kleine gerollte Blattknoten

Geschmack:
wunderbar fruchtig bis grasig

Qualität:
abhängig von der Sorte sind grüne Oolong-Tees zum Teil von hervorragender Qualität, fruchtig, auch für hartes Wasser geeignet, Selfdrinker

Zubereitung:
6 bis 8 Knoten pro Tasse, abgekochtes, aber kurz erkaltetes Wasser (90° C)

Ziehzeit:
2 bis 3 Minuten

Tassenfarbe:
leichtes Gelbgrün

Infusion:
hell bis dunkelgrün

Haltbarkeit:
3 bis 4 Jahre

Info!
Ein idealer Tee sowohl für Anfänger wie auch Gourmets. Besonders der Dung Ting Oolong ist sehr geschmackvoll!

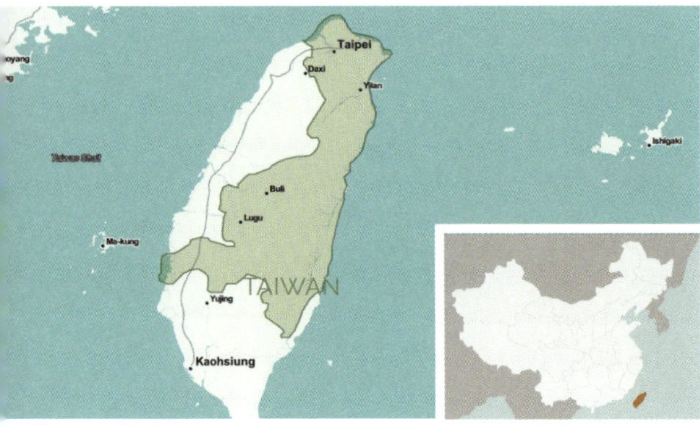

FORMOSA OOLONG

Herkunft:
Taiwan

Erntezeit:
Juni bis Ende August

Blattbeschaffenheit:
grobes, ungleichmäßiges, dunkelbraunes bis teilweise schwarzes Blatt

Geschmack:
wie angebranntes Brot

Qualität:
durch das intensive und heiße Trocknen ist der Tee zwar sehr lange haltbar, schmeckt aber meist etwas verbrannt

Zubereitung:
1 gut gehäufter Teelöffel pro Tasse, frisch kochendes Wasser

Ziehzeit:
3 Minuten

Tassenfarbe:
trübes Dunkelbraun

Infusion:
dunkelbraun bis schwarzbraun

Haltbarkeit:
sehr lange

Info!
Ein einfacher Tee, an dessen Geschmack man sich erst gewöhnen muss. Bei Formosa-Oolongs möglichst gute Sorten aussuchen!

FORMOSA PI LO CHUN

Herkunft:
Taiwan

Erntezeit:
Sommermonate

Blattbeschaffenheit:
langes, drahtiges, leicht gedrehtes, grünes bis dunkelgrünes Blatt

Geschmack:
feinblumig bis fruchtig, April-Produktion schmeckt nach Aprikosen und Mangos

Qualität:
sehr feiner und dezenter Tee, Selfdrinker, gelingt immer

Zubereitung:
1 leicht gehäufter Teelöffel pro Tasse, ca. 85° C heißes Wasser

Ziehzeit:
3 bis 4 Minuten, Tee bittert nicht

Tassenfarbe:
leichtes Gelbgrün

Infusion:
hellgrün bis ocker

Haltbarkeit:
1 bis 2 Jahre

Info!

Eine Besonderheit, die nicht in jedem Teegeschäft erhältlich ist. Möglichst frischen Tee einkaufen! Frühlingstees schmecken leicht und blumig, Sommertees etwas kräftiger und gehaltvoller.

FORMOSA TOP SUPERIOR OOLONG

Herkunft:
Taiwan

Erntezeit:
Top-Qualitäten von April/Ende Mai bis Mitte Juni, Medium-Qualitäten von Ende Juni bis Ende Juli

Blattbeschaffenheit:
grobes, ungleichmäßiges, hell- bis dunkelbraunes Blatt, feine Qualitäten mit einigen silbrigen Tips

Geschmack:
brotig, blumig, mild, wunderbarer Duft

Qualität:
je nach Erntezeit hervorragende Spitzentees bis einfache Qualitäten, Selfdrinker

Zubereitung:
1 gut gehäufter Teelöffel pro Tasse, frisch kochendes Wasser, eventuell etwas Zucker

Ziehzeit:
3 Minuten, Blätter können bei feinen Qualitäten im Wasser bleiben und bittern nicht

Tassenfarbe:
hellbraun bis dunkelbraun

Infusion:
hellbraun bis dunkelbraun

Haltbarkeit:
unbegrenzt

Info!

Gute Qualitäten bittern auch nach 15 Minuten Ziehzeit nicht. Dieser Tee lässt sich ideal mit Darjeelings mischen.

THAILAND

Tee wächst hier im Norden Thailands nahe den Grenzen zu Myanmar und China.

Die während der Sommermonate geernteten Sorten ergeben meist hervorragende und sehr lang haltbare Oolongs.

THAILAND OOLONG

Herkunft:
nördliches Thailand, Provinz Chiang Rai

Erntezeit:
ganzjährig

Blattbeschaffenheit:
kleine, grüne, zusammengerollte Knoten

Geschmack:
mild und sehr aromatisch, nussig, bittert nicht

Qualität:
hervorragende Qualitäten, Selfdrinker, der seinen Geschmack in jedem Wasser entfaltet

Zubereitung:
6 bis 8 Knoten pro Tasse, abgekochtes, aber relativ heißes (90° C) Wasser

Ziehzeit:
3 bis 5 Minuten, bis sich die Teeblätter geöffnet haben

Tassenfarbe:
bräunlich-grün, hell

Infusion:
grünlich mit leichtem Stich ins Braune

Haltbarkeit:
3 bis 5 Jahre

Info!

Dieser Tee gelingt immer und ist sehr geschmackvoll! Aufgrund der hohen Qualität besteht allerdings große Nachfrage – meist findet man den Thailand Oolong nur in ausgewählten Fachgeschäften.

TÜRKEI

Türkische Tees gelangen selten ungemischt zu uns. Der Grund liegt darin, dass diese Sorten meist sehr hell abgießen, für Samoware kaum eingesetzt werden können und unserem Geschmacksempfinden nicht sehr entsprechen.

Gemischt mit schwarzen Lowgrown-Tees aus Ceylon hingegen gibt es sehr viele und zum Teil auch sehr preisgünstige Angebote. Im türkischen Lebensmittelgeschäft bei uns wird häufig ein Gläschen Tee aus dem Samowar angeboten. Dabei handelt es sich dann meist um einen Ceylon OPA – eine besondere Blattsortierung aus Sri Lanka. Bei der Zubereitung des türkischen Tees ist zudem zu beachten: Zum türkischen Tee gehört Zucker einfach dazu.

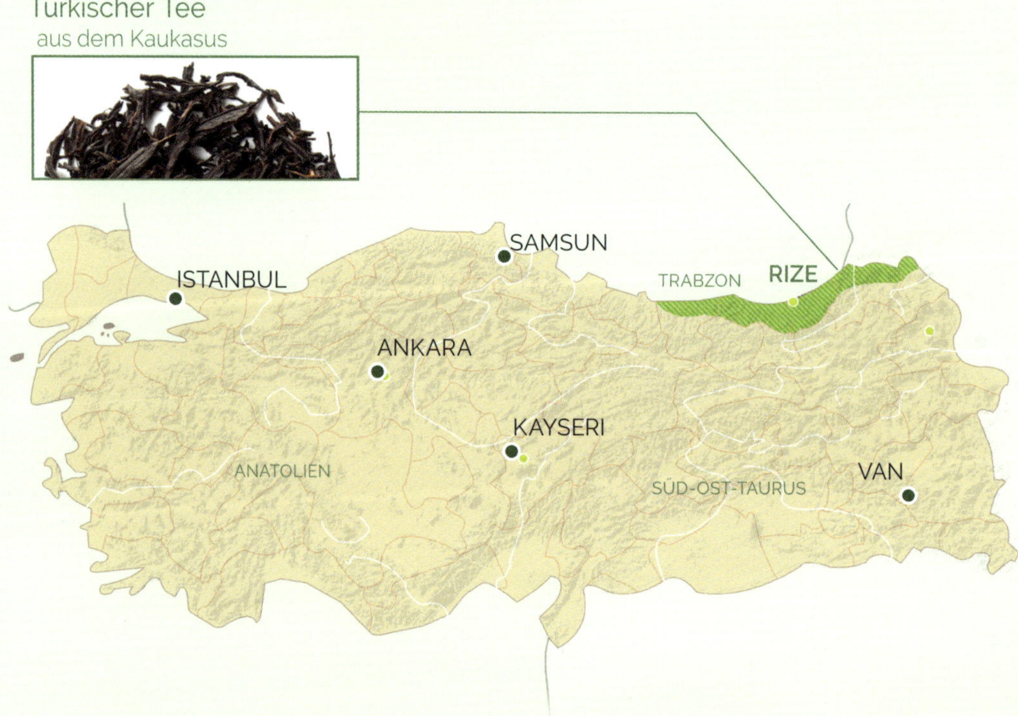

TÜRKISCHER TEE

Herkunft:
Türkei; Schwarzmeerküste, Region Trabzon und Rize

Erntezeit:
Sommer

Blattbeschaffenheit:
braun-schwarzes, offenes Blatt

Geschmack:
teilweise kräftig, würzig, teilweise recht geschmacksneutral

Qualität:
recht einfache Qualität, wird gern mit Lowgrown-Ceylon gemischt

Zubereitung:
1 gut gehäufter Teelöffel pro Tasse, kochendes Wasser, Zucker

Ziehzeit:
5 Minuten

Tassenfarbe:
rotbraun

Infusion:
dunkelbraun

Haltbarkeit:
1 Jahr

Info!

Ordentlicher Samowartee Hinweis: Der türkische Tee war lange Zeit aufgrund der Einflüsse von Tschernobyl nicht exportfähig.

USA

HAWAII

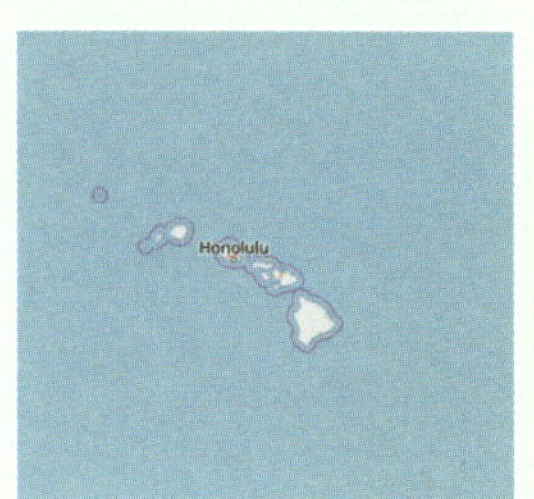

In den Vereinigten Staaten wird vielerorts der Versuch des Teeanbaus unternommen. Bisher bleibt der qualitative Erfolg jedoch, besonders im Vergleich zu anderen Ländern, leider aus, trotz hoher Einsatzbereitschaft der Teebauern. Die wenigen Kilogramm, die hergestellt werden, können, als Rarität angepriesen, zu unrealistisch hohen Preisen verkauft werden. Auch die hohen Pflückkosten für den vergleichsweise geringen Ernteertrag spiegeln sich im Preis wider.

HAWAII KILAUEA OOLONG

Herkunft:
USA; Hawaii

Erntezeit:
Sommer

Blattbeschaffenheit:
offenes, grobes Blatt mit grünen, braunen und schwarzen Farbnuancen

Geschmack:
mild, leicht blumig

Qualität:
hochwertiger Tee

Zubereitung:
1 gehäufter Teelöffel Blätter pro Tasse, 90° C heißes Wasser

Ziehzeit:
3 bis 5 Minuten

Tassenfarbe:
braun

Infusion:
dunkelbraun

Haltbarkeit:
3 Jahre

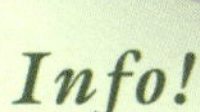

Info!
Handwerklich ist dieser Tee bestimmt noch sehr entwicklungsbedürftig, geschmacklich ist der Kilauea in Ordnung. Hawaiianische Tees sind meist sehr teuer und erzielen gelegentlich Preise zwischen 8.000 und 10.000 Euro pro Kilogramm.

VIETNAM

Vietnam gehört zu den ältesten, wenn auch nicht zu den bekanntesten Teeanbaugebieten der Welt. Historisch von Umbrüchen zerrüttet wurde das Land durch Kolonialisierung und die kommunistische Revolution in die Armut gestürzt, worunter natürlich auch der Teeanbau zu leiden hatte. Besonders nach dem Vietnamkrieg kamen Schwierigkeiten bei der Lebensmittelproduktion auf, viele Nahrungsmittel mussten importiert werden und konnten durch die hohe Schadstoffbelastung während des Krieges nicht lokal angebaut werden. Durch Revitalisierungsversuche der Regierung und öffentliche Entwicklungsprogramme für die Auflebung der Teeproduktion erlebte der Teeanbau in Vietnam jedoch nach und nach eine kleine Renaissance. Mittlerweile werden etwa 50 Prozent schwarze Sorten, 40 Prozent grüne und zehn Prozent aromatisierte Tees (vor allem Jasmin- und Lotustees als regionale Spezialität) aus der Ernte gewonnen, welche sich im Jahr auf etwa 167.000 Tonnen beläuft. Dabei durchläuft die Ware sorgfältigste Kontrollen auf Rückstände wie Pestizide, Herbizide und Fungizide, bevor sie exportiert wird und in den Handel gelangt.

Trotz intensiver Bemühungen fanden Tees aus Vietnam nicht so recht den Weg in unsere Geschäfte. Die qualitativ einfachen Sorten aus dem Süden werden allerdings manchmal als Untermischer auch in unseren Blends verwendet. Tees aus Nordvietnam können qualitativ sehr anspruchsvoll sein und werden vor allem in Hanoi als Besonderheiten angeboten. Erst wird der hohe lokale Bedarf damit abgedeckt, der Überschuss gelangt schließlich über die Grenzen hinweg nach China.

Tee ist seit jeher ein fester Bestandteil der vietnamesischen Kultur gewesen. Wie auch in vielen anderen asiatischen Ländern geht hier die erste Kultivierung und Nutzung der Pflanze auf das Pflücken der Blätter wild wachsender Teebäume zurück, meist von ortsansässigen Minoritäten wie den Hmong, einem indigenen Bergstamm, den man unter anderem im Norden Vietnams findet.

VIETNAM BLACK TEA

Herkunft:
südliches Vietnam

Erntezeit:
fast ganzjährig

Blattbeschaffenheit:
grau-schwarzes Blatt mit einigen Stängeln

Geschmack:
nichtssagend neutral und weich

Qualität:
sehr einfacher und preiswerter Tee

Zubereitung:
1 gehäufter Teelöffel pro Tasse,
frisch kochendes Wasser

Ziehzeit:
3 bis 4 Minuten

Tassenfarbe:
dunkelbraun bis fast schwarz

Infusion:
graubraun bis schwarzbraun

Haltbarkeit:
knapp 1 Jahr

Info!
Diesen Tee möglichst nicht pur trinken! Er findet meist in Mischungen zum Aromatisieren Verwendung.

VIETNAM GREEN TEA

Herkunft:
nördliches Vietnam bis zur chinesischen Grenze

Erntezeit:
April bis Oktober

Blattbeschaffenheit:
unregelmäßiges, jadegrünes Blatt

Geschmack:
wuchtig und kräftig fruchtig

Qualität:
angenehmer Hochlandtee, geeignet für hartes Wasser

Zubereitung:
1 gestrichener Teelöffel pro Tasse, 90° C heißes Wasser

Ziehzeit:
3 Minuten

Tassenfarbe:
grün

Infusion:
jadegrün

Haltbarkeit:
bis 2 Jahre

Info!
Ein wohlschmeckender Tee, wenn er frisch geerntet ist. Er wird Touristen besonders in der Hauptstadt Hanoi als feinster Tee des Landes angeboten.

AROMATISIERTE TEES

Aromatisierte Teemischungen erfreuen sich großer Beliebtheit. Ohne diese Freude trüben zu wollen, seien hier dennoch einige Hinweise angeführt, über die es sich Bescheid zu wissen lohnt: Selten werden qualitativ hochwertige Teesorten zum Aromatisieren verwendet. Hat man das Aroma in den Tee hineingegeben, merkt man meist vom originalen Geschmack des Tees nichts mehr. Das soll diese Teesorten bestimmt nicht abwerten – dennoch halte ich es für wesentlich, darauf hinzuweisen. Mitunter werden in diese Mischungen noch Blüten und Blätter hinzugefügt. Die Mehrzahl dieser optisch zweifelsfrei ansprechenden Zusätze ist allerdings absolut geschmacksneutral und dient lediglich der Optik.

Im Laufe der Zeit hat sich die Herstellung und die Anzahl der verschiedenen Sorten völlig verändert. Ursprünglich wurden in China Rosenblätter, Litschis oder Jasminblüten in den Tee gelegt. Die Herstellung war recht umständlich, gewährleistete aber eine lange Haltbarkeit des Geschmacks. Der Jasmintee zum Beispiel wird, wenn qualitativ hochwertig aromatisiert, über einen längeren Zeitraum immer wieder mit frischen Jasminblüten bedeckt, die sich nachts öffnen und ihr feines Aroma auf den Tee strömen lassen. Bereits am darauffolgenden Tag werden die Blüten wieder aus dem Tee herausgenommen, da diese kein Aroma mehr besitzen. Die Teeblätter müssen etwas feucht sein, so können sie die Stoffe besser aufnehmen. Dieser Prozess wird mehrfach wiederholt – je feiner der Tee, desto häufiger –, meist über einen Zeitraum von vielen Wochen.

Der Earl Grey als weiteres Beispiel einer feineren Methode der Aromatisierung bestand ursprünglich aus diversen Komponenten: schwarzem Tee aus Assam, Ceylon und Darjeeling, etwas Keemun, Gunpowder oder Chun Mee aus China, dazu Jasmintee und vielleicht noch etwas Tarry Lapsang Souchong, einem Rauchtee. Diese Mischung wurde in einem Kegel auf der Mischtenne aufgeschichtet und mit Filterpapier umhüllt. Auf dieses Filterpapier sprühte man morgens und abends frisches Bergamotteöl und mischte den Kegel einmal durch. Diese Prozedur wurde mindestens eine Woche lang täglich durchgeführt. Der Vorteil dieser Mischung: Man schmeckte den blumigen Darjeeling, den malzigen Assam, vielleicht etwas vom Rauch- oder Jasmintee – immer dezent im Hintergrund begleitet von dem zarten Bergamotteduft. Noch nach Monaten besaß dieser Tee sein Aroma! Ein köstlicher Tee mit einem betörenden Duft und Geschmack! Heute sprüht man maschinell das Aroma in den Tee direkt hinein. Das Ergebnis bleibt meilenweit hinter dem Original zurück, das auf diese Weise nicht mehr hergestellt wird.

Natürliche, also aus den Pflanzen und Früchten gewonnene Aromen sind im Tee meist nur wenige Monate spürbar, sie verfliegen leider relativ schnell. Naturidentische Aromen aus natürlichen Ölen, die meist auch deutlich günstiger sind, halten mittlerweile schon mehrere Jahre. Künstliche, rein chemische und daher äußerst preisgünstige Aromen finden hier bei uns keine Verwendung.

Für Aufgussbeutel werden die Aromen verkapselt und so in den Tee hineingemischt. Im heißen Wasser öffnen sich die Kapseln und geben ihr Aroma ins Getränk ab. Bedauerlicherweise habe ich bis heute noch keine abgekapselten Aromen finden und schmecken können, die qualitativ auch nur annähernd an die natürlichen oder naturidentischen herankommen. Ausgezeichnet werden muss lediglich, dass der Tee zusätzlich mit einem „Aroma“ versehen ist. Fragen Sie gern nach, um welche Art von Aroma es sich bei ihrem Tee handelt.

CHAI (MASALA CHAI)

Herkunft:
je nach Mischung unterschiedlich, ursprünglich aus Indien

Erntezeit:
je nach Mischung unterschiedlich

Blattbeschaffenheit:
schwarzer Blatt-Tee mit Zimt, Nelken, Anis, Ingwer, Kardamom, Koriander, Muskatnuss, Piment, Hibiskus Apfel- und Orangenschalenstücken

Geschmack:
sehr würzig, recht intensiv schmeckender Tee

Qualität:
unterschiedlich

Zubereitung:
1 leicht gehäufter Teelöffel pro Tasse, frisch kochendes Wasser, mit Milch aufschäumen und Zucker hinzugeben

Ziehzeit:
3 bis 4 Minuten

Tassenfarbe:
dunkelbraun

Infusion:
dunkelbraun

Haltbarkeit:
knapp 1 Jahr

Info!
Modetee, der in unterschiedlichsten Zusammensetzungen im Handel erhältlich ist. Unbedingt auf natürliche Zutaten achten!

EARL GREY

Herkunft:
je nach Mischung unterschiedlich

Erntezeit:
je nach Mischung unterschiedlich

Blattbeschaffenheit:
meist schwarzes Blatt, aromatisiert mit Bergamottearoma/-öl

Geschmack:
zitrusartig, fruchtig, kräftig

Qualität:
einfache bis feinste Qualität

Zubereitung:
1 leicht gehäufter Teelöffel pro Tasse, frisch kochendes Wasser, Zucker

Ziehzeit:
3 bis 4 Minuten

Tassenfarbe:
braun bis rotbraun

Infusion:
braun bis schwarzbraun

Haltbarkeit:
Tees mit natürlichem Aroma 6 Monate, mit naturidentischem Aroma 2 Jahre

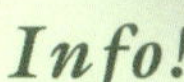

Info!

Traditionell war dieser Tee eine Mischung aus Darjeeling, Assam, Ceylon, Keemun, etwas Rauch-, Grün- und Jasmintee. Mittlerweile bestehen diese Mischungen meist aus sehr einfachen chinesischen Schwarztees gemischt mit etwas Ceylon Lowgrown. Aufgrund der weltweiten Anerkennung Darjeelings als registrierter Eigenname darf mit Bergamotteöl aromatisierter Tee dieses Gebietes nicht mehr als „Darjeeling Earl Grey“ angeboten oder verkauft werden.

GREEN CHAI

Herkunft:
China

Erntezeit:
Spätsommer

Blattbeschaffenheit:
grüner Blatt-Tee mit Zimt, Nelken, Anis, Ingwer, Kardamom, Koriander, Muskatnuss, Piment, Hibiskus Apfel- und Orangenschalenstücken

Geschmack:
sehr würzig, recht intensiv schmeckender Tee

Qualität:
unterschiedlich

Zubereitung:
1 leicht gehäufter Teelöffel pro Tasse, frisch kochendes Wasser, mit Milch aufschäumen und Zucker hinzugeben

Ziehzeit:
3 bis 4 Minuten

Tassenfarbe:
grün/braun

Infusion:
dunkelgrün

Haltbarkeit:
knapp 1 Jahr

Info!
Ein Modetee, der in unterschiedlichsten Zusammensetzungen im Handel erhältlich ist. Unbedingt auf natürliche Zutaten achten!

GRÜNER FRÜHSTÜCKSTEE (BONJOUR, THÉ VERT)

Herkunft:
Basistee aus China

Erntezeit:
Spätsommer

Blattbeschaffenheit:
Basistee ist meist ein Sencha oder Bancha, angereichert mit Kornblumenblüten-, Sonnenblumenblüten- und Rosenblütenblättern sowie Aroma

Geschmack:
blumig mit einem Touch Grapefruit

Qualität:
einfache bis recht gute Qualität

Zubereitung:
1 leicht gehäufter Teelöffel Blätter pro Tasse, 90° C heißes Wasser

Ziehzeit:
3 Minuten

Tassenfarbe:
jadegrün

Infusion:
dunkelgrün

Haltbarkeit:
6 bis 8 Monate

Info!
Ein wunderbar duftender Frühstückstee – in deutschen Hotels und Gaststätten häufig als „Morgentau“ (eingetragener Markenname eines Frankfurter Teehauses) bekannt. Diesen Tee sollte man in spätestens 6 Monaten verbrauchen, da sich das Aroma nicht unbegrenzt hält.

LADY GREY

Herkunft:
meist aus China

Erntezeit:
Spätsommer

Blattbeschaffenheit:
vorwiegend einfacher grüner Sencha oder Bancha, leicht mit Bergamottearoma/-öl aromatisiert

Geschmack:
sehr zitronig, leicht

Qualität:
einfache bis feinste Qualität

Zubereitung:
Teelöffelboden bedeckende Menge pro Tasse, 90° C heißes Wasser, Zucker

Ziehzeit:
2 bis 3 Minuten

Tassenfarbe:
grün mit gelblichem Touch

Infusion:
dunkelgrün

Haltbarkeit:
Tee mit natürlichem Aroma 6 Monate, mit naturidentischem Aroma 2 Jahre

Info!

Ein zart duftender grüner Tee, der eine wunderbare Alternative besonders für Büro- und Praxisalltag darstellt – gelingt immer! Lady Grey sollte nur mit einem Hauch Bergamotteöl aromatisiert sein.

SCHWARZER VANILLETEE

Herkunft:
China und Ceylon

Erntezeit:
Sommer

Blattbeschaffenheit:
gleichmäßig langes, schwarzes Blatt, aromatisiert mit Vanillearoma unter Beimischung einiger Vanillestücke

Geschmack:
kräftiger Schwarztee mit Vanillegeschmack und -duft

Qualität:
Medium

Zubereitung:
1 leicht gehäufter Teelöffel Blätter pro Tasse, kochendes Wasser

Ziehzeit:
3 Minuten

Tassenfarbe:
rotbraun

Infusion:
dunkelbraun

Haltbarkeit:
6 bis 8 Monate

Info!

Der Geschmack kommt vom Aroma, Vanillestücke werden meist nur für die Optik beigemischt. Aufgrund der enormen Vanillepreise wird mittlerweile vielerorts Industrie-Vanille beigemischt, also Stücke, die bereits weitgehend ausgelaugt sind.

SWEET ORANGE BLACK TEA

Herkunft:
je nach Mischung unterschiedlich

Erntezeit:
je nach Mischung unterschiedlich

Blattbeschaffenheit:
vorwiegend schwarzes, gleichmäßiges Blatt, gemischt mit Orangenschalenstücken und aromatisiert mit Orangenaroma

Geschmack:
fruchtig, Orangenaroma

Qualität:
einfache bis recht gute Qualität

Zubereitung:
1 leicht gehäufter Teelöffel Blätter pro Tasse, frisch kochendes Wasser

Ziehzeit:
3 Minuten

Tassenfarbe:
rötlich-braun

Infusion:
einfache Qualitäten von dunkelbraun bis schwarz, bessere Qualitäten hellbraun mit rötlichem Schimmer, durchsetzt mit hellen Orangenschalenstücken

Haltbarkeit:
abhängig vom verwendeten Aroma, durchschnittlich 6 Monate

Info!
Da besonders das natürliche Orangenaroma sich relativ schnell verflüchtigt, empfiehlt es sich, nur die Mengen einzukaufen, die in einem überschaubaren Zeitraum auch konsumiert werden können. Auch hier gilt: Je frischer der Tee, desto besser der Geschmack!

TEEMISCHUNGEN

Tee aromatisieren und mischen leicht gemacht!

Die einfachste Form, den Geschmack eines Tees zu verändern, ist das Mischen zweier Sorten. Es sollte aber darauf geachtet werden, dass die Geschmacksrichtungen miteinander harmonieren. Sehr gut passt der Earl Grey beispielsweise zum Darjeeling, bevorzugt zum First Flush. Zum Second-Flush-Darjeeling kann ich mir einige Blätter Rauchtee oder gar Rosentee wunderbar vorstellen. Zum kräftigen, würzigen Assam ist ein Vanillearoma geradezu ideal – entweder einige Tropfen Aroma oder vielleicht sogar eine ganze, frische Vanilleschote in den Tee gelegt.

Für die frischen und fruchtigen Ceylon-Tees eignen sich Zitrusaromen wie Zitrone oder Orange hervorragend. Bei grünem Tee ist es dagegen schwierig – hier kann man es je nach Tee mit einigen Blättern Zitronengras versuchen.

Interessant ist auch der Geschmack frischer Minze in schwarzem Tee, so wie man es im Nahen Osten und Nordafrika gern trinkt. Verwenden Sie dafür möglichst nur Assam oder Lowgrown-Ceylons. Diese bekommen Sie problemlos bei einem türkischen Lebensmittelhändler. Der Tee ist meist als „Ceylon OPA" ausgezeichnet – leicht aufzubewahren und gar nicht teuer. Ein bis zwei Blätter frische Minze beim Servieren auf den fertig aufgebrühten Tee in die Tasse gelegt – dekorativ und geschmacklich wunderbar erfrischend!

Wenn Sie einen reinen Tee mit einem aromatisierten mischen möchten, empfehle ich folgende Vorgehensweise: Starten Sie beim Zubereiten Ihres Tees mit ¾ der üblichen Menge Ihrer Sorte und geben Sie ¼ der aromatisierten Teeblätter hinzu. Keineswegs schwierig für eine Kanne mit 1 Liter Inhalt – auf 6 Tassen kommen 3 gehäufte Teelöffel Blätter der Grundsorte und 1 gehäufter Teelöffel des aromatisierten Tees. Bei sehr intensiv aromatisierten Sorten reicht auch ein gestrichener Teelöffel, bei leichteren Aromen ein gehäufter. Wenn man das Aroma nicht deutlich genug herausschmeckt, Menge entsprechend erhöhen oder bei zu intensivem Geschmack gegebenenfalls reduzieren.

Die andere Variante wäre, dass Sie sich die Aromen zum Beispiel im Fachhandel oder Reformhaus kaufen und in den Tee hineinträufeln. Wenige Tropfen reichen für die Zubereitung einer Kanne Tee vollkommen aus. Empfehlenswert ist dabei, dass Sie beim Kauf des Aromas darauf achten, dass dieses auch frisch ist.

Auf Blüten, Fruchtstücke, Blätter und Schalen würde ich vollständig verzichten; Sie essen den Tee schließlich nicht, Sie trinken ihn – und von den optisch reizvollen Zusätzen sieht man in der fertig zubereiteten Tasse nachher ohnehin nichts mehr.

ENGLISH BREAKFAST TEA

Herkunft:
je nach Mischung unterschiedlich

Erntezeit:
je nach Mischung unterschiedlich

Blattbeschaffenheit:
kleiner, rötlicher Broken-Tee

Geschmack:
fruchtig, kräftig, dezent herb

Qualität:
von einfach bis hervorragend

Zubereitung:
1 gestrichener Teelöffel pro Tasse, frisch kochendes Wasser, Milch, Zucker

Ziehzeit:
1 bis 2 Minuten, bei längerer Ziehzeit kann der Tee bitter werden

Tassenfarbe:
hellrot, leicht bräunlich

Infusion:
hellbraun, dezent rötlich

Haltbarkeit:
2 bis 3 Jahre

Info!

Es gibt keine gesetzliche Vorgabe für die Zusammensetzung eines English Breakfast Teas. Ideal wäre 2/3 Ceylon-Hochlandtee für die frischen, fruchtigen Noten und 1/3 Assamtee für die dunklere Tassenfarbe und den kräftigen Geschmack.

OSTFRIESISCHE MISCHUNG

Herkunft:
je nach Mischung unterschiedlich

Erntezeit:
je nach Mischung unterschiedlich

Blattbeschaffenheit:
schwarzes Blatt mit goldenen Tips

Geschmack:
vollmundig, würzig, malzig, kräftig

Qualität:
von einfach bis qualitativ hochwertig

Zubereitung:
1 gestrichener Teelöffel pro Tasse, frisch kochendes Wasser, Zucker/Kandis und Milch/Sahne

Ziehzeit:
2 bis maximal 3 Minuten

Tassenfarbe:
dunkles Rotbraun

Infusion:
rotbraun bis schwarzbraun

Haltbarkeit:
2 bis 3 Jahre

Info!

Eine gute ostfriesische Mischung sollte aus 80 Prozent Assam und 20 Prozent Ceylon oder indonesischem Tee bestehen. Da es keine gesetzlichen Vorgaben gibt, kann jeder Tee – egal welcher Herkunft – als Ostfriesentee bezeichnet werden. Optisch beim Einkauf auf einige goldene Tips achten. Wichtig sind der dezent malzig-würzige Geschmack und die rotbraune Tassenfarbe.

RUSSISCHE MISCHUNG

Herkunft:
Darjeeling/Indien und China

Erntezeit:
ganzjährig, meist aber während der Sommermonate

Blattbeschaffenheit:
gleichmäßiges,
langes schwarzes Blatt

Geschmack:
mild-rauchig

Zubereitung:
1 leicht gehäufter Teelöffel pro Tasse,

Ziehzeit:
3 Minuten,

Tassenfarbe:
dunkelbraun

Infusion:
braun

Info!

Möglichst nicht als fertige Mischung kaufen, sondern selbst mischen. Dazu einfach 4 bis 6 Blätter Tarry Lapsang Souchong zu einem gehäuften Teelöffel Darjeeling geben. Nun mit heißem Wasser aufgießen und schon ist der Tee fertig!

TEEKUNSTWERKE

Teekunstwerke wurden in China besonders aufgrund ihrer ausgeprägten Optik hergestellt und verkauft. In China liebt man es, Nahrungs- und Genussmittel auch „mit den Augen“ zu sich zu nehmen. Allerdings steht dahinter meist auch ein praktischer Grund: Hatte man im Reich der Mitte früher Personal, konnte man den Verbrauch loser Teesorten schlecht überblicken. Völlig anders war es mit den Kunstwerken – diese konnte man abgezählt einkaufen und so überwachen, wann welche Mengen verbraucht wurden. Natürlich gilt das auch heute noch für Gastronomiebetriebe.

Die Portionierung der Tees spielt auch bei den Teeblumen eine große Rolle, ist aber keine Schwierigkeit. Selbst Ungeübte können drei Kugeln von diesem Tee oder einen Fächer von jenem in die Kanne oder Tasse legen, ohne den Tee falsch zu dosieren. Wesentlich schwieriger gestaltet sich die Herstellung dieser Tee-Kunstwerke – dabei ist Erfahrung und Geschicklichkeit ausschlaggebend. Es ist ein Handwerk, welches erlernt werden muss. Neben dem kunstvollen Binden ist auch die Auswahl der richtigen Teeblätter entscheidend. Eine sehr geübte Frau (es arbeiten ausschließlich Frauen als Teeblumenbinderinnen) ist in der Lage, am Tag bis zu 220 Gramm Teeblätter zu verarbeiten – eine für uns teilweise unvorstellbare Geschicklichkeit!

CHINA DRAGON PEARLS

Herkunft:
China; Fujian

Erntezeit:
Spätsommer

Blattbeschaffenheit:
handverlesene, gleichmäßige Blätter, zu kleinen Kugeln gerollt

Geschmack:
mild-würzig

Qualität:
im heißen Wasser entfalten sich die Kugeln zu ihrer ursprünglichen Blattgröße

Zubereitung:
2 bis 3 Kugeln pro Tasse (150 ml), abgekochtes, leicht erkaltetes Wasser, Teeblätter in der Tasse belassen, bittern nicht, gegebenenfalls etwas Wasser nachschenken

Ziehzeit:
sobald die Kugeln geöffnet sind, ist der Tee trinkbereit

Tassenfarbe:
dunkelgrün

Infusion:
dunkelgrün

Haltbarkeit:
mehrere Jahre, dann bröckeln die Blätter

Info!
Ein idealer Tee für Praxis oder Büro – leicht zu dosieren, gelingt immer! Dragon Pearls sind in unterschiedlichen Variationen verfügbar, besonders apart als Jasmintee!

CHINA GOLDEN LANTERN

Herkunft:
China; vorwiegend Yunnan

Erntezeit:
Frühling

Blattbeschaffenheit:
ausgesuchte, gleichmäßig feine, schwarze Teeblätter, kunstvoll zu einer Laterne gebunden und geformt

Geschmack:
etwas malzig, würzig

Qualität:
optische Besonderheit

Zubereitung:
1 bis 2 Stück pro Tasse/Glas, kochendes Wasser

Ziehzeit:
ungefähr 4 Minuten, Tee bittert nicht

Tassenfarbe:
dunkelbraun

Infusion:
dunkelbraun

Haltbarkeit:
4 Jahre

Info!
Die Laternen sind sehr einfach zuzubereiten, aber leider nur in wenigen Teegeschäften verfügbar. Gibt es auch mit grünem Tee.

CHINA GOLDEN PAGODAS

Herkunft:
China; vorwiegend Yunnan

Erntezeit:
Juli/August

Blattbeschaffenheit:
goldenen Tips, portionsgerecht zusammengebunden

Geschmack:
kräftiger, würziger Tee, der im Glas verbleibt und mehrfach mit heißem Wasser übergossen werden kann

Qualität:
guter, vollmundiger Tee aus Yunnan

Zubereitung:
1 Stück pro Tasse, kochendes Wasser

Ziehzeit:
etwa 4 Minuten, trinkbereit, sobald sich die kleine Pagode geöffnet hat; Tee bittert auch nach sehr langer Ziehzeit nicht

Tassenfarbe:
rotbraun

Infusion:
braun bis dunkelbraun

Haltbarkeit:
4 Jahre

Info!
Die Teeblätter können im Glas beziehungsweise in der Tasse verbleiben, ohne dass der Tee bittert. Bis zu fünfmal lässt sich zudem Wasser nachschenken, was diesen Tee zu einer idealen Wahl für unterwegs macht.

CHINA JADE DAISY

Herkunft:
China; Fujian

Erntezeit:
Frühling

Blattbeschaffenheit:
ausgesuchte, gleichmäßig feine, grüne Teeblätter, kunstvoll zu einer Rosette zusammengebunden

Geschmack:
fruchtig

Qualität:
optische Besonderheit und hochwertiger Tee

Zubereitung:
1 Stück pro Kanne (4 Tassen, 0,6 L), 90° C heißes Wasser

Ziehzeit:
trinkbereit, sobald sich die Blätter der Rosette geöffnet haben, Tee bittert nicht

Tassenfarbe:
grünbraun

Infusion:
grünbraun

Haltbarkeit:
4 Jahre

Info!
Eine exklusive Besonderheit, die auch als Schwarztee im Fachhandel erhältlich ist, als Rosette aber leider nur in wenigen Teegeschäften.

CHINA JADE FAN

Herkunft:
China; Fujian

Erntezeit:
Frühling

Blattbeschaffenheit:
ausgesuchte, gleichmäßig feine, grüne Teeblätter, kunstvoll zu einem kleinen Fächer gebunden

Geschmack:
kräftig, dezent würzig

Qualität:
interessante Teevariante

Zubereitung:
1 Fächer pro Tasse, 90° C heißes Wasser; Fächer kann im Trinkgefäß verbleiben, Tee bittert nicht

Ziehzeit:
je heißer das Wasser, desto schneller entfalten sich die Blätter; trinkbereit, sobald die Blätter sich geöffnet haben

Tassenfarbe:
grünbraun

Infusion:
grünbraun

Haltbarkeit:
mehrere Jahre

Info!
Wunderbar für unterwegs, da leicht zu dosieren, aber leider nur in wenigen Teegeschäften verfügbar.

CHINA JADE PAGODAS

Herkunft:
China; vorwiegend Yunnan

Erntezeit:
Juli/August

Blattbeschaffenheit:
grünes, gleichmäßiges Blatt mit silbrigen Tips, portionsgerecht zusammengebunden

Geschmack:
leichter, milder Tee, der im Glas verbleibt und mehrfach mit heißem Wasser übergossen werden kann

Qualität:
qualitativ hochwertiger Blatt-Tee

Zubereitung:
1 Stück pro Tasse, kochendes Wasser

Ziehzeit:
4 Minuten, trinkbereit, sobald sich die kleine Pagode geöffnet hat, bittert auch nach sehr langer Ziehzeit nicht

Tassenfarbe:
zartes Grün

Infusion:
olivgrün

Haltbarkeit:
4 Jahre

Info!
Die Teeblätter können im Glas beziehungsweise in der Tasse verbleiben, ohne dass der Tee bittert. Bis zu fünfmal lässt sich zudem Wasser nachschenken, was diesen Tee zu einer idealen Wahl für unterwegs macht.

CHINA JADE RINGS

Herkunft:
China

Erntezeit:
Frühling

Blattbeschaffenheit:
ausgesuchte, gleichmäßig feine, grüne Teeblätter, getrocknet auf Baumwollfäden oder dünnen Holzstäben

Geschmack:
leicht, mild, süßlich

Qualität:
optische Besonderheit und hochwertiger Tee

Zubereitung:
5 bis 7 Ringe pro Tasse, ca. 90° C heißes Wasser, trinkbereit, sobald die Ringe sich entfaltet haben

Ziehzeit:
trinkbereit nach 4 Minuten, Tee bittert nicht

Tassenfarbe:
grünbraun

Infusion:
grünbraun

Haltbarkeit:
4 Jahre

Info!

Eine exklusive Besonderheit, die auch als Jasmintee im Fachhandel erhältlich ist, als Ringe aber leider nur in wenigen Teegeschäften.

CHINA MU TAN (TEEROSEN)

Herkunft:
China; Fujian

Erntezeit:
Spätsommer

Blattbeschaffenheit:
handverlesene, gleichmäßige Blätter, kunstvoll zu einer Rosette zusammengebunden

Geschmack:
kräftig und würzig

Qualität:
interessante Besonderheit für kleine Parties oder auch für unterwegs

Zubereitung:
1 Rosette pro Kanne (1 L), bei schwarzem Tee kochendes Wasser, bei grünem leicht erkaltetes, abgekochtes Wasser; Rosette in der Kanne belassen, bittert nicht

Ziehzeit:
5 Minuten

Tassenfarbe:
dunkelbraun/gelbgrün

Infusion:
dunkelbraun/grün

Haltbarkeit:
mehrere Jahre, dann bröckeln die Blätter

Info!
Ein interessanter Tee, besonders dann, wenn man auch ein kleines optisches Highlight haben möchte. Auch bei diesem Tee darf gern mehrfach Wasser nachgeschenkt werden.

CHINA-RARITÄTEN MIT AUFGEHENDEN BLÜTEN

Herkunft:
China

Erntezeit:
unterschiedlich

Blattbeschaffenheit:
handverlesene, gleichmäßige Blätter, zu unterschiedlichen Formen gebunden und zum Teil gepresst

Geschmack:
leichter, milder, dezent süßlicher Tee

Qualität:
schon aus optischen Grünen werden nur handverlesene Teeblätter verwendet

Zubereitung:
1 Stück pro Kanne (1 bis 1,5 L), sehr heißes, gern auch frisch kochendes Wasser, da sich sonst die Blüten nicht oder nur langsam öffnen

Ziehzeit:
trinkbereit, sobald die Blüte sich zur Gänze entfaltet hat

Tassenfarbe:
zartes Gelbgrün

Infusion:
malerisches Olivgrün

Haltbarkeit:
mehrere Jahre, dann bröckeln die Blätter

Info!

Ein Hingucker und Highlight zugleich! Diese Kunstwerke gibt es in unterschiedlichen Ausführungen mit verschiedenen Blüten; sie werden alle per Hand hergestellt.

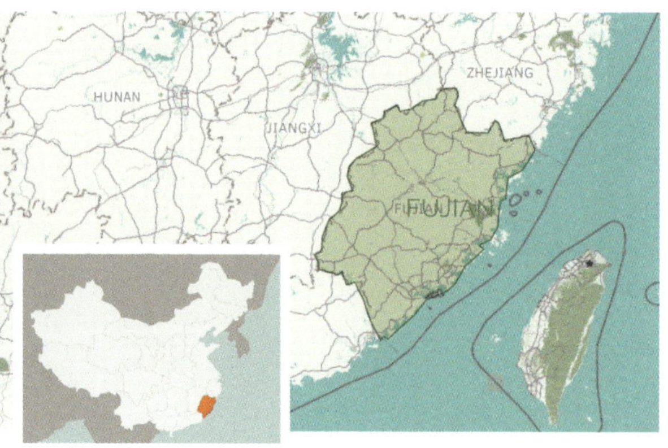

Herkunft:
China; Fujian

Erntezeit:
Spätsommer

Blattbeschaffenheit:
handverlesene, gleichmäßige Blätter, kunstvoll zu einer Kugel zusammengebunden

Geschmack:
mild-würzig

Qualität:
im heißen Wasser entfalten sich aus der Kugel einige Blätter und wirken wie die Stacheln einer Stachelbeere

Zubereitung:
1 bis 2 Kugeln pro Kanne (1 L), abgekochtes, leicht erkaltetes Wasser, Strawberries in der Kanne belassen, bittern nicht

Ziehzeit:
5 Minuten

Tassenfarbe:
helles Grün

Infusion:
sattes Grün

Haltbarkeit:
mehrere Jahre, dann bröckeln die Blätter

Info!
Ein interessanter Tee, besonders dann, wenn man auch ein kleines optisches Highlight haben möchte. Auch bei diesem Tee darf gern mehrfach Wasser nachgeschenkt werden.

KRÄUTERTEES

Kräutertees spielen im täglichen Leben eine immer größere Rolle. Völlig zu Recht, darf man hier feststellen – back to the roots! Die gesundheitliche Wirkung einiger Kräuter ist unbestritten und groß. Es gibt Mischungen, besondere Bezeichnungen und Zusammenstellungen unterschiedlichster Art.

In diesem Buch werden nur die Basistees vorgestellt, also solche, die nachher den Hauptbestandteil der unterschiedlichen Mischungen darstellen. Bei der gesundheitlichen Wirkung muss darauf geachtet werden, dass diese konform mit den allgemeinen Lebensgewohnheiten geht. Beispielsweise wird empfohlen, Pfefferminztee nicht ständig zu trinken, da bei zu hohem und regelmäßigem Konsum Probleme mit der Verdauung auftreten könnten. Deshalb – wenn für therapeutische Zwecke eingesetzt – möglichst „erst Ihren Arzt oder Apotheker“ fragen.

Selbstverständlich sind viele Kräuter auch ideal für die moderne Küche. Frische Kräuter direkt aus dem Garten oder dem Balkonkasten oder getrocknete Kräuter aus dem Handel sind eine ideale Ergänzung für jeden Haushalt. Beim selbstständigen Trocknen der Kräuter sollte unbedingt genau auf Schimmelbildung geachtet werden, da sonst beim späteren Genuss größere gesundheitliche Probleme auftreten könnten.

Viele Kräuter sind heute bereits in Aufgussbeuteln abgepackt, also bereits ideal vordosiert. Allerdings sind diese meist einer maschinellen Verarbeitung unterzogen worden; sie wurden geschnitten, gesiebt und dann umständlich verpackt. Aufgrund der Zerkleinerung der Blätter für das Abpacken in kleine Aufgussbeutel können die Blattteile deutlich besser vom heißen Wasser ausgelaugt werden. Dabei treten dann aber auch sehr viel mehr Bitterstoffe aus. Fazit: Das Getränk kann herb oder gar bitter werden.

Empfehlenswert sind daher immer große Blätter, am besten ungeschnitten. Wenden Sie sich doch einmal an Ihr nächstes Teefachgeschäft. Blattware ist nicht nur günstig im Preis und spart sehr viel Verpackung, sondern ist geschmacklich meist deutlich vorteilhafter. Gute lose Ware sollte nicht zu staubig sein, denn dann ist sie meist alt.

FENCHELSAMEN (Foeniculi fructus)

Herkunft:
ursprünglich aus den Mittelmeerländern

Erntezeit:
Spätsommer/Herbst

Blattbeschaffenheit:
kleine Samenkörner

Geschmack:
scharf-würzig

Qualität:
je frischer, desto intensiver der Geschmack

Zubereitung:
1 Teelöffel Fenchelsamen im Mörser zerdrücken, kochendes Wasser

Ziehzeit:
5 bis 10 Minuten

Tassenfarbe:
gelblich

Infusion:
grüngelb

Haltbarkeit:
mehrere Jahre, dann bröckeln die Blätter

Info!
Wirksam bei Blähungen und Bauchschmerzen, wird gern auch Kleinkindern zur Beruhigung gegeben.

KAMILLENBLÜTEN (Matricaria chamomilla)

Herkunft:
ursprünglich Süd- und Osteuropa, mittlerweile überall

Erntezeit:
Sommermonate

Blattbeschaffenheit:
gelbe Staubgefäße mit weißen Blättern, ganze Blüte verwendbar

Geschmack:
mild, beruhigend

Qualität:
frische Ware duftet intensiv

Zubereitung:
gehäufter Teelöffel Blüten pro Becher, kochendes Wasser

Ziehzeit:
5 Minuten

Tassenfarbe:
gelblich

Infusion:
gelblich

Haltbarkeit:
1 bis 2 Jahre

Info!
Wenn Kamillenblüten älter werden, zerbröckeln sie. Kamillentee ist ein ideales Hausmittel bei Magen- und Darmbeschwerden und gut zum Inhalieren geeignet. Schmeckt auch als Tee sehr gut.

LINDENBLÜTENBLÄTTER (Tilia platyphyllos/ Tilia cordata)

Herkunft:
Europa

Erntezeit:
wenige Tage nach Blütenbeginn im Frühling/Sommer

Blattbeschaffenheit:
Blüte und Blätter

Geschmack:
mild-würzig

Qualität:
milder Haustee

Zubereitung:
1 Esslöffel pro Tasse, kochendes Wasser

Ziehzeit:
8 bis 10 Minuten

Tassenfarbe:
goldrot

Infusion:
gelblich bis golden

Haltbarkeit:
im Erntejahr verwenden

Info!
Besonders gut bei fiebrigen Erkältungen und Migräne, wirkt hustenstillend.

MINZE (Mentha – unterschiedliche Arten)

Herkunft:
Regionen mit mildem Klima, zum Beispiel Süddeutschland

Erntezeit:
Herbst

Blattbeschaffenheit:
frisch-grüne, ovale, leicht gezackte Blätter

Geschmack:
süßlich, leicht pfefferig, scharf, erfrischend

Qualität:
möglichst nur Blattware verwenden

Zubereitung:
4 bis 6 große Blätter pro Glas, kochendes Wasser, Zucker

Ziehzeit:
3 bis 6 Minuten, je nach Geschmack

Tassenfarbe:
bräunlich-grün

Infusion:
gelbgrün

Haltbarkeit:
1 bis 2 Jahre

Info!

Zu manchem schwarzen Tee passt ein Minzeblatt hervorragend, zum Beispiel zu Assam oder Lowgrown-Ceylon. Minze nicht regelmäßig trinken, da die intensiven ätherischen Öle auf die Magensäfte wirken können.

ZITRONENGRAS / LEMONGRASS (Cymbopogon citratus)

Herkunft:
Südostasien

Erntezeit:
ganzjährig

Blattbeschaffenheit:
für die Küche: ganze, blassgrüne Stränge
zum Trinken: circa 1 cm langer Schnitt
in Blattform, zartgrün

Geschmack:
erfrischend herb, zitrusartig, leicht pfefferig

Qualität:
interessantes, erfrischendes Sommergetränk,
auch ideal zum Mischen in Früchtetees

Zubereitung:
1 gut gehäufter Teelöffel Zitronengras pro Glas,
kochendes Wasser, Zucker, Zitrone

Ziehzeit:
5 bis 8 Minuten

Tassenfarbe:
zartgelb bis dezent grün

Infusion:
gelbgrün

Haltbarkeit:
1 bis 2 Jahre

Info!
Einige Blätter Zitronengras geben zum Beispiel dem Apfeltee eine angenehme Frische!

ZITRONENMELISSE (Melissa officinalis)

Herkunft:
ursprünglich Mittelmeerländer und Südostasien, mittlerweile aber auch in allen milderen Klimazonen

Erntezeit:
Sommermonate

Blattbeschaffenheit:
kleines, gezacktes, mittelgrünes Blatt

Geschmack:
Zitrone mit Minze

Qualität:
möglichst nur kleine Blätter verwenden, da die großen bereits erdig und staubig schmecken können

Zubereitung:
4 bis 6 Blätter pro Glas, kochendes Wasser, Zucker oder Honig

Ziehzeit:
5 Minuten

Tassenfarbe:
gelbliches Grün

Infusion:
gelbgrün

Haltbarkeit:
getrocknet etwa 4 bis 5 Monate, möglichst frisch verwenden

Info!
Die getrockneten Blätter innerhalb eines halben Jahres verwenden, da sie Geschmack verlieren und zu Staub zerbröckeln.

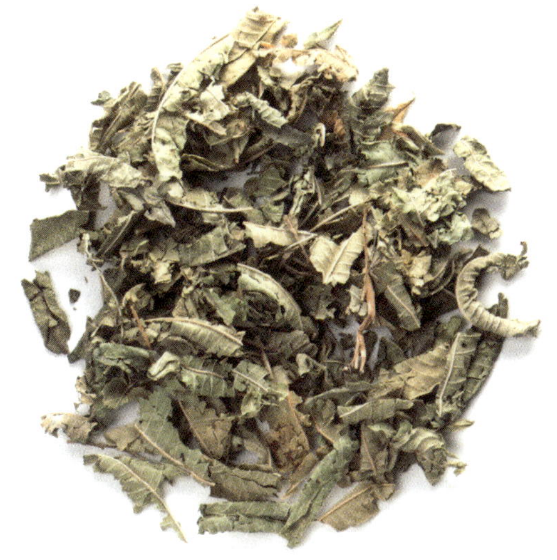

ZITRONENVERBENE (Aloysia citriodora)

Herkunft:
ursprünglich Südamerika,
mittlerweile auch im mediterranen Raum

Erntezeit:
Sommermonate

Blattbeschaffenheit:
lange, glatte, zarte, grüne Blätter

Geschmack:
frischer Zitronenduft

Qualität:
interessantes, erfrischendes Sommergetränk,
auch ideal zum Mischen in Früchtetees

Zubereitung:
6 bis 8 Blätter pro Glas,
kochendes Wasser, Zucker oder Honig

Ziehzeit:
5 Minuten

Tassenfarbe:
hellgelb bis grün

Infusion:
hellgelb mit grünem Touch

Haltbarkeit:
2 Jahre

Info!
Durstlöschend und damit ideal für einen Eistee im Sommer!

FRÜCHTETEES

Früchteteemischungen bestehen vorwiegend aus getrockneten Apfel- und Orangenschalenstücken, Hibiskusblüten und Hagebuttenschalen. Die getrockneten Apfelstücke geben dem Getränk den milden Fruchtgeschmack, die Hibiskusblüten sorgen für eine tiefrote Tassenfarbe, Hagebuttenschalen schmecken zitrusartig erfrischend und die Orangenschalenstücke können der Mischung noch einen zusätzlichen leicht fruchtigen Touch geben.

Preiswerte Sorten werden mit Apfeltrester anstatt Apfelstücken gemischt. Im Handel angebotene Sorten sind meist zusätzlich aromatisiert. Die hinzugemischten Blüten und Blätter beeinflussen den Geschmack wenig und dienen meist rein der Optik.

KLASSISCHER FRÜCHTETEE

Herkunft:
unterschiedlich

Erntezeit:
unterschiedlich

Blattbeschaffenheit:
grobe Fruchtstücke

Geschmack:
fruchtig-herb

Qualität:
variiert je nach Zusammensetzung

Zubereitung:
1 gehäufter Teelöffel pro Tasse, frisch kochendes Wasser

Ziehzeit:
bis zu 5 Minuten

Tassenfarbe:
meist dunkelrot,
abhängig von der Zusammensetzung

Infusion:
hellgelb mit dunkelroten Teilen

Haltbarkeit:
1 Jahr

Info!

Früchtetee gibt es in unterschiedlichen Zusammensetzungen. Übliche Bestandteile sind Apfelstücke, Orangenschalenstücke, Hibiskusblüten und Hagebuttenschalen. Häufig werden dem Tee noch Aromen beigefügt.

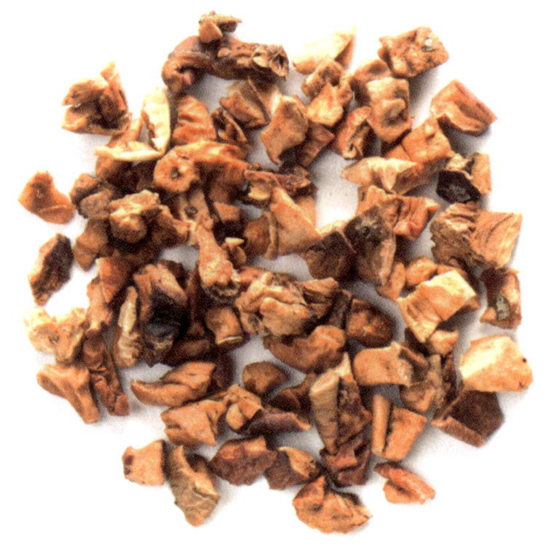

(Türkischer) APFELTEE

Herkunft:
Mittelmeerländer

Erntezeit:
Spätsommer

Blattbeschaffenheit:
meist getrocknet in kleinen Stücken, türkischer Apfeltee auch als Instant-Tee im Handel erhältlich

Geschmack:
süß, fruchtig

Qualität:
Apfelstücke bedeuten ordentliche Qualität, Apfeltrester weisen auf mindere Qualität hin

Zubereitung:
1 gehäufter Esslöffel pro Tasse, frisch kochendes Wasser

Ziehzeit:
bis zu 10 Minuten

Tassenfarbe:
hellbraun

Infusion:
gelbbraun

Haltbarkeit:
2 bis 3 Jahre, je frischer, desto besser!

Info!
Apfeltee lässt sich ganz leicht selbst herstellen: Frischen Apfel in Stücke schneiden und mit 1 L kochendem Wasser überbrühen, dann einen Tag lang ziehen lassen. Wenn der Apfeltee heiß getrunken werden soll, gern 1 bis 2 Nelken und etwas Zimt und Zucker hinzugeben – das rundet den Geschmack hervorragend ab!

MALVENTEE (Hibiskustee)

Malventee – bei uns besser als Hibiskustee bekannt – wird aus den getrockneten Blüten der Hibiskuspflanzen hergestellt. Der recht säuerliche Geschmack ist sehr erfrischend. Hibiskus wird nahezu auf allen Kontinenten angebaut und getrunken. Das Getränk ist meist dunkelrot.
Die hier im Handel angebotenen Sorten stammen meist aus Nordafrika, Ägypten oder dem Sudan. Geschnittene Malvenblüten geben dem Früchtetee die intensive Farbe und passen harmonisch zum weichen Geschmack der Apfelstücke.

HAGEBUTTE

Für den Hagebuttentee verwendet man die im Spätherbst geernteten Früchte der Wildrose. Vorrangig werden die getrockneten Schalen verwendet. Hagebutte ist süßsauer im Geschmack, färbt die Tasse rosarot und beinhaltet sehr viel Vitamin C. Zusätzlich wurden die Vitamine A, B1 und B2 in der Schale nachgewiesen. Auch Hagebutte ist ein wichtiger Bestandteil guter Früchteteemischungen.

ORANGENSCHALENSTÜCKE

Getrocknete Orangen- und Zitronenschalenstücke werden im Tee vorrangig für die Optik verwendet. Geschmacklich könnten sie sich erst in hoher Dosierung durchsetzen. Auch sie sind Bestandteil vieler Früchteteemischungen.

ROOIBOSTEES

Rooibos wächst ausschließlich in der Südafrikanischen Union. Die strauchartigen Büsche werden im dortigen Herbst, also von Januar bis März, vollkommen zurückgeschnitten und alles von der Pflanze wird zur Herstellung des Rooibostees verwendet – Blätter, Blattstiele, Zweige und Äste. Die klein geschnittenen Teile werden häufig noch luftgetrocknet. Einige Fabriken setzen dafür aber auch bereits Trocknungsmaschinen ein.

Rooibos gibt es in mehreren Schnittlängen, je nachdem, ob er als Aufgussbeutel oder als lose abgepackte Ware endet. Grüner Rooibos, die unfermentierte Version des roten Rooibos, spielt eine lediglich untergeordnete Rolle, als Standardware wird vorwiegend roter verwendet; qualitative Unterschiede gibt es bei der Rohware allerdings nicht.

Rooibos wird bei uns häufig aromatisiert angeboten, die darin enthaltenen Blüten, Blätter und Stängel dienen meist nur der Optik. Geschmack geben sie nur, wenn es sich bei den Zusätzen um Gewürze handelt.

Aufgrund größerer Ernteausfälle einerseits und des gestiegenen internationalen Interesses an Rooibostee andererseits erklimmen die Marktpreise für dieses Produkt augenblicklich Rekordhöhen. Eine Änderung beziehungsweise Besserung ist nicht in Sicht, da die Anbauflächen nur bedingt erweitert werden.

ROOIBOSTEE

Herkunft:
Südafrikanische Union

Erntezeit:
Februar bis April

Blattbeschaffenheit:
kleine, rote Blatt- und Stängelteile des Rooibosstrauchs, mit braunen Blattrippen gemischt

Geschmack:
herb, zitronig, fruchtig

Qualität:
nur eine einzige Rooibosqualität am Markt vorhanden

Zubereitung:
1 gehäufter Teelöffel pro Tasse, frisch kochendes Wasser

Ziehzeit:
3 bis 4 Minuten, länger ist auch möglich

Tassenfarbe:
tiefrot

Infusion:
rotbraun

Haltbarkeit:
2 bis 3 Jahre

Info!
Der Rooibostee ist koffeinfrei und wirkt durstlöschend. Es gibt nur eine Rooibosqualität am Markt, die dann zur Grundlage unterschiedlicher aromatisierter Sorten dient.

GREEN ROOIBOS

Herkunft:
Südafrikanische Union

Erntezeit:
Februar bis April

Blattbeschaffenheit:
kleine, grüne Blatt- und Stängelteile des Rooibosstrauches, mit braunen Blattrippen gemischt

Geschmack:
herb, zitronig, fruchtig

Qualität:
nur eine einzige Rooibosqualität am Markt vorhanden

Zubereitung:
1 gehäufter Teelöffel pro Tasse, frisch kochendes Wasser

Ziehzeit:
3 bis 4 Minuten, länger ist auch möglich

Tassenfarbe:
tiefrot

Infusion:
rotbraun

Haltbarkeit:
2 bis 3 Jahre

Info!

Der unfermentierte grüne Rooibos wird im Verhältnis zum normalen Rooibostee sehr selten angeboten.

HONEYBUSH

Herkunft:
Südafrikanische Union

Erntezeit:
Februar

Blattbeschaffenheit:
teilweise nadelförmig, schlank,
verwendet werden Blätter, Stängel und Blüten

Geschmack:
dezent honigartig, süß

Qualität:
Wird der Tee während der Blütezeit geerntet und hergestellt, ist er qualitativ hervorragend.

Zubereitung:
1 gehäufter Teelöffel pro Tasse,
frisch kochendes Wasser

Ziehzeit:
bis zu 5 Minuten

Tassenfarbe:
rötliches Dunkelbraun

Infusion:
dunkelbraun

Haltbarkeit:
ca. 2 Jahre

Info!
Honeybush besitzt kein Koffein und ist gerstoffarm. Ein wohltuendes und bekömmliches Getränk!

DIVERSE TEES

LAPACHO

Herkunft:
Mittel- und Südamerika

Erntezeit:
immer

Blattbeschaffenheit:
wird aus der Innenrinde des Lapachobaumes hergestellt

Geschmack:
entsprechend der Dosierung erdig mit leicht süßlichen Vanillenoten

Qualität:
beinhaltet Eisen, Kalzium, Kalium und viele Spurenelemente wie Bor, Strontium, Jod und Barium

Zubereitung:
20 Minuten im Wasser kochen, 15 Minuten davon abgedeckt ziehen lassen

Ziehzeit:
bis zu 5 Minuten

Tassenfarbe:
bräunlich

Haltbarkeit:
bis zu 4 Jahre

Info!

In Südamerika wird Lapacho als Allheilmittel verwendet. Er kann auch verdauungsanregende und entspannende Wirkung haben und ist zudem koffeinfrei.

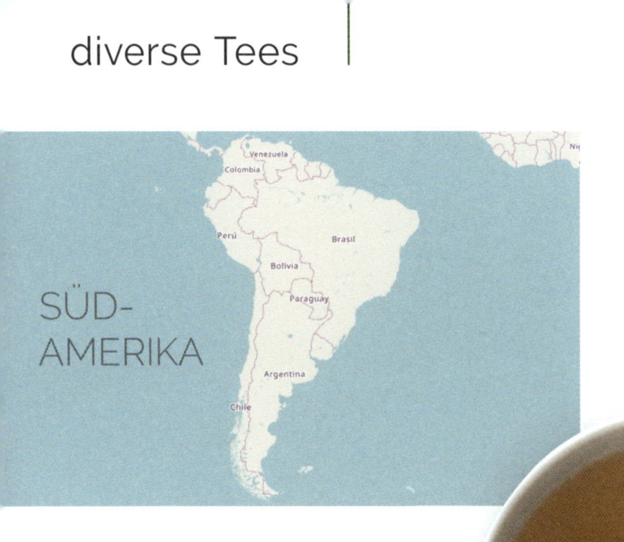

MATETEE

Herkunft:
Südamerika;
Uruguay, Paraguay,
Argentinien, Brasilien, Chile

Erntezeit:
Mai bis September (Winterzeit in Südafrika)

Blattbeschaffenheit:
für den grünen Mate: frische Blätter, Blattstiele und Blütenstiele; für den gerösteten (braunen) Mate: Blätter, Blattstiele, ganze Äste; für beide Arten wird das geerntete Material klein geschnitten.

Geschmack:
abhängig von der Anzahl der durchgeführten Aufgüsse
sehr herb/bitter bis mild, dezent fruchtig

Qualität:
sehr koffeinhaltig, Gerbstoffe und Vitamine A, B1, B2, C.

Zubereitung:
in ausgehöhlten, getrockneten Flaschenkürbissen mit heißem, nicht kochendem Wasser.

Ziehzeit:
Blätter verbleiben in der Kalebasse

Tassenfarbe:
grünlich-gelb

Haltbarkeit:
1 bis 2 Jahre

Info!
Mate möglichst mit einem Metalltrinkrohr, Bombilla genannt, aufsaugen.
Das Getränk kann mit Zucker, Milch oder Minze getrunken werden.

Matetee

Die Blätter des Matestrauchs (Ilex paraguariensis) werden klein geschnitten und getrocknet. Mate wird vor allem in Südamerika getrunken – in Europa konnte dieses Getränk eigentlich nie einen großen Konsumentenkreis erreichen.

Mate wird vorrangig von wild wachsenden Bäumen geerntet, mittlerweile aber auch schon plantagenartig angebaut. Zur Herstellung werden ganze Äste mitsamt den Blättern zerkleinert und meist sehr lange zum Fermentieren ausgelegt. Mate beinhaltet bis zu 1,7 Prozent Koffein. Eine zu häufige Verwendung von Mate kann erhebliche Krankheiten hervorrufen, besonders das karzinogene Risiko wird als beachtlich betrachtet, vor allem bei ständigem Genuss von geröstetem Mate.

Mate wird in Südamerika aus einem ausgehöhlten Flaschenkürbis, einer sogenannten Guampa (Kalebasse), getrunken. Zum Trinken benötigt man desweiteren eine Bombilla, ein etwa 15 Zentimeter langes Metalltrinkrohr, welches am Ende ein kleines Sieb beinhaltet.

Die Kalebasse wird zur Hälfte mit Mateblättern gefüllt. Durch Schütteln der Aufbewahrung trennt man die kleinen Blattteile von den gröberen. Alles wird leicht angefeuchtet und an den Rand gedrückt, damit Blattteile langsam anquellen. Jetzt wird die Kalebasse mit sehr heißem Wasser (75° C bis kochend) aufgefüllt. Mate wird entweder pur oder mit Zucker beziehungsweise Stevia getrunken. Es kann mehrfach mit heißem Wasser aufgefüllt werden – so hat man hat für den ganzen Tag ausreichend zu trinken.

Persönliche Bemerkungen

Bis zum Ende der Siebzigerjahre wurde von den Tea-Tastern im Probenzimmer bestimmt, welche Tees gekauft werden durften. Man verglich, man prüfte, testete, verkostete und überlegte, welches nun der richtige Tee sei, gab Gebote an die Auktionen, meist über die ortsansässigen Broker und freute sich, wenn die eine oder andere Teepartie in der Auktion etwas günstiger abgelaufen war als vermutet. Wichtig war das Urteil des Probenzimmers – ohne das ging nichts!

Das änderte sich aber rasch. Nicht mehr das Probenzimmer bestimmte, welche Tees eingekauft werden durften, sondern der Buchhalter. Aus den Buchhaltungen – heute besser bekannt als „Financial Management" – gab es wöchentliche Zahlen, nach denen Tee eingekauft werden durfte. Die Buchhaltung interessierte es wenig, ob der Tee nun aus Assam, Ceylon, Kenia oder Malawi kam – Budgetzahlen wurden erteilt und der Einkäufer musste sich umsehen, wo er die für den Bedarf benötigte Menge Tee herbekam. Veränderte sich der Weltmarkt preislich nach oben, gab es weniger, veränderte er sich nach unten, hätte er zwar mehr einkaufen können, durfte aber von der vorgegebenen Menge nicht abweichen.

Einerseits hatte dies zur Folge, dass der Einkäufer nicht mehr allein schalten und walten durfte, anderseits suchten die Einkäufer dann Qualitäten aus Anbaugebieten, die bislang kaum in Erscheinung getreten waren. Anstatt Ceylon-Tee wurde dann beispielsweise kenianischer eingekauft. Als dieser teurer wurde, nahm man wiederum Tee aus Malawi oder Simbabwe. Gut, man könnte dies als „Öffnung der Märkte" bezeichnen, aber meist war dieser Prozess vor allem auch mit qualitativen Abstrichen verbunden. Ich erinnere mich noch, dass man in England in den Lyons Tea Cornern immer einen hervorragenden Ceylontee zu trinken bekam, später dann einen südindischen, irgendwann dann einen aus Afrika und jetzt gibt es schließlich überhaupt keine Tea Corner mehr. Warum wohl?

Selbstverständlich mussten die Teepacker bei Preisschwankungen am Weltmarkt handeln, um den Einstandspreis nicht explodieren zu lassen. Dramatische Schwankungen beim Tee gab es im Handel ohnehin nur alle 10 bis 14 Jahre – sonst hielten sich die Preise relativ stabil. Ich erinnere mich aber, wie die Preise am Ende der Siebziger- beziehungsweise zu Beginn der Achtzigerjahre drastisch in die Höhe schossen und selbst seit vielen Jahren am Markt bekannte Teepacker aus Ostfriesland plötzlich preiswerte China-Tees in ihre Ostfriesen-Broken-Mischungen geben mussten – eigentlich ein Novum, da Assam- und China-Tee überhaupt nicht zusammenpassen, weder geschmacklich noch optisch. Zwei Jahre später, als der Weltmarktpreis sich dann wieder normalisierte, ging man auf die vorherigen Mischungen zurück und ersetzte die China-Tee-Komponente durch einen Tee aus Sumatra oder Java. Ergebnis: Die Kunden reklamierten heftig und verlangten den bisherigen Geschmack zurück.

Mittlerweile haben aber die Buchhalter und die Tea-Taster beide nichts mehr zu sagen. Gekauft wird heute nur noch nach durchgeführter Analyse. Das heißt, dass die Entscheidung, welcher Tee nun gekauft werden darf, erst dann gefällt wird, wenn das analysierende Labor grünes Licht gegeben hat. Eine sorgfältige Analyse kann eine Woche, zeitweilig sogar bis zu 14 Tagen dauern und ist zudem teuer. Auktionskäufe sind so kaum noch möglich, denn es gibt keinen Auktionator, der den Zuschlag einem Bieter erst dann gibt, wenn dieser eine günstige Analyse vorliegen hat. Und selbst wenn man für Auktionspartien eine Schnellanalyse durchführen lässt, weiß man nicht, ob man den Zuschlag für die Partie bekommt oder ob vielleicht ein anderer Käufer nicht doch höher bietet.

Die Analysefreudigkeit bringt noch weitere Probleme mit sich: Ob man eine Analyse für eine kleine, ausgesucht feine, besonders zubereitete und an ausgesuchten Stellen gewachsene, knapp 100 Kilogramm umfassende Teepartie fertigt oder für einen 20-Fuß-Container mit 10.000 Kilogramm einer Bulkware – der Preis bleibt gleich. Fazit: Mehr und mehr Unternehmen kaufen nur noch Bulkware, also bereits im Ursprung gemischte Teepartien. Die Individualität des Tees, die Feinheit, das Besondere, der Kick werden also in Kürze kaum noch verfügbar sein ...

Der Teehandel in Deutschland wird meines Erachtens in naher Zukunft den Weg gehen, den die Kaffeeröster bereits Mitte der Siebzigerjahre wählten – einige wenige Standards, die bleiben, und das war es dann auch schon. Individuellen Geschmack wird man dann nur noch von den unterschiedlichen Aromen wie Himbeere, Apfel, Mango bekommen. Traurig, aber sehr zu befürchten, denn viele Tendenzen in diese Richtung sind bereits zu erkennen.

Ähnlich ist es mit den Bio-Tees. Man sollte wissen, dass es bis Mitte/Ende der Siebzigerjahre fast ausschließlich Bio-Tees gegeben hat. Ceylon konnte sich Kunstdünger nicht erlauben, Spritzmittel gab es überhaupt nicht. Ähnlich in Darjeeling und in gewissem Maße auch in Assam. Erst bei einer Konferenz Anfang der Achtzigerjahre in Neu Delhi wurde dringend empfohlen, doch mehr Kunstdünger und Spritzmittel einzusetzen, um die Produktion deutlich zu erhöhen. Man erreichte kurzfristig eine augenfällige Erhöhung: In Assam stiegen die Erntezahlen von etwa 400 Kilogramm auf über 4.000 – es gab also eine Verzehnfachung des Ernteertrags. Zusätzlich wurden mehr und mehr Stecklinge, sogenannte „Clonals“ eingesetzt. Anpflanzungen aus Saaten wurden völlig außen vor gelassen. Diese konnte man nicht beeinflussen – weder im

Ertrag noch im Geschmack. Teepflanzen aus Saaten wuchsen zwar relativ langsam, wurden aber häufig über 100 Jahre alt. Man kennt heute noch Pflanzen in China, die sogar nachweislich über 1.000 Jahre alt sind und nach wie vor frische Blätter im Frühling sprießen lassen, allerdings nicht mehr beerntet werden. Teebüsche aus Clonals wachsen zwar deutlich schneller, denn man hat ihre Eigenschaften entsprechend der Anforderungen ausgebaut und genutzt, sie müssen allerdings nach 20 bis maximal 25 Jahren erneuert werden.

Anfang der Neunzigerjahre importierten wir die ersten reinen Bio-Tees. Teegärten in Darjeeling, besonders aber auch in Ceylon, die große wirtschaftliche Probleme hatten und entweder eingestellt waren oder kurz vor der Schließung standen, wechselten über zum zertifizierten biologischen Anbau. Diese Tees wurden hier in Deutschland, Österreich und der Schweiz mit größter Skepsis angesehen und anfangs auch nahezu boykottiert. Die Teegeschäfte waren nicht bereit, diese aufzunehmen, da man befürchtete, dass der Kunde nachher meint, 99 Tees seien schlecht und nur einer gut – nämlich der Bio-Tee.

Ich fand das alles wenig beeindruckend und importierte als erster diese Tees nach Deutschland. Meine Intention lag allerdings mehr in der Tatsache, dass ich hoffte, dass diese Tees wieder langsamer gewachsen wären und somit dann auch wieder mehr Qualität in den Geschmack und die Tassenfarbe kommen würde. Ich wusste aus China, dass dort bereits seit den Siebzigerjahren die Greenfood-Bewegung stattfand, die auch große Auswirkungen auf den Teeanbau besaß. Allerdings hatte China jahrelang ihre Teesorten lediglich lokal verkauft und nichts davon exportiert.

Meine Vermutungen waren nur bedingt richtig. In Ceylon trafen sie wohl zu – in Darjeeling hingegen wurde Bio-Tee nur in solchen Gärten produziert, die an der untersten Stufe der Qualität standen. Mullotar war einer dieser Teegärten. Was niemand außerhalb Darjeelings wusste: Mullotar hatte keine eigene Fabrik. Die Teeblätter wurden zur Verarbeitung auf die kleine Schwesterplantage Monteviot gebracht. Das Blattgut wurde am Tage gesammelt, in Jute oder Plastiksäcke geradezu gestopft und spätabends oder frühmorgens nach Monteviot gefahren. Hatte man auf Monteviot Zeit und nicht gerade einen großen eigenen Ernteertrag, wurden die Teeblätter im Laufe des Tages in die Produktion eingebracht. Allerdings hatte das Verpacken und besonders das Stopfen der Blätter in die Säcke die Folge, dass die Teeblätter bereits nachts immer wärmer, teilweise sogar heiß wurden. Wurden sie am kommenden Tag ausgeschüttet, dampften die Blätter bereits – wenn sie nicht sogar feucht waren.

Das verträgt kein Teeblatt – die Inhaltsstoffe werden geradezu vernichtet und ein richtiges Flavour können diese Tees nicht mehr entwickeln. Andere Teegärten in Darjeeling, wie zum Beispiel Singell, waren dabei erfolgreicher, allerdings dann auch mit erheblichen Ungereimtheiten, über die ich nicht mehr sprechen möchte. Mittlerweile bevorzugen selbst die großen Packer Bio-Tees, weil hier die Pflanzenschutzmaßnahmen strikt eingehalten werden müssen und Überraschungen hinsichtlich der Pestizide eher ausbleiben.

Die Bio-Tee-Szene hat sich in den vergangenen Jahren deutlich entwickelt. Vom Standpunkt des Düngens und der Pflanzenschutzmittel bestimmt sehr begrüßenswert, von dem der individuellen Qualität aber geradezu vernichtend. Bio-Sorten erhalten allgemein bis zu 25 Prozent höhere Preise als konventionelle Ware. Dem Teegarten reichen diese 25 Prozent meist aus, um gut zu überleben. Daher werden mittlerweile große Bio-Bulks hergestellt, um einerseits die Analysekosten zu senken, andererseits eine größere Menge einer Blattgröße, Blattbeschaffenheit, Tassenfarbe und eines Geschmack zu versichern. In Darjeeling fertigen daher viele Produzenten mit mehreren Teegärten diese Großmischungen an. Zehn Tonnen Tee einer Partie können nie von hervorragender Top-Qualität sein, da diese über einen längeren Zeitraum gesammelt und dann gemischt wurden. Das Individuelle verschwindet völlig – es gibt meist nur noch industriell nutzbare einheitliche Qualitäten.

Glossar

Adstringierend
Gefühl des Zusammenziehens im Mund, das durch die im Tee enthaltenen Tannine ausgelöst wird

Aromatisierter Tee
Basistee, dem später ein zusätzliches, teefremdes Aroma zugegeben wird, beispielsweise Earl-Grey-Tee, Orangentee

Assam
Größtes zusammenhängendes Teeanbaugebiet der Welt – im Nordosten Indiens gelegen, Flachland, angrenzend an das Himalajagebirge

Assamhybriden
Dem Anbaugebiet und dem Klima angepasste Kreuzung aus China- und Assamsaatpflanzen

Ätherische Öle
Natürliche Duft- und Geschmackstoffe in den Teeblättern, die durch die Fermentation besonders hervortreten

Aufguss
Getränk, welches durch Aufbrühen der Teeblätter entsteht

Aufgussbeutel
In Spezialpapier portionierte Menge kleiner Teeblätter, die schnell und problemlos eine Tasse Tee ermöglichen. Etwa 75 Prozent des weltweiten Teekonsums erfolgt in Aufgussbeuteln.

Auflösung
Siehe Infusion

Aussiebung
Sortierung der einzelnen Blattgrade nach der Trocknung des Tees

Autumnal
Herbsternte, meist im Oktober/November nach kühler Wetterperiode und dem anschließenden milden herbstlichen Sonnen-/Warmwetter, besonders in Nordindien

Baggy
Der Tee hat den unerwünschten Geschmack des Aufgussbeutels angenommen

Bakey
Ein verbrannt-brotiges Aroma, geschmacklich an Backware erinnernder, falsch hergestellter (meist zu lange oder zu heiß getrockneter) Tee

Ballbreaker
Maschine, welche die beim Rollen der Blätter entstandenen Blattklumpen wieder aufbricht

Banjhi-Blatt
Leicht verkrüppeltes Endblatt, keine Blattknospe

Basket-Fired
In Körben über dem offenen Feuer getrocknete Teeblätter, wird heute kaum noch durchgeführt

Black Leaf
Einheitlich dunkles, fast schwarz erscheinendes Blatt

Blattgrade
Festlegung der Blattgrößen

Blattig
Grober, langblättriger Tee mit viel kleinem Unterblatt

Blend
Mischung verschiedener Teesorten

Blister
Pilzart, welche die Teeblätter rot färbt und dem Teestrauch erheblich schadet

Bold Leaf
Fleischiges, grobes Blatt

Body
Vollmundiger Tee

Bohea
Bezeichnung für ein minderwertiges Blatt, vorwiegend in Java und Sumatra

Break
Einheitliche Teepartie einer Pflückung

Bright
Besonders bei der Beurteilung der Infusion hellbraune, fast kupferfarbene Blätter, sehr lange haltbar

Brisk
Frischer, lebendiger Tee

Broken
Teeblätter, die durch das Rollen zerkleinert wurden und zum Ende der Produktion entsprechend ausgesiebt werden

Broker
Makler

Brownish
Teeblatt mit bräunlicher Färbung aufgrund falscher Herstellung

Bulk
Bezeichnung großer Mengen Tee, zum Beispiel nach der Produktion

Burnt
Einerseits ein zu heiß und somit leicht verbrannter Tee, andererseits ein so sehr lange haltbarer Tee

Ceylon
Insel südlich von Indien im Indischen Ozean, heutiges Sri Lanka. Wichtiges und großes Teeanbaugebiet, Tees sind bei uns nach wie vor unter „Ceylon-Tee“ bekannt

Chanoyu
Japanische Teezeremonie

Charakter
Herausragende Eigenschaften des Tees beim Verkosten

Chasen
Japanischer, aus einem einzigen Bambusstück gefertigter Besen, der zum Herstellen von Matcha verwendet wird

Chashaku
Japanischer Bambuslöffel, der zum Portionieren von Matcha verwendet wird

Chawan
Japanische Teeschale

Cheesy
Tee, der beispielsweise in Plastiksäcken luftdicht verpackt wurde und darin dann nachfermentierte

China
Ursprung des Tees mit über 5.000-jähriger Tradition, vorrangiger Lieferant von grünen und weißen Tees, aber auch schwarzen Sorten

Clonal Tea
Veredelte Teesträucher

Coarse Plucking
Grobe Art der Pflückung. Mehr als die ersten drei Blätter werden von den geschossenen Trieben geerntet.

Coarsy
Nicht gleichmäßiges, uneinheitliches Blatt

Coloury
Gute, gewünschte Tassenfarbe

Common Tea
Einfacher Tee ohne besondere Geschmackshöhepunkte

Congou
Bezeichnung eines Blatt-Tees bestimmter Regionen, besonders in China

Coppery
Hellbraune Tassenfarbe

Cremend
Merkmal qualitativ hochwertiger Tees, verändert die Tassenfarbe und den Geschmack besonders bei Assam-, Dooars- und Sylhet-Tees. Milchige, fast undurchsichtige Farbe.

Croppy Dooars
First-Flush-Tees dieser Region, leicht, aromatisch

CTC-Methode
C = crushing (zerdrücken), T = tearing (zerreißen), C = curling (rollen): zwischen zwei gegeneinander laufenden Walzen mit scharfem Wabengeflecht werden die Blätter in einem Arbeitsgang zerkleinert und fermentierfähig gemacht.

Curly
Hartes, rund gedrehtes, gleichmäßiges Blatt

Darjeeling
Anbaugebiet im Norden Indiens im Himalajagebirge

Dhool
fertiges Blattgut nach dem Rollen und dem Ballbreaker

Dicke Tasse
sehr kräftig und dunkel färbender Tee

Dickoya
Wichtiges Teeanbaugebiet in Sri Lanka – Top-Qualitäten von Januar bis März

Dimbula
Lang gestrecktes Valley im Westen Sri Lankas, Top-Qualitäten von Januar bis März

Dooars
Teeanbaugebiet in Nordindien, an das Himalajagebirge angrenzend. Die feinen Qualitäten im April/Mai werden „Croppy Dooars" genannt.

Dull
Trübe Tassenfarbe, unklarer Geschmack

Dust
Feinste Aussiebung bei der Herstellung des Tees. Sehr kräftig und herb im Geschmack, wird gelegentlich auch bei uns in Aufgussbeuteln eingesetzt.

Earl Grey
Komposition unterschiedlicher Teesorten, aromatisiert mit Bergamotte-Öl oder Aroma

Earthy
Beigeschmack, kann durch feuchte Lagerung, aber auch durch falsche Herstellung entstehen. Bei Pu-Erh-Tee eine gewünschte Note.

Eistee
Erfrischendes Partygetränk

English Breakfast Tea
Ursprünglich eine Mischung mit 2/3 Ceylon-Tee für das Aroma und 1/3 Assam-Tee für eine gute und kräftige Tassenfarbe

Enzyme
Wichtig für die Veränderung des Teeblattes von grünem in schwarzen Tee, bewirkt eine biochemische Veränderung der Blattsäfte

Estate
Englische Bezeichnung für eine Teeplantage

Fannings
Aussiebung während der Teeherstellung, die vorrangig für Aufgussbeutel Verwendung findet

Fermentation
Das Blattgut wird nach dem Rollen in einem kühlen und feuchten Raum dem Sauerstoff ausgesetzt. Die Enzyme bewirken eine Oxidation der Zellsäfte. Dabei wechseln Blätter und Saft ihre Farbe von grün zu braun. Diese Art einer Gärung bewirkt den Abbau der Vitamine, teilweise die Reduzierung des Koffeins und entwickelt parallel einen anderen Geschmack und Duft.

Fibrous
Tee mit vielen bräunlichen Blattadern

Fine Plucking
Die Pflückung von "two leaves and a bud", also der obersten zwei aufgegangenen Blätter und der Blattknospe, qualitativ einwandfreies Blattgut

First Flush
Erste Ernte der frischen, nach der winterlichen Vegetationsruhe gewachsenen Blätter. Ursprünglich nur die erste Ernterunde auf dem Teegarten – mittlerweile alle bis 20. Mai geernteten Teeblätter, besonders in Darjeeling, Dooars, Terai und Assam.

Flaky
Flaches Blatt, welches leicht bricht – meist sehr einfacher Tee

Flat
Fehlende Frische und Kraft

Flavour
Aroma des Tees

Fluff
Teestaub, der sich beim Mischen von den Blättern trennt. Wird auch zur Gewinnung von Koffein verwendet.

Flush
Neuer Trieb des Teestrauches mit den sich entwickelnden neuen Teeblättern

Formosa
heutiger Staat Taiwan, Insel vor der chinesischen Küste, Produzent besonderer Teesorten wie beispielsweise der halbfermentierten Oolong

Fruity
Frischer Tee mit fruchtigem Geschmack

Fujian
Wichtiges Anbaugebiet in China

Garten
Im Tee-Jargon Bezeichnung für Teeplantage

Gerbstoffe
Bitterstoffe und die Schleimhaut reizender Bestandteil im Tee, beinhaltet Tannine und Polyphenole

Godown
Abgewandelt von dem malaischen Wort „gedong" (=Lagerhaus). Ursprünglich Keller oder niedrig gelegener Lagerraum in den Markthallen.

Golden Tips
Goldgelbe Spitzen im schwarzen Tee

Gone Off
Tee, der sein Flavour und seine Qualität verloren hat, beispielsweise durch zu lange oder falsche Lagerung

Gong Fu Cha
Chinesische Teezeremonie

Grade
Kurzform für Blattgrade

Grainy
Grobkörniger Aufgussbeuteltee

Grassy
Grasig schmeckender Tee

Greenish
Tees, die nicht richtig fermentierten und getrocknet wurden, die geschmacklich noch einen Touch vom grünen Tee besitzen

Grey Leaf
Meist zu schnell getrockneter schwarzer Tee

Gunpowder
Englisch für „Schießpulver" – kleine, grüne, zusammengerollte Teeblätter, im Aussehen dem Schießpulver ähnlich

Harsh
Leicht bitterer Tee, entsteht durch falsches Rollen oder Welken

Hartes Wasser
Bei hartem (kalkhaltigem) Wasser ist die Verwendung von kräftigen

Tees – sogenannten Selfdrinkern – angebracht. Bei weichem Wasser eignen sich hingegen leichte und aromatische Teesorten.

Heavy
Sehr kräftiger und intensiver Tee, dunkle Tassenfarbe

High-Fired
Zu heiß getrockneter Tee, allerdings noch nicht verbrannt

Highgrown
Tees aus den höheren Regionen, Merkmal ist meist eine hellrote, leichte Tassenfarbe, aber besonders das feine Aroma und der Duft

Horden
Meist aus Leinen oder Jute, in China aus Bambus bestehende regalartige Lagerflächen

Hungry
Ein Tee, dem die typischen Eigenschaften der Region, in der er gewachsen ist, fehlen

Hyson
Kleiner, feiner grüner Gunpowder-Tee der Frühlingsernte

In Between
Ernte der Teeblätter nach der First-Flush-Saison und vor der Second-Flush-Erntezeit, also vorrangig Ende April/Anfang Mai bis Ende Mai

Infusion
Teeblätter nach dem Aufbrühen und Abgießen des fertigen Getränks. Diese lassen sehr viel Aufschluss über die Teequalität zu.

Instant Tea/Instant-Tee
Wird vorrangig für Eistee-Mischungen verwendet – Basis sind meist qualitativ einfache Teesorten, beispielsweise aus Südamerika

Japan
Inselstaat im Pazifik mit flächendeckender Teeproduktion und sehr hohem Eigenbedarf. In Japan wird vorwiegend grüner Tee angebaut und konsumiert.

Jasmin
Jasminblüten entfalten einen wunderbaren Duft, der zur Verfeinerung unterschiedlicher grüner Tees dient.

Java
Große Sundainsel, zu Indonesien gehörend. Bis Ende der Fünfzigerjahre wichtigstes Teeanbaugebiet für die westliche Welt, Spitzenqualitäten, aber auch Basistees für alle ostfriesischen Teemischungen.

Keemun
Feiner schwarzer Tee aus Anhui/ Zentralchina

Kenia
Staat in Zentralafrika mit Teeanbaugebieten, die bis an den Victoriasee reichen

Koffein
Natürlicher Inhaltsstoff, der belebend und stimulierend wirkt. Im Tee vorkommend häufig als Tein bezeichnet, chemisch ident.

L-Theanin
Aminosäure im Tee, siehe Theanin

Lapsang Souchong
Großblättriger schwarzer Tee mit Rauchgeschmack

Leafy
Blatt-Tee mit Broken-Unterblatt

Light
Ausdrucksloser, leichter Tee

Lowgrown
Tees aus den tiefer gelegenen Teegärten Ceylons, kräftig, ideale Samowartees

Marke/Mark
Teemarke – Tees sollten eigentlich immer unter dem Eigennamen des Teegartens in den Handel gelangen

Malty
Malzig, besonders bei Assam-Tees

Medium
Einfache, aber ordentlich schmeckende Tees

Mellow
Mild, aber ohne Charakter, ausdruckslos

Metallic
Metallischer Charakter oder Beigeschmack, falsch fermentierter Tee

Milky Oolong
Halbfermentierter, mit Milchdampf gedampfter Oolongtee

Mixed/Uneven
Unregelmäßiges Blatt mit viel Einwurf (Stalks)

Muddy
Uninteressanter Teegeschmack, etwas erdig, moorig

Musty
Beschädigte Tees

Neutral
Höfliche Umschreibung für „nach nichts schmeckend“

Nilgiri
Anbaugebiet im Süden Indiens, qualitativ Ceylon-Tees sehr ähnlich

Nutty
Nussig, zum Beispiel bei feinen Keemun-Tees

Nuwara Eliya (kurz: Nurelia)
Plateau zwischen Dimbula/Dickoya und Uva in Sri Lanka, beste Qualitäten von Januar bis März und von Juli bis September, Spitzentees der Insel!

Oolong
Vorwiegend halbfermentierter Tee aus Taiwan, sonst als grüner „Selfdrinker“ in China bekannt. Zubereitung gelingt immer, schmeckt auch in sehr hartem Wasser!

Orthodoxe Teeproduktion
Traditionelle Teeherstellung mit Welken und Rollen (Quetschen) der Blätter, danach Fermentation, Trocknung und Siebung nach Blattgraden

Orange Pekoe
Blattbezeichnung – Name wurde abgeleitet von der in Holland bekannten Sorte „Orantje Pekoe“

Oxidation
Siehe Fermentation

Pan-Fired
Über offenem Feuer in breiten gusseisernen Pfannen getrockneter Tee

Pekoe
Chinesisch für „weißes Haar“, heute Bezeichnung für Blatt-Tee

Pingsuey
Ein preiswerter, aber wohlschmeckender schwarzer Tee aus Sichuan und Hunan in China

Plain
Einfacher, nichtssagender Tee

Polyphenole
Sekundäre Pflanzenstoffe, die antioxidativ auf den Körper wirken und somit dem Alterungsprozess vorbeugen

Pruning
Zurückschneiden der Teesträucher nach etwa vierjährigem Wachstum, damit neue und frische Triebe entstehen

Pu Erh
Chinesischer Tee aus der Provinz Yunnan, der durch einen speziellen Reifungsprozess hergestellt wird

Pungent
Beim Trinken spürbares Zusammenziehen der Mundschleimhäute, meist sehr kräftig und intensiv

Rich/Round
Kräftiger Tee ohne bitteren Beigeschmack, wohlschmeckend

Rollen
Die gewelkten Teeblätter werden auf unebenen runden Flächen mittels einer schweren metallischen Rolle für etwa 20 Minuten drehend gepresst, damit die Blattzellen sich öffnen und die Blattsäfte heraustreten

Rösten
Erhitzen von grünem Tee

Rotorvane
Maschine, die das gewelkte Blattgut in der Größe egalisiert

Scented Tea
Englisch für aromatisierten Tee

Schattenbäume
Schützen die Teepflanzen vor intensiver Sonneneinstrahlung

Second Flush
Ernte der Teeblätter ab 21. Mai bis zum Beginn des Monsumregens Anfang Juli, besonders in Darjeeling, Assam, Dooars und Terai

Selfdrinker
Ein Tee, der immer und überall schmeckt, egal, wie er zubereitet wurde

Siftings
Aussiebungen während der Teeherstellung

Smoky
Tee mit leichtem Rauchgeschmack

Sortieren
Der fertige Tee wird nach Blattgrößen sortiert und klassifiziert, dabei werden Stalks und Fibre ebenfalls separiert.

Souchong
Besonders großes Blatt, vorwiegend aus China

Sow Mee
Kleinblättriger Grüntee aus China

Spring Tea
Tees der ersten Frühlingsernte nach beendeter winterlicher Vegetation. In Nordindien als First Flush bekannt, in China als Spring Teas

Stalky
Teeblatt mit vielen braunen Stängeln

Steckling
Von einem jungen Teebusch abgeschnittener junger Zweig, der in die Erde gesetzt wurde und wieder neu wurzelt

Strength
Geschmackliche Kraft des Tees

Stylish Leaf
Sehr schönes, gleichmäßig langes Blatt

Summer Tea
Pflückungen der Monate Juli bis Anfang September. Besondere Bezeichnung in Formosa und China, in Nordindien als Second Flush bekannt

Sweet
Unaufdringliche, leichte Süße

Taint
Nicht zum Tee gehörender Beigeschmack

Tannine
Gerbstoffe beziehungsweise Bitterstoffe im Tee

Tasse
Bezeichnung für den fertigen Aufguss des Tees während der Teeverkostung

Tea-Taster
Ausgebildeter Fachmann mit besonders geschultem Geschmacksempfinden und fachlichem Knowhow

Teabag
Englisch für Teebeutel, existieren in unterschiedlichsten Formen

Teeblüte
Ähnelt im Aussehen der Jasminblüte, weiß, maximal 3 Zentimeter

Durchmesser, fast unscheinbar, gelbe Staubgefäße

Teesamen
Am Strauch sind die Samen dunkelgrün, nach dem Abfallen wird die dicke Außenhaut dunkelbraun, glatt, kugelig rund, und besitzt einen Durchmesser von etwa einem Zentimeter

Teeziegel
Meist aus chinesischem Pu-Erh-Tee, bestehend aus gepressten Teeblättern. Teeziegel wurden entweder als Stück oder mit einer Reibe in Einzelteile ins kochende Wasser gegeben. Ziegeltee wird mittlerweile häufig als Souvenir oder Dekoration verwendet.

Tein
Chemisch ident mit Koffein, aufputschender Wirkstoff im Tee, Alkaloid

Theanin
Siehe L-Theanin

Thick
Sehr dunkle Tassenfarbe

Thin
Hell abgießender Tee ohne Farbe und Geschmack

Tippy Tea
Tee mit hohem Anteil goldener Tips

Tips
Noch nicht entfaltete Blätter, Blattspitzen

Trocknen
Im Prinzip eine Röstung: In einem großen Ofen durchläuft der fermentierte Tee auf kleinen Schüben mehrere Hitzezonen, angefangen bei etwa 80° C, Austritt bei 120° C, Dauer meist ungefähr 18 Minuten

Twisted Leaf
Gleichmäßig gerolltes, gut aussehendes Blatt

Uva
Großes Anbaugebiet im Osten Sri Lankas, bergig, kräftige und sehr aromatische Tees besonders während der Top-Erntezeit von Juni/Juli bis September

Weißer Tee
Besonderheit vorwiegend aus China, vorrangig aus Teespitzen, die nur luftgetrocknet werden. Weißen Tees werden in China große homöopathische Wirkungen zugeschrieben.

Welken
Erster Schritt nach der Pflückung: Die Teeblätter werden entweder auf Horden oder in Welktrögen locker und luftig ausgebreitet, bis diese ledrig schlaff geworden sind. Dauer ist abhängig von der Witterung – meist etwa zwölf bis 14 Stunden. Die Blätter werden dabei regelmäßig gewendet.

Welktröge
Bis zu 30 Meter lange und circa zwei Meter breite Kästen, deren Boden aus festem Maschendraht besteht. Welktröge können von unten belüftet werden.

Wiry
Dünnes, drahtiges langes Blatt

Woody
Heuartig schmeckender Tee

Yixing
Chinesische Region in der Provinz Jiangsu, in der aus speziellem, porösem Ton Teekannen hergestellt werden, die häufig bei der chinesischen Teezeremonie Verwendung finden.

Young Hyson
Bezeichnung für einen Frühlingstee, der vor Beginn des Regens geerntet wurde – kugeliger, kleiner, feiner Gunpowder

Ziegeltee
Siehe Teeziegel

TEEREGISTER

Halbfermentierter Tee

Weißer Tee

Roter Tee

Gelber Tee

Kräutertee

Früchtetee

Diverse Tees

STICHWORTREGISTER

DANKE

Um herauszufinden, wie Tee weltweit zubereitet und getrunken wird, habe ich alle diplomatischen Vertretungen der Bundesrepublik Deutschland (zum Teil mehrfach) angeschrieben und angesprochen. Zusätzlich habe ich alle Botschaften der Länder hier in Deutschland gebeten, zu diesem Thema mit wenigen Worten Stellung zu beziehen. Die schnellsten Reaktionen erhielt ich von den Vertretungen, die mich gleich an befreundete Auskunftsbüros oder Unternehmungen verwiesen und für drei Antworten knapp vierstellige Beträge im Voraus verlangten.

Wichtige Informationen, tatsächlich nette und brauchbare Hinweise, erhielt ich von fast allen osteuropäischen und fernöstlichen Botschaften sowie Vertretungen – ein großes Danke dafür!

Ulrich Haas, Teelehrer der Urasenke in Freiburg, danke ich für den Beitrag zum japanischen Teeweg.

Mein Dank richtet sich auch an die Mitarbeiter des Braumüller Verlags, die entweder meinen „Tee-Slang" in lesbare und druckreife Worte tauschten oder aber mich auch in Wien jederzeit bei allen Veranstaltungen hilfreich begleiteten – herzlichen Dank!

Meine Familie unterstützte mich wieder hervorragend. Mein Sohn Henning – „Hamburger Teespeicher" in Hamburg – half mir aus mit fehlenden Teemustern, meine Tochter Katrin entwickelt sich mehr und mehr zu einer kritischen Teetrinkerin – worauf ich lange gewartet habe – und meine liebe Frau Inge schafft es immer wieder, mich aus den gelegentlichen Tiefs schnell wieder aufzubauen. Eine tolle Crew – danke!

Rainer Schmidt ist ausgewiesener Tee-Experte mit mehr als fünf Jahrzehnten Erfahrung. Nach seiner Ausbildung im ältesten Hamburger Tee-Importhaus erweiterte er seine Fachkenntnisse als Tea-Taster und studierte Anbau und Herstellung auf zahlreichen Reisen zu Teeplantagen rund um den Erdball. Er hat Fachbücher veröffentlicht, hält Seminare und organisiert Teeverkostungen. Mittlerweile lebt er in Stexwig an der Schlei in Schleswig-Holstein. Zuletzt erschienen: *Das kleine Teebuch* (2016).
www.teeverkostungen.de